公路施工管理人员工作表格填写范例

公路资料员工作表格填写范例

华克见　主编

中国建材工业出版社

图书在版编目(CIP)数据

公路资料员工作表格填写范例/华克见主编. —北京：中国建材工业出版社，2011.9(2020.8 重印)

(公路施工管理人员工作表格填写范例)

ISBN 978-7-5160-0002-1

Ⅰ.①公… Ⅱ.①华… Ⅲ.①道路工程-技术档案-档案管理-表格-范例 Ⅳ.①G275.3

中国版本图书馆 CIP 数据核字(2011)第 165871 号

公路资料员工作表格填写范例

华克见 主编

出版发行：中国建材工业出版社

地　　址：北京市海淀区三里河路 1 号

邮　　编：100044

经　　销：全国各地新华书店

印　　刷：北京紫瑞利印刷有限公司

开　　本：787mm×1092mm 1/16

印　　张：19

字　　数：511 千字

版　　次：2011 年 9 月第 1 版

印　　次：2020 年 8 月第 7 次

定　　价：55.00 **元**

本社网址：www.jccbs.com.cn

本书如出现印装质量问题，由我社市场营销部负责调换。电话：(010)88386906

对本书内容有任何疑问及建议，请与本书责编联系。邮箱：dayi51@sina.com

内 容 提 要

本书主要介绍了公路工程资料收集整理的工作流程，并对公路工程资料编制常用表格进行了收集整理及示范性填写。本书主要内容包括公路工程管理与技术资料、公路路基工程资料、公路路面工程资料、公路桥梁工程资料、公路隧道工程资料、公路交通安全设施资料、公路工程监理资料、公路工程竣工资料等。

本书内容翔实、体例新颖，不仅适合公路工程资料编制与管理人员使用，也对广大有志于从事公路工程行业的人士了解公路工程资料编制与管理的工作流程及常用表格的填写方法有所帮助。

公路资料员工作表格填写范例

编 写 组

主　编： 华克见

副主编： 张　璐　董凤环

编　委： 韩艳芳　杜雪海　王　颖　许斌成
代洪卫　王　燕　卢晓雪　何晓卫
沈志娟　徐梅芳　崔奉卫　郤建荣
蒋梦云　梁金钊　王漓鹏　马　静
秦礼光　葛彩霞

前言

公路是服务全社会的公益基础设施，对国民经济的发展和人民生活水平的提高具有极其重要的作用。公路工程建设具有造价高、投资大、建设规模大、建设周期长、户外作业环境复杂等特点。随着我国公路工程建设的飞速发展，特别是近年来国家在高等级公路建设、农村公路建设、国省干道改造、公路费收政策改革以及超限治理等方面的进一步加快建设步伐，公路工程建设从业人员队伍也正不断发展壮大，多行业的施工企业都加入到了公路工程建设之中。

从事公路工程建设的各种管理人员肩负着确保公路工程按质按期完成的重要职责，他们既是公路工程建设项目的管理者，也是广大公路工程建设工人的直接领导者。为了确保公路工程建设的质量，国家对广大公路工程建设人员的技术水平和业务素质提出了明确的要求，要求公路工程施工人员应参加所在岗位的培训并取得相应的上岗资格。公路工程施工管理人员在工作过程中，往往需要填写各种各样的表格来实现对公路工程施工质量的控制，这些表格直接关系到公路工程建设项目能否有序、高效、高质量地完成。为了帮助广大公路工程施工管理人员更好地工作，我们以公路工程施工管理人员为对象，收集整理了大量公路工程施工管理方面的工作表格，并组织编写出版了这套《公路施工管理人员工作表格填写范例》系列丛书。本套丛书不仅适合广大公路工程施工管理人员使用，也对广大有志于从事公路工程施工管理工作的人士了解公路工程施工的工作流程及常用工作表格的填写方法有所帮助。本套丛书共包括以下分册：

1.《道路施工员工作表格填写范例》

2.《桥涵施工员工作表格填写范例》

3.《隧道施工员工作表格填写范例》

4.《公路安全员工作表格填写范例》

5.《公路质检员工作表格填写范例》

6.《公路资料员工作表格填写范例》

7.《公路监理员工作表格填写范例》

8.《公路材料员工作表格填写范例》

本套丛书主要具有以下特色：

1. 丛书将公路工程所涉及的工作表格按施工管理人员的不同进行收集整理、归纳总结，从而极大地方便了广大公路工程施工管理人员工作时查阅使用，具有很强的实用性。

2. 丛书内容翔实、体例新颖，且对所收集的工作表格均进行了示范性填写，对公路工程施工管理人员的工作具有很强的指导意义。

3. 丛书对工作表格示范性填写的内容及要求充分借鉴了近年来公路工程领域最新颁布或最新修订的相关法律法规、标准规范，参考性极强。

丛书编写过程中，得到了有关部门单位及专家的大力支持与帮助，参考或引用了部分著作或文献资料，在此表示感谢。限于编者的水平，丛书中错误及疏漏之处在所难免，恳请广大读者及专家批评指正。

丛书编写组

目　录

第一章　公路工程管理与技术资料

第一节　公路工程管理文件

一、公路工程管理资料收集流程

公路工程管理资料收集流程见图 1-1。

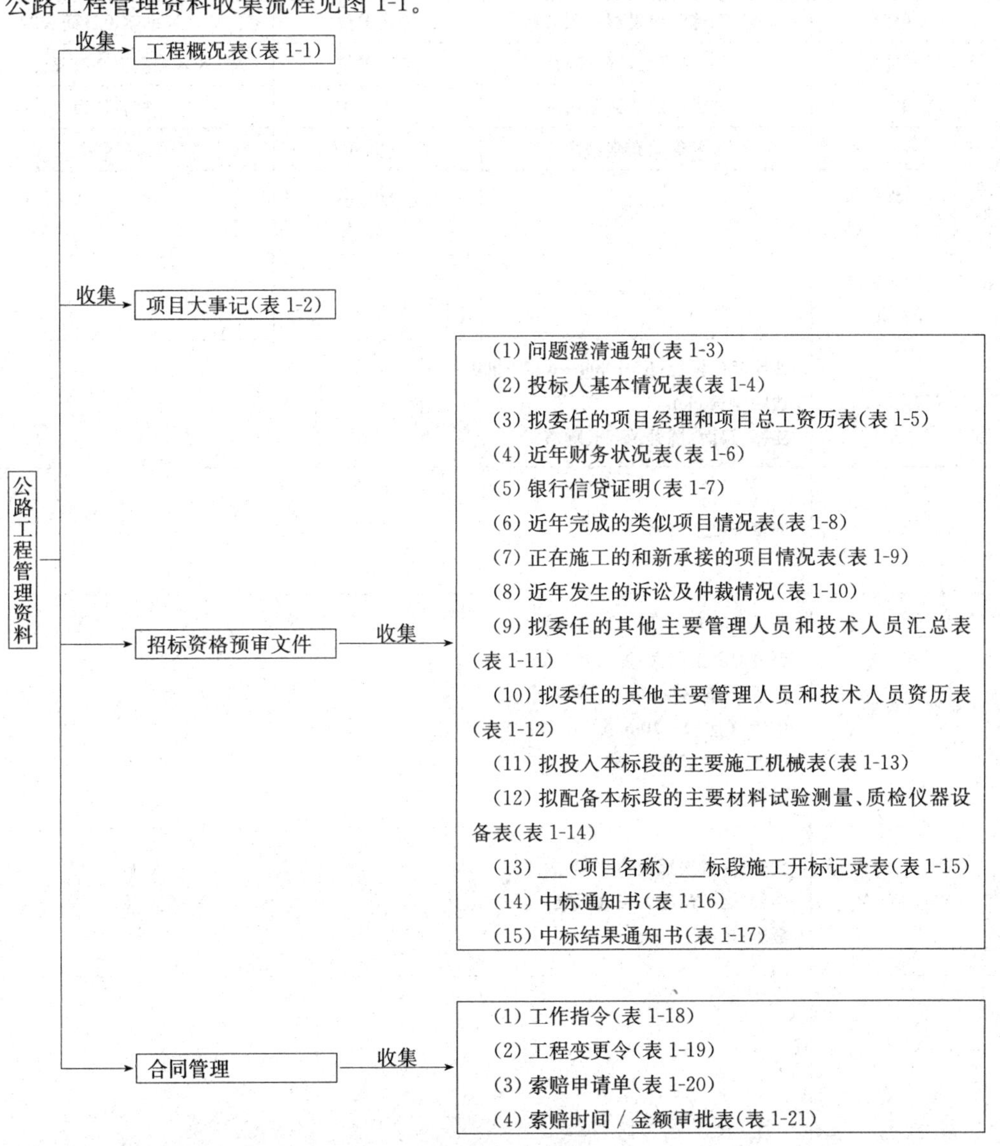

图 1-1　公路工程管理资料收集流程

二、公路工程管理文件表格填写范例

(1)工程概况表。

表 1-1 **工程概况表**

承包单位:××集团有限公司××公路工程 A2 标段项目经理部 合同号:A2

监理单位:××工程咨询有限公司××公路工程 A2 标段监理部 编 号:

<table>
<tr><td colspan="2">工程名称</td><td colspan="3">××公路工程 A2 标段</td></tr>
<tr><td colspan="2">建设地点</td><td>××省××市××镇</td><td>工程造价</td><td>××××(万元)</td></tr>
<tr><td colspan="2">开工日期</td><td>××年×月×日</td><td>计划竣工日期</td><td>××年×月×日</td></tr>
<tr><td colspan="2">施工许可证号</td><td>××××</td><td>监管注册号</td><td>××××</td></tr>
<tr><td colspan="2">建设单位</td><td>××高速公路发展有限公司</td><td>勘察单位</td><td>××勘察设计研究院</td></tr>
<tr><td colspan="2">设计单位</td><td>××勘察设计研究院</td><td>监理单位</td><td>××工程咨询有限公司</td></tr>
<tr><td colspan="2">监督单位</td><td>××省公路质量监督站</td><td>工程分类</td><td>贷款项目</td></tr>
<tr><td rowspan="3">施工单位</td><td>名 称</td><td>××集团有限公司</td><td>单位负责人</td><td>×××</td></tr>
<tr><td>工程项目经 理</td><td>×××</td><td>项目技术负 责 人</td><td>×××</td></tr>
<tr><td>现场管理负 责 人</td><td>×××</td><td></td><td></td></tr>
<tr><td colspan="2">工程内容</td><td colspan="3">线路起讫里程:K6+000～K12+000
线路全长 6km
路基、路面、桥梁、涵洞、隧道</td></tr>
<tr><td colspan="2">结构类型</td><td colspan="3">沥青混凝土路面</td></tr>
<tr><td colspan="2">主要工程量</td><td colspan="3">路基土石方:××××万 m^3
沥青混凝土路面:××××m^2
大桥:1 座,8～40m
中桥:1 座,2～20m
隧道:左右线各 1 座
涵洞:2 座</td></tr>
<tr><td colspan="2">主要施工工艺</td><td colspan="3">大桥:后张法预应力 T 梁
中桥:巨型预应力空心板梁
隧道:矿山法</td></tr>
<tr><td colspan="2">其 他</td><td colspan="3"></td></tr>
</table>

(2)项目大事记。

表 1-2　　　　项目大事记

承包单位:××集团有限公司××公路工程 A2 标段项目经理部　　合同号:A2

监理单位:××工程咨询有限公司××公路工程 A2 标段监理部　　编　号:

序　号	年	月	日	内　　容
1	××	×	×	工程开工
2	××	×	×	路堑开挖全部完成

技术负责人	×××	整理人	×××

(3)问题澄清通知。

表 1-3　　　　问题澄清通知

编号:××

××集团有限公司(投标人名称):

××公路工程(项目名称) A2 标段施工招标的评标委员会,对你方的投标文件进行了仔细的审查,现需你方对下列问题以书面形式予以澄清:

1.

2.

……

请将上述问题的澄清于 ×× 年 × 月 × 日 × 时前递交至××市××区××路××号(详细地址)或传真至 ×××××× (传真号码)。采用传真方式的,应在 ×× 年 × 月 × 日 × 时前将原件递交至××市××区××路××号(详细地址)。

(项目名称)　标段施工招标评标委员会

招标人:　×××　(盖单位章)

×× 年 × 月 × 日

(4)投标人基本情况表。

表 1-4 **投标人基本情况表**

<table>
<tr><td>投标人名称</td><td colspan="8">××集团有限公司</td></tr>
<tr><td>注册地址</td><td colspan="4">××市××区××路××号</td><td colspan="2">邮政编码</td><td colspan="2">××××××</td></tr>
<tr><td rowspan="2">联系方式</td><td>联系人</td><td colspan="3">×××</td><td colspan="2">电　话</td><td colspan="2">××××××</td></tr>
<tr><td>传　真</td><td colspan="3">××××××</td><td colspan="2">电子邮件</td><td colspan="2">××××××</td></tr>
<tr><td>法定代表人</td><td>姓名</td><td>×××</td><td>技术职称</td><td colspan="2">一级建造师</td><td colspan="2">电话</td><td>××××××</td></tr>
<tr><td>技术负责人</td><td>姓名</td><td>×××</td><td>技术职称</td><td colspan="2">一级建造师</td><td colspan="2">电话</td><td>××××××</td></tr>
<tr><td>成立时间</td><td colspan="2">××年×月×日</td><td colspan="6">员工总人数:150 人</td></tr>
<tr><td>企业资质等级</td><td colspan="2">一级</td><td rowspan="5">其中</td><td colspan="4">项目经理</td><td>1</td></tr>
<tr><td>营业执照号</td><td colspan="2">××××××</td><td colspan="4">高级职称人员</td><td>10</td></tr>
<tr><td>注册资金</td><td colspan="2">××××</td><td colspan="4">中级职称人员</td><td>30</td></tr>
<tr><td>基本账户开户银行</td><td colspan="2">中国建设银行</td><td colspan="4">初级职称人员</td><td>10</td></tr>
<tr><td>基本账户账号</td><td colspan="2">×××××××××</td><td colspan="4">技工</td><td>50</td></tr>
<tr><td>经营范围</td><td colspan="8">可承担各级公路的土石方、中小桥涵、防护及排水、软基处理工程的施工。</td></tr>
<tr><td>资产构成情况及投资参股的关联企业情况</td><td colspan="8">企业注册资本金 300 万以上,净资产 360 万元以上,流动资金 100 万
……</td></tr>
<tr><td>备注</td><td colspan="8"></td></tr>
</table>

注:1. 在本表后应附企业法人营业执照副本(全本)的复印件(并加盖单位章)、施工资质证书副本(全本)的复印件(并加盖单位章)、安全生产许可证副本(全本)的复印件(并加盖单位章)、基本账户开户许可证的复印件(并加盖单位章)。

2. 以联合体形式参与投标的,联合体各成员应分别填写。

(5)拟委任的项目经理和项目总工资历表。

表 1-5　　拟委任的项目经理和项目总工资历表

<table>
<tr><td>姓　名</td><td>×××</td><td>年　龄</td><td>××</td><td>专　业</td><td>土木工程</td></tr>
<tr><td>职　称</td><td>一级建造师</td><td>公司单位职务</td><td>×××</td><td>拟在本标段工程担任职务</td><td>项目经理</td></tr>
<tr><td>毕业学校</td><td colspan="5">××年×月毕业于×××学校交通土建工程专业,学制四年</td></tr>
<tr><td colspan="6">经　历</td></tr>
<tr><td>______年至
______年</td><td colspan="3">参加过的工程项目名称</td><td>担任何职</td><td>发包人及联系电话</td></tr>
<tr><td>××年至××年</td><td colspan="3">××工程项目</td><td>总监</td><td>×××</td></tr>
<tr><td>××年至××年</td><td colspan="3">××公路工程</td><td>项目经理</td><td>×××</td></tr>
<tr><td></td><td colspan="3"></td><td></td><td></td></tr>
<tr><td></td><td colspan="3"></td><td></td><td></td></tr>
<tr><td></td><td colspan="3"></td><td></td><td></td></tr>
<tr><td></td><td colspan="3"></td><td></td><td></td></tr>
<tr><td></td><td colspan="3"></td><td></td><td></td></tr>
<tr><td></td><td colspan="3"></td><td></td><td></td></tr>
<tr><td></td><td colspan="3"></td><td></td><td></td></tr>
<tr><td colspan="2">获奖情况</td><td colspan="4"></td></tr>
<tr><td rowspan="3">目前任职项目状况</td><td>项目名称</td><td colspan="4">××公路工程</td></tr>
<tr><td>担任职位</td><td colspan="4">项目经理</td></tr>
<tr><td>可以调离日期</td><td colspan="4">××年×月×日</td></tr>
<tr><td colspan="2">备　注</td><td colspan="4"></td></tr>
</table>

注:1. 本表后应附项目经理(以及备选人)和项目总工(以及备选人)的身份证、职称资格证书以及资格审查条件所要求的其他相关证书(如建造师注册证书、安全生产考核证书等)的复印件,并应提供其担任类似项目的项目经理和项目总工的相关业绩证明材料复印件。

2. 本表后应附投标人所属社保机构出具的拟委任的项目经理(以及备选人)和项目总工(以及备选人)的社保缴费证明(并加盖缴费证明专用章)或其他能够证明拟委任的项目经理(以及备选人)和项目总工(以及备选人)参加社保的有效证明材料(并加盖社保机构单位章)。

3. 目前未在具体项目上任职的,请在备注栏说明现在负责的工作内容。

(6)近年财务状况表。

表 1-6 近年财务状况表

项目或指标	单位	××年	××年	××年
一、注册资金	万元	××	××	××
二、净资产	万元	××	××	××
三、总资产	万元	××	××	××
四、固定资产	万元	××	××	××
五、流动资产	万元	××	××	××
六、流动负债	万元	××	××	×
七、负债合计	万元	××	××	×
八、营业收入	万元	××	××	××
九、净利润	万元	××	××	××
十、现金流量净额	万元	××	××	××
十一、主要财务指标				
1. 净资产收益率	%	××	××	××
2. 总资产报酬率	%	××	××	××
3. 主营业务利润率	%	××	××	××
4. 资产负债率	%	××	××	×
5. 流动比率	%	××	××	×
6. 速动比率	%	××	××	×

注:1. 本表后应附三年经会计师事务所或审计机构审计的财务会计报表,包括资产负债表、现金流量表、利润表和财务情况说明书的复印件。

2. 本表所列数据必须与本表各附件中的数据相一致。

3. 以联合体形式参与投标的,联合体各成员应分别填写。

(7)银行信贷证明。

表 1-7　　**银行信贷证明**

银行名称:中国建设银行
地　　址:××市××区××路××号

日期:××年×月×日

致:（招标人全称）

兹开具最高限额为人民币××万元的银行信贷,供××市××区××路××号(投标人注册地点)××集团有限公司(投标人名称)于××年×月×日之前,在××公路工程(项目名称)需要时使用。我行保证由××集团有限公司(投标人名称)提供的财务报表中所开列的作为流动资产的各项中无一项包含在上述提到的银行信贷中。

此项目若未中标,该信贷证明自动失效,无需退回我行。

银　　行(盖单位章):中国建设银行
银行主要负责人(签字):×××
银行主要负责人的姓名、职务:×××总经理
银　行　电　话:××××××
银　行　传　真:××××××

注:1. 允许投标人实际开具的银行信贷证明的格式与《公路工程标准施工招标文件》提供的格式有所不同,但不得更改《公路工程标准施工招标文件》提供的银行信贷证明格式中的实质性内容。
2. 银行主要负责人应亲笔签名,不得使用印章、签名章或其他电子制版签名,否则,视为无效。

备注:招标人要求投标人提供银行信贷证明是为了避免投标人中标后因流动资金不足影响工程施工的情况发生,招标人可根据招标项目具体特点和实际情况选择是否要求投标人提供银行信贷证明。如采用银行信贷证明,招标人应在此规定开具银行信贷证明的银行的级别。

(8)近年完成的类似项目情况表。

表 1-8 近年完成的类似项目情况表

项目名称	××公路工程
项目所在地	××省
发包人名称	××集团有限公司
发包人地址	××省××市××区××路××号
发包人电话	××××××
合同价格	×× 万元
开工日期	××年×月×日
交工日期	××年×月×日
承担的工作	路基开挖
工程质量	合格
项目经理	×××
项目总工	×××
总监理工程师及电话	××× ×××××
项目描述	××公路工程路基开挖质量合格,无延期
备注	

注:1. 每张表格只填写一个项目,并标明序号。

2. 本表后须附中标通知书和(或)合同协议书、由发包人出具的公路工程(标段)交工验收证书或竣工验收委员会出具的公路工程验收鉴定书或质量监督机构对各参建单位签发的工作综合评价等级证书的复印件。

3. 如近年来,投标人法人机构发生合法变更或重组或法人名称变更时,应提供相关部门的合法批件或其他相关证明材料来证明其所附业绩的继承性。

4. 以联合体形式参与投标的,联合体各成员应分别填写。

(9)正在施工的和新承接的项目情况表。

表 1-9　　正在施工的和新承接的项目情况表

项目名称	××公路工程
项目所在地	××省
发包人名称	××集团有限公司
发包人地址	××省××市××区××路××号
发包人电话	××××××
签约合同价	××万元
开工日期	××年×月×日
计划交工日期	××年×月×日
承担的工作	路基开挖
工程质量要求	合格
项目经理	×××
项目总工	×××
总监理工程师及电话	×××　　×××××
项目描述	
备注	

注:1. 每张表格只填写一个项目,并标明序号。

2. 本表后应附中标通知书和(或)合同协议书复印件。

3. 本表应包含所有在建工程项目,包括正在施工、已签订合同协议书即将开工或已收到中标通知书或意向书但尚未签订合同的所有项目。

4. 以联合体形式参与投标的,联合体各成员应分别填写。

(10)近年发生的诉讼及仲裁情况。

表 1-10　　近年发生的诉讼及仲裁情况

项　目	投标人情况说明
无	无

注:本表后应附法院或仲裁机构作出的判决、裁决等有关法律文书复印件

(11)拟委任的其他主要管理人员和技术人员汇总表。

表 1-11　　拟委任的其他主要管理人员和技术人员汇总表

姓名	年龄	拟在本项目中担任的职务	技术职称	工作年限	类似施工经验年限
×××	××	造价工程师	注册造价工程师	8	5

注:1. 本表仅适用于采用综合评估法进行评标的技术特别复杂的特大桥梁和长大隧道工程。

2. 本表后应附投标人所属社保机构出具的拟委任的其他主要管理人员和技术人员的社保缴费证明(并加盖缴费证明专用章)或其他能够证明拟委任的其他主要管理人员和技术人员参加社保的有效证明材料(并加盖社保机构单位章)。

(12)拟委任的其他主要管理人员和技术人员资历表。

表 1-12　　拟委任的其他主要管理人员和技术人员资历表

<table>
<tr><td>姓　名</td><td>×××</td><td>年　龄</td><td>××</td><td>专　业</td><td>土木工程</td></tr>
<tr><td>职　称</td><td>造价工程师</td><td>公司单位职务</td><td>×××</td><td>拟在本标段工程担任职务</td><td>造价工程师</td></tr>
<tr><td>毕业学校</td><td colspan="5">××年×月毕业于×××学校工程造价专业，学制四年</td></tr>
<tr><td colspan="6">经　历</td></tr>
<tr><td>________年至
________年</td><td colspan="3">参加过的工程项目名称</td><td>担任何职</td><td>发包人及
联系电话</td></tr>
<tr><td>××年至××年</td><td colspan="3">××工程项目</td><td>造价工程师</td><td>×××</td></tr>
<tr><td>××年至××年</td><td colspan="3">××公路工程</td><td>造价工程师</td><td>×××</td></tr>
<tr><td></td><td colspan="3"></td><td></td><td></td></tr>
<tr><td></td><td colspan="3"></td><td></td><td></td></tr>
<tr><td></td><td colspan="3"></td><td></td><td></td></tr>
<tr><td colspan="2">获奖情况</td><td colspan="4"></td></tr>
<tr><td rowspan="3">目前任职项目状况</td><td>项目名称</td><td colspan="4">××公路工程</td></tr>
<tr><td>担任职位</td><td colspan="4">造价工程师</td></tr>
<tr><td>可以调离日期</td><td colspan="4">××年×月×日</td></tr>
<tr><td colspan="2">备　注</td><td colspan="4"></td></tr>
</table>

注：1. 本表人员应与表 1-11 中所列人员相一致，在本表后应附身份证、职称资格证书以及资格审查条件所要求的其他相关证书（如安全生产考核合格证书、试验检测资格证书等）的复印件。

2. 目前仍在具体项目上任职的，请在备注栏说明现在负责的工作内容。

3. 本表仅适用于采用综合评估法进行评标的技术特别复杂的特大桥梁和长大隧道工程。

(13)拟投入本标段的主要施工机械表。

表 1-13　　拟投入本标段的主要施工机械表

<table>
<tr><td rowspan="3">序号</td><td rowspan="3">设备名称</td><td rowspan="3">型号规格</td><td rowspan="3">国别产地</td><td rowspan="3">制造年份</td><td rowspan="3">额定功率/kW</td><td rowspan="3">生产能力</td><td colspan="4">数量/台</td><td rowspan="3">预计进场时间</td></tr>
<tr><td rowspan="2">小计</td><td colspan="3">其　中</td></tr>
<tr><td>自有</td><td>新购</td><td>租赁</td></tr>
<tr><td>1</td><td>××</td><td>××</td><td>中国</td><td>××年×月</td><td>××</td><td>××</td><td>5</td><td>3</td><td>1</td><td>1</td><td>××年×月×日</td></tr>
<tr><td>2</td><td>××</td><td>××</td><td>中国</td><td>××年×月</td><td>××</td><td>××</td><td>3</td><td>1</td><td>1</td><td>1</td><td>××年×月×日</td></tr>
<tr><td></td><td></td><td></td><td></td><td></td><td></td><td></td><td></td><td></td><td></td><td></td><td></td></tr>
<tr><td></td><td></td><td></td><td></td><td></td><td></td><td></td><td></td><td></td><td></td><td></td><td></td></tr>
<tr><td></td><td></td><td></td><td></td><td></td><td></td><td></td><td></td><td></td><td></td><td></td><td></td></tr>
<tr><td></td><td></td><td></td><td></td><td></td><td></td><td></td><td></td><td></td><td></td><td></td><td></td></tr>
<tr><td></td><td></td><td></td><td></td><td></td><td></td><td></td><td></td><td></td><td></td><td></td><td></td></tr>
<tr><td></td><td></td><td></td><td></td><td></td><td></td><td></td><td></td><td></td><td></td><td></td><td></td></tr>
</table>

注：本表仅适用于采用综合评估法进行评标的技术特别复杂的特大桥梁和长大隧道工程。

(14)拟配备本标段的主要材料试验、测量、质检仪器设备表。

表 1-14 拟配备本标段的主要材料试验、测量、质检仪器设备表

序号	仪器设备名称	型号规格	数量	国别产地	制造年份	用途	备注
1	圆锥仪	锥质量为 100g 或 76g，锥角 30°	1	中国	××年×月	液限塑限联合测定	
2	天平	称量 200g，感量 0.01g	1	中国	××年×月	液限塑限联合测定	
3	标准击实仪	轻型试筒尺寸 10×12.7×99	7	中国	××年×月	土的击实试验	

注：本表仅适用于采用综合评估法进行评标的技术特别复杂的特大桥梁和长大隧道工程。

(15)________(项目名称)______标段施工开标记录表。

表 1-15 ××公路工程(项目名称) A2 标段施工开标记录表

开标时间：××年×月×日×时×分

序号	投标人	送达情况	密封情况	投标报价/元	是否超过投标控制价上限	备注	签名
1	××	×月×日送达	密封	×××	否		×××
2	××	×月×日送达	密封	×××	否		×××
招标人编制的标底或招标控制价上限(如有)							

招标人代表：××× 记录人：××× 监标人：××× ××年×月×日

(16)中标通知书。

表 1-16 中标通知书

××集团有限公司(中标人名称):

你方于×月×日(投标日期)所递交的××公路工程(项目名称) A2 标段施工投标文件已被我方接受,被确定为中标人。

中标价:××万元。

工期:××日历天。

工程质量:符合验收标准。

项目经理:×××(姓名)。

项目总工:×××(姓名)。

请你方在接到本通知书后的 × 日内到××市××区××路××号(指定地点)与我方签订施工承包合同,在此之前按《公路工程标准施工招标文件》(2009 年版)中第二章"投标人须知"第 7.3 款规定向我方提交履约担保。

特此通知。

招标人:××工程集团公司(盖单位章)

招标代理: ××公司 (盖单位章)

××年×月×日

(17)中标结果通知书。

表 1-17 中标结果通知书

××集团有限公司(未中标人名称):

我方已接受××集团有限公司(中标人名称)于×月×日(投标日期)所递交的××公路工程(项目名称) A2 标段施工投标文件,确定××集团有限公司(中标人名称)为中标人。

感谢你单位对我们工作的大力支持!

招标人:××工程集团公司(盖单位章)

招标代理: ××公司 (盖单位章)

××年×月×日

(18)工作指令。

表 1-18 **工作指令**

承包单位:××集团有限公司××公路工程 **A2** 标段项目经理部 合同号:**A2**

监理单位:××工程咨询有限公司××公路工程 **A2** 标段监理部 编 号:

工程项目:××公路工程 **A2** 标段
结构名称:**路基工程**
现场位置:**K3+600～K3+700 路基土方填筑**
上述工程~~被接受~~/不被接受 **K3+600～K3+700 路基土方填筑第三层,因虚铺厚度达 50cm,远远超过实验段松铺系数 1.2 的规定。该段路基压实后,不能满足规范要求。即不能保证分层厚度不大于 30cm 的具体要求。**
上述工程应立即停止/~~应继续进行~~ **要求该段路基必须停止碾压作业,将松铺厚度控制在合理厚度以内。松铺厚度经检查验收合格后,方可进行下道工序施工。**
承包人应按规范执行/~~纠正上述工程并遵照上述意见变更~~ **承包人必须根据路基施工规范要求,结合实验段成果,严格组织施工,避免返工现象发生。**

承包人签字:××× 监理工程师签字:×××

日 期:××年×月×日 日 期:××年×月×日

时 间:**上午 10:05** 时 间:**上午 10:00**

(19)工程变更令。

表 1-19　　　　　　　　　　　　工程变更令

承包单位:××集团有限公司××公路工程 A2 标段项目经理部　　　　　　合同号:A2

监理单位:××工程咨询有限公司××公路工程 A2 标段监理部　　　　　　编　号:

<table>
<tr><td colspan="4">变更理由及详细说明:
K3+000～K3+200 段路基工程,其地基承载力不能满足设计要求,根据现场实际情况,该段路基基础必须进行换填处理,换填深度 30cm,换填材料为砂砾石。</td></tr>
<tr><td>变更项目</td><td>单　　价</td><td>估计变更数量</td><td>估计变更金额</td></tr>
<tr><td>路基土石方</td><td>36.00 元/m³</td><td>1200m³</td><td>43200 元</td></tr>
<tr><td></td><td></td><td></td><td></td></tr>
<tr><td></td><td></td><td></td><td></td></tr>
<tr><td></td><td></td><td></td><td></td></tr>
<tr><td></td><td></td><td></td><td></td></tr>
<tr><td></td><td></td><td></td><td></td></tr>
<tr><td></td><td></td><td></td><td></td></tr>
<tr><td></td><td></td><td></td><td></td></tr>
<tr><td colspan="4">监理工程师:×××
日　期:××年×月×日</td></tr>
<tr><td colspan="4">业主:×××
日　期:××年×月×日</td></tr>
<tr><td colspan="4">承包人:×××
日　期:××年×月×日</td></tr>
</table>

(20)索赔申请单。

表 1-20 **索赔申请单**

承包单位:××集团有限公司××公路工程 A2 标段项目经理部　　合同号:A2

监理单位:××工程咨询有限公司××公路工程 A2 标段监理部　　编　号:

索赔申请单	
索赔项目: **K3+000~K3+200 段路基工程、K11+000××大桥基础工程**	
申请依据: **近期连下暴雨,且降雨量和降雨周期明显大于往年,超过近十年来最高纪录。致使路基土石方工程无法正常填筑。桥涵基础新开挖基坑积水,无法正常施工。**	
证明文件: **(1)近期气象资料。** **(2)近 10 年气象统计资料。** **(3)停工证明材料。**	
索赔金额和工期: **索赔工期 30 天,索赔金额 20 万元人民币。**	
承包人递交日期:××年×月×日 签字:×××	监理工程师收到意见:**所述事件属实,索赔依据充分,符合合同××,同意索赔。** 签字:××× 业主:×××

(21)索赔时间/金额审批表。

表 1-21 **索赔时间/金额审批表**

承包单位:××集团有限公司××公路工程 A2 标段项目经理部　　合同号:A2

监理单位:××工程咨询有限公司××公路工程 A2 标段监理部　　编　号:

索赔项目:**K3+000~K3+200 段路基工程、K11+000××大桥基础工程**	
上报日期:××年×月×日	收受日期:××年×月×日
申报延期天数:**30 天**	申请索赔金额:**20 万人民币元**
批准延期天数:**30 天**	批准索赔金额:**20 万人民币元**
索赔金额和延期累计:	

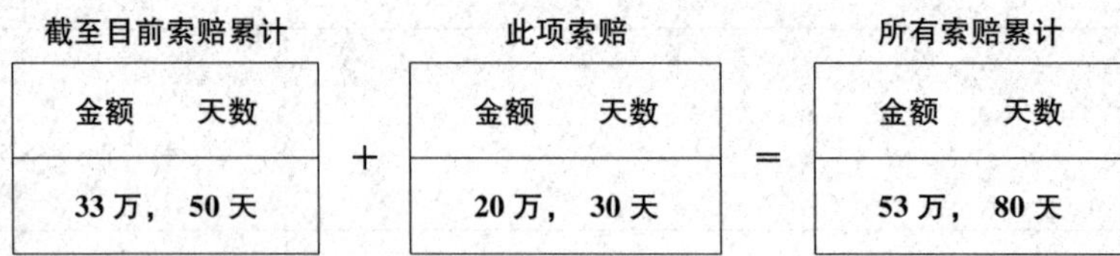

监理工程师:×××	
业主:×××	
附件: (1)工程进度网络计划图、关键线路图、延期天数计算书。 (2)工程量清单(相应单价部分)、索赔金额计算书。 (3)相关证明文件。	

第二节 公路工程技术资料

一、公路工程技术资料收集流程

公路工程技术资料收集流程见图 1-2。

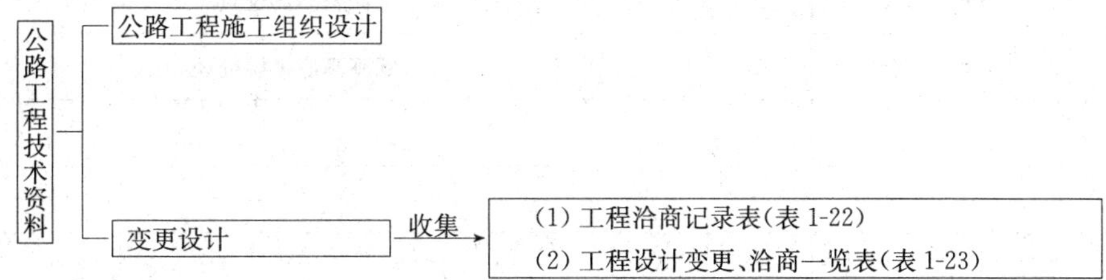

图 1-2 公路工程技术资料收集流程

二、变更设计资料表格填写范例

(1)工程洽商记录表。

表 1-22 **工程洽商记录表**

承包单位:××集团有限公司××公路工程 A2 标段项目经理部 合同号:A2

监理单位:××工程咨询有限公司××公路工程 A2 标段监理部 编 号:

工程名称	涵洞工程	日 期	××年×月×日	
洽商内容: 根据现场调查,原设计 K9+880,1～1.5m 涵洞需改移至 K10+000 位置,涵洞结构类型、流水方向不变。				
建设单位	监理单位	勘察单位	设计单位	施工单位
×××	×××	×××	×××	×××

(2)工程设计变更、洽商一览表。

表 1-23 **工程设计变更、洽商一览表**

承包单位:××**集团有限公司**××**公路工程 A2 标段项目经理部** 合同号:**A2**

监理单位:××**工程咨询有限公司**××**公路工程 A2 标段监理部** 编 号:

序 号	变更、洽商单号	页 数	主要变更、洽商内容
1	**001**	**2**	**调整涵洞位置**
2	**002**	**2**	**路基基底换填处理**

技术负责人:××× ××年×月×日	填表人:××× ××年×月×日

第二章　公路路基工程资料

第一节　路基土石方工程

一、路基土石方工程资料收集流程

路基土石方工程资料收集流程见图 2-1。

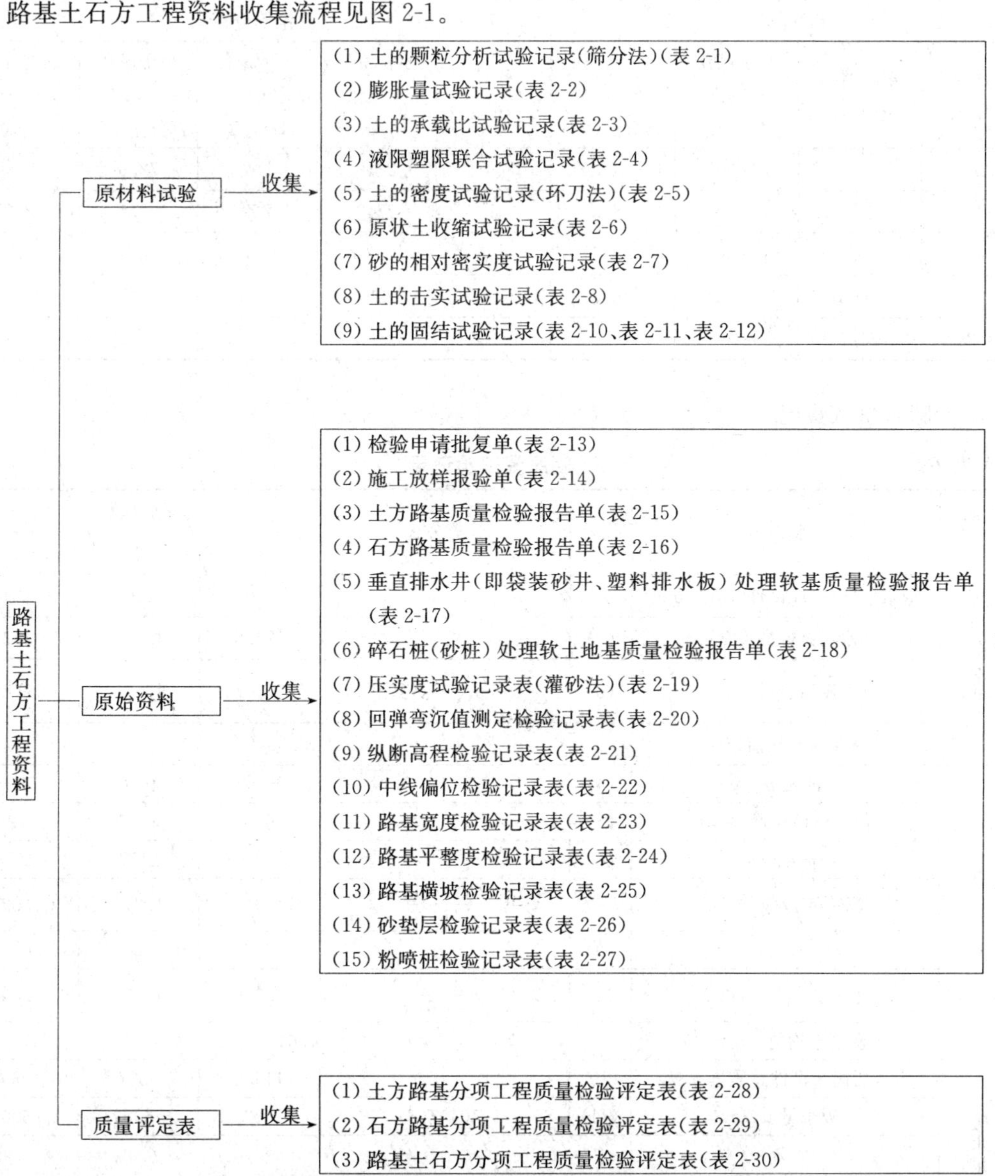

图 2-1　路基土石方工程资料收集流程

二、路基土石方工程原材料试验表格填写范例

(1)土的颗粒分析试验记录(筛分法)。

表 2-1 **土的颗粒分析试验记录(筛分法)**

工程名称 路基土石方工程 试验者 ×××

土样编号 计算者 ×××

土样说明 试验日期××年×月×日 校核者 ×××

筛前总土质量=3000g 小于 2mm 取试样质量=810g

小于 2mm 土质量=810g

小于 2mm 土占总质量=27%

粗筛分析				细筛分析				
孔径/mm	累积留筛土质量/g	小于该孔径的土质量/g	小于该孔径土质量百分比(%)	孔径/mm	累积留筛土质量/g	小于该孔径的土质量/g	小于该孔径土质量百分比(%)	占总土质量百分比(%)
40	0	3000	100		2410	590	72.8	19.7
20	350	2650	88.3	1	2740	260	32.1	8.7
10	920	2080	69.3	0.5	2920	80	9.9	2.7
5	1600	1400	46.7	0.25	2980	20	2.5	0.7
2	2190	810	27.0	0.075				

(2)膨胀量试验记录。

表 2-2 **膨胀量试验记录**

试验项目	试验内容	代号	计算公式	试验次数		
				1	2	3
膨胀量	泡水前试件(原试件)高度/mm	(1)		120	120	120
	泡水后试件高度/mm	(2)		128.6	136.5	133
	膨胀量(%)	(3)	$\frac{(2)-(1)}{(1)}\times100$	7.167	13.75	10.83
	膨胀量平均值(%)	10.58				
密度	筒质量 m_1/g	(4)		6660	4640	5390
	筒+试件质量 m_2/g	(5)		10900	8937	9790
	筒体积/cm^3	(6)		2177	2177	2177
	湿密度 ρ/(g/cm^3)	(7)	$\frac{(5)-(4)}{(6)}$	1.948	1.974	2.021
	含水量 w(%)	(8)		16.93	18.06	26.01
	干密度 ρ_d/(g/cm^3)	(9)	$\frac{(7)}{1+0.01w}$	1.666	1.672	1.604
	干密度平均值/(g/cm^3)	1.647				
吸水量	泡水后筒+试件总质量 m_3/g	(10)		11530	9537	10390
	吸水量 w_a/g	(11)	(10)−(5)	630	600	600
	吸水量平均值/g	610				

(3)土的承载比试验(CBR)记录。

表 2-3　　土的承载比试验(CBR)记录

土样编号						测力环系数					
最大干密度/(g/cm³)						贯入杆面积(cm²)					
最佳含水量(%)						l=2.5mm时,p=　kPa,CBR=　%					
每层击数						l=5.0mm时,p=　kPa,CBR=　%					
荷载测力计百分表读数 R(0.01mm)			单位压力 P /kPa			贯入百分表读数 (0.01mm)			贯入量 l /mm		
1	2	3	1	2	3	1	2	3	1	2	3

结论：

签字：××年×月×日

(4)液限塑限联合试验记录。

表 2-4　　液限塑限联合试验记录

工程名称**路基土石方工程**　　　　试 验 者 ×××

土样编号 ×××　　　　计 算 者 ×××

取土深度 ×××　　　　校 核 者 ×××

土样设备 ×××　　　　试验日期 **××年×月×日**

试验项目 \ 试验次数		1	2	3	备注
入土深度/mm	h_1	4.68	9.81	19.88	
	h_2	4.73	9.79	20.12	
	$\frac{1}{2}(h_1+h_2)$	4.71	9.80	20	
含水率(%)	盒质量/g	20			w_p　I_p
	盒+湿土质量/g	25.86	27.49	30.62	双曲线法　27.2　14.0
	盒+干土质量/g	24.51	25.52	27.53	搓条法　26.2　15.0
	水分质量/g	1.35	1.97	3.09	
	干土质量/g	4.51	5.52	7.53	
	含水率(%)	29.9	35.7	41.04	液限　w_L=41.2

(5)土的密度试验记录(环刀法)。

表 2-5 土的密度试验记录(环刀法)

土样编号			1		2		3	
环刀号			1	2	3	4	5	6
环刀容积/cm^3	①		100	100	100	100	100	100
土样质量/g	②		178.6	181.4	193.6	194.8	205.8	207.2
湿密度/(g/cm^3)	③	$\frac{②}{①}$	1.79	1.81	1.94	1.95	2.06	2.07
含水量(%)	④		13.5	14.2	18.2	19.4	20.5	21.2
干密度/(g/cm^3)	⑤	$\frac{③}{1+0.01④}$	1.58	1.58	1.64	1.63	1.71	1.71
平均干密度/(g/cm^3)	⑥		1.58		1.64		1.71	

(6)原状土收缩试验记录。

表 2-6 原状土收缩试验记录

工程名称**路基土石方工程** 试验者 ×××

土样编号 ××× 计算者 ×××

仪器编号 ××× 校核者 ×××

土样说明 ××× 试验日期 ××年×月×日

日期(d:h)	百分表读数(1/100)	单向收缩率/mm	线缩率(%)	试样质量/g	水质量/g	含水率(%)	试验前后状态
14:15	0	0	0	120.12	31.12	35.0	试样原高度=20mm 试样面积=30cm^2 试验前含水量=35% 试验前干密度=1.48g/cm^3 试验后干土质量=89g 试验后试样尺寸: 高度=1.71cm 直径=5.80cm
15:8	19.3	0.19	0.95	118.3	29.3	32.9	
16:0	50.0	0.50	2.50	113.7	24.7	27.7	
16:8	63.0	0.63	3.15	112.2	23.2	26.1	
16:0	94.5	0.95	4.75	109.3	22.3	22.8	
17:8	97.6	0.98	4.90	108.7	19.7	22.1	
18:0	110.8	1.11	5.55	107.1	18.1	20.3	
18:8	116.6	1.17	5.85	106.6	17.4	19.5	
19:8	124.8	1.25	6.25	105.3	16.3	18.2	
21:8	129.8	1.30	6.50	104.6	15.6	17.6	
23:8	134.0	1.34	6.70	104.0	15.0	16.9	
25:8	139.0	1.39	6.95	103.4	14.4	16.2	
27:8	142.0	1.42	7.10	102.7	14.1	15.8	
29:8	146.0	1.46	7.30	102.4	13.4	15.0	
31:8	155.0	1.55	7.75	101.1	12.1	13.6	
2:8	163.0	1.63	8.15	99.7	10.7	12.0	
4:8	168.0	1.68	8.40	97.9	8.9	10.0	
6:8	168.1	1.68	8.40	95.7	6.7	7.5	
8:8	168.1	1.68	8.40	94.8	5.8	6.5	
体缩(%)		24.6	收缩系数		0.37	缩限(%)	12.3

(7)砂的相对密实度试验记录。

表 2-7 **砂的相对密实度试验记录**

工程名称<u>路基土石方工程</u>　　　　试 验 者 ×××

土样编号　　　　　　　　　　　　计 算 者 ×××

试验日期 ××年×月×日　　　　　校 核 者 ×××

试验项目			最大孔隙比		最小孔隙比		备 注
试验方法			漏斗法		振击法		
试样+容器质量/g	(1)		650	670	662	665	
容器质量/g	(2)		250				
试样质量/g	(3)	(1)−(2)	400	420	412	415	
试样体积/cm^3	(4)		335	350	250		
干密度/(g/cm^3)	(5)	(3)÷(4)	1.20	1.20	1.65	1.66	
平均干密度/(g/cm^3)	(6)		1.20		1.665		
相对密度 G_s	(7)		2.65				
孔隙比 e	(8)		1.21		0.59		
天然干密度/(g/cm^3)	(9)		1.30				
天然孔隙比 e_0	(10)		1.04				
相对密实度 D_r	(11)		0.27				

注:最小与最大干密度,均须进行两次平行测定,取其算术平均值,其平行差值不得超过 0.03g/cm^3。

(8)土的击实试验记录。

表 2-8 **土的击实试验记录**

校核者 ×××　　　　计算者 ×××　　　　试验者 ×××

土样编号		筒号		落距		45cm					
土样来源		筒容积		997cm^3		每层击数		27			
试验日期	××年×月×日	击锤质量		4.5kg		大于 5mm 颗粒含量					
干密度	试验次数	1		2		3		4		5	
干密度	筒+土质量/g	2981.8		3057.1		3130.9		3215.8		3191.1	
干密度	筒质量/g	1103		1103		1103		1103		1103	
干密度	湿土质量/g	1878.8		1954.1		2027.9		2112.8		2088.1	
干密度	湿密度/(g/cm^3)	1.88		1.96		2.03		2.12		2.09	
干密度	干密度/(g/cm^3)	1.71		1.75		1.80		1.83		1.76	
含水率	盒+湿土质量/g	35.60	35.44	33.93	33.69	32.88	33.16	33.13	34.09	36.96	38.31
含水率	盒+干土质量/g	34.16	34.02	32.45	32.26	31.40	31.64	31.36	32.15	24.28	35.36
含水率	盒质量/g	20	20	20	20	20	20	20	20	20	20
含水率	水质量/g	1.44	1.42	1.48	1.43	1.48	1.52	1.77	1.94	2.68	2.95
含水率	干土质量/g	14.16	14.02	12.45	11.26	11.40	11.64	11.36	12.15	14.28	15.36
含水率	含水率(%)	10.3	10.1	11.9	11.7	13.0	13.0	15.6	16.0	18.8	19.2
含水率	平均含水率(%)	10.2		11.8		13.0		15.8		19.0	
结果	最佳含水率=15.0%					最大干密度=1.83g/cm^3					

注:含水率须进行两次平行测定,取其算术平均值,允许平行差值应符合表 2-9 的规定。

表 2-9　　含水率测定的允许平行差值

含水率(%)	允许平行差值(%)	含水率(%)	允许平行差值(%)	含水率(%)	允许平行差值(%)
5 以下	0.3	40 以下	≤1	40 以上	≤2

(9)土的固结试验记录。

表 2-10　　土的固结试验记录(一)

工程名称**路基土石方工程**　　试 验 者　×××
土样编号　×××　　计 算 者　×××
取土深度　×××　　校 核 者　×××
土样说明　×××　　试验日期　××年×月×日

含水试验

试验情况		试验步骤	盒＋湿土质量/g	盒＋干土质量/g	盒质量/g	水质量/g	干土质量/g	含水率(%)	
		盒号	(1)	(2)	(3)	(4)	(5)	(6)	
		计算公式				(1)－(2)	(2)－(3)	$\frac{(4)}{(5)}\times100$	
试验前	饱和前		22.17	17.94	7.0	4.23	10.94	38.7	平均 38.4
	饱和后(或饱和土)		17.50	14.61	7.0	2.89	7.61	38.0	
试验后			127.8	102.6	16.2	25.2	86.4	29.2	

密度试验

试验情况		环刀＋土质量/g	环刀质量/g	土质量/g	试样体积/cm³	密度/(g/cm³)
		(1)	(2)	(3)	(4)	(5)
计算公式		(1)	(2)	(1)－(2)	(4)	(3)÷(4)
试验前	饱和前					
	饱和后(或饱和土)	166.3	46.5	119.8	64.4	1.86
试验后		158.1	46.5	111.6	57.0	1.96

孔隙比及饱和度计算 $G_s=2.75$

试样情况	试验前	试验后
含水率(%)	38.4	29.2
密度/(g/cm³)	1.86	1.96
孔隙比	1.046	0.813
饱和度(%)	100	100

表 2-11　　固结试验记录(二)

工程编号＿＿＿＿　土样编号＿＿＿＿　试 验 者　×××
仪器编号＿＿＿＿　土样说明＿＿＿＿　试验日期××年×月×日

经过时间/min	压力/kPa							
	50		100		200		400	
	时间	读数	时间	读数	时间	读数	时间	读数
0.00	10:20	0	10:20	0.964	10:20	1.358	10:20	2.355
0.25		0.410		1.014		1.445		2.335
1.00		0.510		1.062		1.522		2.405
2.25		0.602		1.107		1.590		2.423
4.00		0.632		1.140		1.644		2.438
6.25		0.749		1.168		1.688		2.450
9.00		0.800		1.192		1.722		2.460
12.25		0.834		1.208		1.748		2.470
16.00		0.854		1.228		1.766		2.480
20.25		0.869		1.232		1.782		2.488
25.00		0.897		1.240		1.792		2.495
30.25		0.886		1.247		1.806		2.500
36.00		0.891		1.253		1.813		2.508
42.25		0.896		1.258		1.820		2.515
60.00	11:20	0.906		1.331		1.836		2.530
23h		0.962		1.355		1.945		2.636
24h		0.964		1.358		1.948		2.640
总变形量/mm		0.964		1.358		1.948		2.640
仪器变形量/mm		0.040		0.050		0.062		0.074
试样总变形量/mm		0.924		1.308		1.886		2.564

表 2-12　　固结试验记录(三)

工程编号＿＿＿＿　土样编号＿＿＿＿　试验日期××年×月×日
试 验 者　×××　计 算 者　×××　校 核 者　×××

试样原始高度 $h_0=20\text{mm}$　$C_v=\dfrac{0.848\bar{h}^2}{t_{90}}$　$C_v=\dfrac{0.197\bar{h}^2}{t_{50}}$　$C_v=\dfrac{0.380\bar{h}^2}{t_{68}}$

试验前孔隙比 $e_0=1.04$

加荷时间/h	压力/kPa	试样总变形量/mm	压缩后试样高度/mm	单位沉降量/(mm/m)	孔隙比	平均试样高度/mm	单位沉降量差/(mm/m)	压缩模量/MPa	压缩系数(MPa^{-1})	排水距离/cm	固结系数(10^{-3}cm^2/s)
	p	$\sum\Delta h_i$	$h=h_0-\sum\Delta h_i$	$S_i=\dfrac{\sum\Delta h_i}{h_0}\times1000$	$e_i=e_0-\dfrac{S_i(1+e_0)}{1000}$	$\bar{h}=\dfrac{h_1+h_2}{2}$	S_2-S_1	E_s	a_v	$\bar{h}=\dfrac{h_1+h_2}{4}$	C_v
0	0	0	20.000	0	1.04						
						19.537	46.3	1.03	1.80	0.977	2.18
24	50	0.924	19.074	46.3	0.95						
						18.883	19.1	2.45	0.80	0.944	2.02
24	100	1.308	18.692	65.4	0.91						
						18.403	28.9	3.14	0.60	0.920	1.90
24	200	1.886	18.114	94.3	0.85						
						17.775	33.9	5.15	0.35	0.896	1.62
24	400	2.564	17.436	128.2	0.78						

三、路基土石方工程原始资料表格填写范例

(1)检验申请批复单。

表 2-13　　检验申请批复单

承包单位:××集团有限公司××公路工程 A2 标段项目经理部　　合同号:A2

监理单位:××工程咨询有限公司××公路工程 A2 标段监理部　　编　号:

<table>
<tr><td>工程项目</td><td>××公路工程 A2 标段</td></tr>
<tr><td>工程地点及桩号</td><td>K3+000~K3+200</td></tr>
<tr><td>具体部位</td><td>上路床顶面</td></tr>
<tr><td>检验内容</td><td>中线偏位、纵断高程、路基宽度、平整度、压实度、横坡度、回弹弯沉</td></tr>
<tr><td colspan="2">要求到现场检验时间:××年×月×日</td></tr>
<tr><td colspan="2">承包人递交日期、时间和签字:××年×月×日</td></tr>
<tr><td colspan="2">监理员收件日期、时间和签字:××年×月×日</td></tr>
<tr><td colspan="2">监理员评论和签字:
符合设计及规范要求。</td></tr>
<tr><td>监理工程师意见:
本项目可以继续进行。</td><td>质量证明附件:
(1)《施工放样报验单》
(2)《土方路基质量检验报告单》
(3)《中线偏位检验记录表》
(4)《路基逐层填筑纵断高程检验记录表》
(5)《路基宽度检验记录表》
(6)《路基平整度检验记录表》
(7)《路基横坡检验记录表》
(8)《压实度试验记录表》(灌砂法)
(9)《回弹弯沉值测定检验记录表》</td></tr>
<tr><td>监理工程师签字:×××
同意进行下道工序施工。
××年×月×日</td><td>承包人收到日期、时间签字:×××
××年×月×日</td></tr>
</table>

(2)施工放样报验单。

表 2-14 施工放样报验单

承包单位:××集团有限公司××公路工程 A2 标段项目经理部 合同号:A2

监理单位:××工程咨询有限公司××公路工程 A2 标段监理部 编 号:

致(监理工程师):

根据合同要求,业已完成 K3+000~K3+200 段,上路堤第三层线路中线,施工放样工作清单如下,请予查验。

承包人:××× 日期:××年×月×日

桩号或位置	工程或部位名称	放样内容	备 注
K3+000~K3+200	上路床顶面	线路中线	路基土石方工程

附件:测量及放样资料

(1)放样依据。

(2)放样成果。

监理员意见:符合设计及规范要求。

监理工程师结论:

符合设计及规范要求。

监理工程师:××× ××年×月×日

(3)土方路基质量检验报告单。

表 2-15 **土方路基质量检验报告单**

承包单位:××集团有限公司××公路工程 A2 标段项目经理部 合同号:A2

监理单位:××工程咨询有限公司××公路工程 A2 标段监理部 编 号:

<table>
<tr><td colspan="4">工程名称</td><td colspan="3">土方路基</td><td>施工时间</td><td>××年×月×日</td></tr>
<tr><td colspan="4">桩号及部位</td><td colspan="3">K3+000~K3+200
上路床顶面</td><td>检验时间</td><td>××年×月×日</td></tr>
<tr><td rowspan="3">项次</td><td colspan="3" rowspan="3">检查项目</td><td colspan="3">规定值或允许偏差</td><td rowspan="3">检验结果</td><td rowspan="3">检验频率和方法</td></tr>
<tr><td rowspan="2">高速公路
一级公路</td><td colspan="2">其他公路</td></tr>
<tr><td>二级
公路</td><td>三、四
级公路</td></tr>
<tr><td rowspan="6">1</td><td rowspan="6">压实
度(%)</td><td rowspan="2">零填及
挖方/m</td><td>0~0.30</td><td>—</td><td>—</td><td>94</td><td rowspan="2">符合《验评标准》*</td><td rowspan="6">每 200m 每压实层测 4 处</td></tr>
<tr><td>0~0.80</td><td>≥96</td><td>≥95</td><td>—</td></tr>
<tr><td rowspan="3">填方/m</td><td>0~0.80</td><td>≥96</td><td>≥95</td><td>≥94</td><td>符合《验评标准》</td></tr>
<tr><td>0.80~1.50</td><td>≥94</td><td>≥94</td><td>≥93</td><td>符合《验评标准》</td></tr>
<tr><td>>1.50</td><td>≥93</td><td>≥92</td><td>≥90</td><td>符合《验评标准》</td></tr>
<tr></tr>
<tr><td>2</td><td colspan="3">弯沉(0.01mm)</td><td colspan="3">不大于设计要求值</td><td>符合
设计要求</td><td></td></tr>
<tr><td>3</td><td colspan="3">纵断高程/mm</td><td>+10,-15</td><td colspan="2">+10,-20</td><td>符合《验评标准》</td><td>水准仪:每 200m 测 4 断面</td></tr>
<tr><td>4</td><td colspan="3">中线偏位/mm</td><td>50</td><td colspan="2">100</td><td>符合《验评标准》</td><td>经纬仪:每 200m 测 4 点,弯道加 HY、YH 两点</td></tr>
<tr><td>5</td><td colspan="3">宽 度/mm</td><td colspan="3">符合设计要求</td><td>符合
设计要求</td><td>米尺:每 200m 测 4 处</td></tr>
<tr><td>6</td><td colspan="3">平整度/mm</td><td>15</td><td colspan="2">20</td><td>符合《验评标准》</td><td>3m 直尺:每 200m 测 2 处×10 尺</td></tr>
<tr><td>7</td><td colspan="3">横 坡(%)</td><td>±0.3</td><td colspan="2">±0.5</td><td>符合《验评标准》</td><td>水准仪:每 200m 测 4 断面</td></tr>
<tr><td>8</td><td colspan="3">边 坡</td><td colspan="3">符合设计要求</td><td>符合
设计要求</td><td>尺量:每 200m 测 4 处</td></tr>
<tr><td colspan="6">自检说明:

符合设计规范及《验评标准》的要求。

施工员:×××
××年×月×日</td><td colspan="3">监理评语:

符合设计规范及《验评标准》的要求。

监理员:×××
××年×月×日</td></tr>
</table>

施工负责人:××× 质量检查员:××× 监理工程师:×××

注:*为《公路工程质量检验评定标准 第一册 土建工程》(JTG F80/1—2004)的简称,下同。

(4)石方路基质量检验报告单。

表 2-16　石方路基质量检验报告单

承包单位:××集团有限公司××公路工程 A2 标段项目经理部　　合同号:A2

监理单位:××工程咨询有限公司××公路工程 A2 标段监理部　　编　号:

<table>
<tr><td colspan="3">工程名称</td><td colspan="2">石方路基</td><td>施工时间</td><td>××年×月×日</td></tr>
<tr><td colspan="3">桩号及部位</td><td colspan="2">K3+000～K3+200
上路堤第三层</td><td>检验时间</td><td>××年×月×日</td></tr>
<tr><td rowspan="2">项次</td><td colspan="2" rowspan="2">检查项目</td><td colspan="2">规定值或允许偏差</td><td rowspan="2">检验结果</td><td rowspan="2">检验频率和方法</td></tr>
<tr><td>高速公路
一级公路</td><td>其他公路</td></tr>
<tr><td>1</td><td colspan="2">压　　实</td><td colspan="2">层厚和碾压遍数符合要求</td><td>符合设计要求</td><td>查施工记录</td></tr>
<tr><td>2</td><td colspan="2">纵断高程/mm</td><td>+10,−20</td><td>+10,−30</td><td>符合《验评标准》</td><td>水准仪:每 200m 测 4 断面</td></tr>
<tr><td>3</td><td colspan="2">中线偏位/mm</td><td>50</td><td>100</td><td>符合《验评标准》</td><td>经纬仪:每 200m 测 4 点,弯道加 HY、YH 两点</td></tr>
<tr><td>4</td><td colspan="2">宽　　度/mm</td><td colspan="2">符合设计要求</td><td>符合设计要求</td><td>米尺:每 200m 测 4 处</td></tr>
<tr><td>5</td><td colspan="2">平整度/mm</td><td>20</td><td>30</td><td>符合《验评标准》</td><td>3m 直尺:每 200m 测 2 处×10 尺</td></tr>
<tr><td>6</td><td colspan="2">横　　坡(%)</td><td>±0.3</td><td>±0.5</td><td>符合《验评标准》</td><td>水准仪:每 200m 测 4 断面</td></tr>
<tr><td rowspan="2">7</td><td rowspan="2">边　坡</td><td>坡　度</td><td colspan="2">符合设计要求</td><td>符合设计要求</td><td rowspan="2">尺量:每 200m 测 4 处</td></tr>
<tr><td>平顺度</td><td colspan="2">符合设计要求</td><td>符合设计要求</td></tr>
<tr><td></td><td></td><td></td><td colspan="2"></td><td></td><td></td></tr>
<tr><td></td><td></td><td></td><td colspan="2"></td><td></td><td></td></tr>
<tr><td></td><td></td><td></td><td colspan="2"></td><td></td><td></td></tr>
<tr><td></td><td></td><td></td><td colspan="2"></td><td></td><td></td></tr>
<tr><td colspan="4">自检说明:

符合设计规范及《验评标准》的要求。

施工员:×××

××年×月×日</td><td colspan="3">监理评语:

符合设计规范及《验评标准》的要求。

监理员:×××

××年×月×日</td></tr>
</table>

施工负责人:×××　　质量检查员:×××　　监理工程师:×××

(5)垂直排水井(即袋装砂井、塑料排水板)处理软基质量检验报告单。

表 2-17 **垂直排水井(即袋装砂井、塑料排水板)处理软基质量检验报告单**

承包单位:××集团有限公司××公路工程 A2 标段项目经理部 合同号:A2

监理单位:××工程咨询有限公司××公路工程 A2 标段监理部 编 号:

工程名称	路基土石方工程	施工时间	××年×月×日	
桩号及部位	软土地基处治(K3+400~K3+600)	检验时间	××年×月×日	
项 次	检查项目	规定值或允许偏差	检验结果	检验频率和方法
1	数量/根	不小于设计	符合设计要求	查施工记录
2△	井(板)长度	不小于设计	符合设计要求	查施工记录
3	井(板)间距/mm	±150	符合《验评标准》	抽查 2%
4	砂井直径/cm	+10,-0	符合《验评标准》	挖验 2%
5	竖直度(%)	1.5	符合《验评标准》	查施工记录
6	灌砂量(%)	-5	符合《验评标准》	查施工记录
注:"△"为涉及结构安全和使用功能的重要实测为关键项目。				
自检说明: 符合设计规范及《验评标准》的要求。 施工员:××× ××年×月×日		监理评语: 符合设计规范及《验评标准》的要求。 监理员:××× ××年×月×日		

施工负责人:××× 质量检查员:××× 监理工程师:×××

(6)碎石桩(砂桩)处理软土地基质量检验报告单。

表 2-18　　碎石桩(砂桩)处理软土地基质量检验报告单

承包单位:××集团有限公司××公路工程 A2 标段项目经理部　　合同号:A2

监理单位:××工程咨询有限公司××公路工程 A2 标段监理部　　编　号:

工程名称		路基土石方工程	施工时间	××年×月×日
桩号及部位		软土地基处治 (K3+400~K3+600)	检验时间	××年×月×日
项　次	检查项目	规定值或允许偏差	检验结果	检验频率和方法
1	桩　数/根	不小于设计	符合设计要求	查施工记录
2	桩　径/mm	不小于设计	符合设计要求	抽查 2%
3△	桩　长/m	不小于设计	符合设计要求	查施工记录
4	桩　距/mm	±150	符合《验评标准》	抽查 2%
5	竖直度(%)	1.5	符合《验评标准》	查施工记录
6	灌石(砂)量	不小于设计	符合设计要求	查施工记录
7	平均标贯击数	不小于设计	符合设计要求	查施工记录

自检说明:	监理评语:
符合设计规范及《验评标准》的要求。	符合设计规范及《验评标准》的要求。
施工员:×××	监理员:×××
××年×月×日	××年×月×日

施工负责人:×××　　质量检查员:×××　　监理工程师:×××

(7)压实度试验记录表(灌砂法)。

表 2-19　　压实度试验记录表(灌砂法)

承包单位:××集团有限公司××公路工程 A2 标段项目经理部　　合同号:A2

监理单位:××工程咨询有限公司××公路工程 A2 标段监理部　　编　号:

<table>
<tr><td colspan="2">工程名称</td><td colspan="3">土方路基</td><td colspan="3">试验单位</td><td colspan="4">××集团有限公司</td></tr>
<tr><td colspan="2">土样类别</td><td colspan="3">中粒土</td><td colspan="3">试验完成日期</td><td colspan="4">××年×月×日</td></tr>
<tr><td colspan="2">最佳含水量(%)</td><td colspan="3">8.3%</td><td colspan="3">试验人签字</td><td colspan="4">×××</td></tr>
<tr><td colspan="2">最大干密度/(g/cm³)</td><td colspan="3">2.08</td><td colspan="3">审核人签字</td><td colspan="4">×××</td></tr>
<tr><td colspan="2">桩　号</td><td colspan="2">K2+000</td><td colspan="2">K2+020</td><td colspan="2">K2+040</td><td colspan="2">K2+060</td><td colspan="2">K2+080</td></tr>
<tr><td colspan="2">取样位置/m</td><td colspan="2">左 2.0</td><td colspan="2">右 2.0</td><td colspan="2">左 4.0</td><td colspan="2">右 4.0</td><td colspan="2">中线位置</td></tr>
<tr><td>1</td><td>灌砂前:筒+砂重/g</td><td colspan="2">7600</td><td colspan="2">7600</td><td colspan="2">7600</td><td colspan="2">7600</td><td colspan="2">7600</td></tr>
<tr><td>2</td><td>灌砂后:筒+砂重/g</td><td colspan="2">2298</td><td colspan="2">2348</td><td colspan="2">2345</td><td colspan="2">2328</td><td colspan="2">2316</td></tr>
<tr><td>3</td><td>锥体砂重/g</td><td colspan="2">1480</td><td colspan="2">1480</td><td colspan="2">1480</td><td colspan="2">1480</td><td colspan="2">1480</td></tr>
<tr><td>4</td><td>试坑砂重=1-2-3/g</td><td colspan="2">3822</td><td colspan="2">3772</td><td colspan="2">3775</td><td colspan="2">3792</td><td colspan="2">3804</td></tr>
<tr><td>5</td><td>砂密度/(g/cm³)</td><td colspan="2">1.43</td><td colspan="2">1.43</td><td colspan="2">1.43</td><td colspan="2">1.43</td><td colspan="2">1.43</td></tr>
<tr><td>6</td><td>试坑体积 V/cm³</td><td colspan="2">2673</td><td colspan="2">2638</td><td colspan="2">2640</td><td colspan="2">2652</td><td colspan="2">2660</td></tr>
<tr><td>7</td><td>试坑土重/g</td><td colspan="2">5806</td><td colspan="2">5643</td><td colspan="2">5544</td><td colspan="2">5803</td><td colspan="2">5700</td></tr>
<tr><td>8</td><td>湿密度/(g/cm³)</td><td colspan="2">2.172</td><td colspan="2">2.139</td><td colspan="2">2.10</td><td colspan="2">2.188</td><td colspan="2">2.143</td></tr>
<tr><td colspan="2">盒　号</td><td>1</td><td>2</td><td>3</td><td>4</td><td>5</td><td>6</td><td>7</td><td>8</td><td>9</td><td>10</td></tr>
<tr><td>1</td><td>盒+湿土重/g</td><td>1143</td><td>1130</td><td>1141</td><td>1154</td><td>1142</td><td>1136</td><td>1188</td><td>1140</td><td>1141</td><td>1136</td></tr>
<tr><td>2</td><td>盒+干土重/g</td><td>1063</td><td>1051</td><td>1068</td><td>1086</td><td>1062</td><td>1053</td><td>1108</td><td>1062</td><td>1067</td><td>1066</td></tr>
<tr><td>3</td><td>水重/g</td><td>80.2</td><td>79.0</td><td>72.9</td><td>68.3</td><td>80.0</td><td>83.4</td><td>80.3</td><td>77.6</td><td>74.0</td><td>70.2</td></tr>
<tr><td>4</td><td>盒质量/g</td><td>132.4</td><td>130.5</td><td>432.6</td><td>139.3</td><td>132.4</td><td>130.5</td><td>132.6</td><td>133.1</td><td>131</td><td>131.9</td></tr>
<tr><td>5</td><td>干土重/g</td><td>930.4</td><td>920.5</td><td>935.5</td><td>946.4</td><td>929.6</td><td>922.1</td><td>975.1</td><td>929.3</td><td>936.0</td><td>933.9</td></tr>
<tr><td>6</td><td>含水量(%)</td><td>8.6</td><td>8.6</td><td>7.8</td><td>7.2</td><td>8.6</td><td>9.0</td><td>8.2</td><td>8.4</td><td>7.9</td><td>7.5</td></tr>
<tr><td>7</td><td>平均含水量(%)</td><td colspan="2">8.6</td><td colspan="2">7.5</td><td colspan="2">8.8</td><td colspan="2">8.3</td><td colspan="2">7.7</td></tr>
<tr><td>8</td><td>干密度/(g/cm³)</td><td colspan="2">2.00</td><td colspan="2">1.99</td><td colspan="2">1.93</td><td colspan="2">2.02</td><td colspan="2">1.99</td></tr>
<tr><td colspan="2">压实度(%)</td><td colspan="2">96.2</td><td colspan="2">95.7</td><td colspan="2">95.8</td><td colspan="2">97.1</td><td colspan="2">95.7</td></tr>
<tr><td colspan="2">路基部位(第几层)</td><td colspan="10">上路堤第三层</td></tr>
<tr><td colspan="2">压实度标准(%)</td><td colspan="10">95</td></tr>
<tr><td colspan="2">结　论</td><td colspan="10">合　格</td></tr>
</table>

(8)回弹弯沉值测定检验记录表。

表 2-20　　　　回弹弯沉值测定检验记录表

承包单位:××集团有限公司××公路工程 A2 标段项目经理部　　　　合同号:A2

监理单位:××工程咨询有限公司××公路工程 A2 标段监理部　　　　编　号:

线路名称	××公路工程 A2 标段	试验车型号	BZZ—100	后轴重/kN	100
当量圆直径/cm	21.4	轮胎气压/MPa	0.72	弯沉仪型号	×××
路面结构	水泥混凝土路面	层次	土方路基路床顶面	温度	25℃
测定日期	××年×月×日	天气	晴		

桩　号	左			左中			右中			右		
	初读数	末读数	弯沉值	初读数	末读数	弯沉值	初读数	末读数	弯沉值	初读数	末读数	弯沉值
K3+000	12	53	130	10	53	126						
K3+020							6	54	120	4	62	132
K3+040	15	55	140	13	55	136						
K3+060							11	64	150	13	65	156
K3+080	8	61	138	11	56	134						
K3+100							15	49	128	19	46	130
K3+120	5	67	144	8	61	138						
K3+140							12	53	130	10	54	128
K3+160	15	69	168	21	55	152						

自检说明: 符合设计规范及《验评标准》的要求。 施工员:××× ××年×月×日	监理评语: 符合设计规范及《验评标准》的要求。 监理员:××× ××年×月×日

施工负责人:×××　　　　质量检查员:×××　　　　监理工程师:×××

(9)纵断高程检验记录表。

表 2-21　　纵断高程检验记录表

承包单位:××集团有限公司××公路工程 A2 标段项目经理部　　合同号:A2

监理单位:××工程咨询有限公司××公路工程 A2 标段监理部　　编　号:

工程名称	土方路基			施工时间	××年×月×日				
桩号及部位	K3+000~K3+200 上路床顶面			检验时间	××年×月×日				
桩号或位置	左　幅			路　中			右　幅		
	设计/m	实测/m	偏差/mm	设计/m	实测/m	偏差/mm	设计/m	实测/m	偏差/mm
K3+000				20.000	20.008	+8			
K3+020 左 10m	19.820	19.825	+5	20.020					
K3+040				20.040	20.050	+10			
K3+060 右 10m				20.060			19.860	19.850	−10
K3+080				20.080	20.070	−10			
K3+100 左 5m	20.000	20.006	+6	20.100					
K3+120				20.120	20.128	+8			
K3+140 右 5m				20.140			20.040	20.050	+10
K3+160				20.160	20.150	−10			
K3+180 左 2m	20.140	20.150	+10	20.180					
K3+200 右 4m				20.200			20.120	20.106	−14
允许偏差/mm			+10,−15		检测点数			11	
合格点数			11		合格率			100%	

施工负责人:×××　　质量检查员:×××　　监理工程师:×××

(10)中线偏位检验记录表。

表 2-22　　中线偏位检验记录表

承包单位：××集团有限公司××公路工程 A2 标段项目经理部　　合同号：A2

监理单位：××工程咨询有限公司××公路工程 A2 标段监理部　　编　号：

工程名称	土方路基	施工时间	××年×月×日
桩号及部位	K3＋000～K3＋200 上路床顶面	检验时间	××年×月×日
桩号或位置	偏差/mm	桩号或位置	偏差/mm
K3＋000	30	K3＋120	45
K3＋020	33	K3＋140	36
K3＋040	40	K3＋160	30
K3＋060	44	K3＋180	28
K3＋080	35	K3＋200	42
K3＋100	45		
允许偏差/mm	50	检测点数	11
合格点数	11	合格率	100%

施工负责人：×××　　质量检查员：×××　　监理工程师：×××

(11)路基宽度检验记录表。

表 2-23　　路基宽度检验记录表

承包单位：××集团有限公司××公路工程 A2 标段项目经理部　　合同号：A2

监理单位：××工程咨询有限公司××公路工程 A2 标段监理部　　编　号：

工程名称	土方路基				施工时间	××年×月×日			
桩号及部位	K3＋000～K3＋200 上路床顶面				检验时间	××年×月×日			
桩号或位置	设计/m		实测/m		桩号或位置	设计/m		实测/m	
	左	右	左	右		左	右	左	右
K3＋000	15	15.2	15	15.2	K3＋120	15.6	15.8	15.6	15.8
K3＋020	15.1	15.3	15.1	15.3	K3＋140	15.7	15.9	15.7	15.9
K3＋040	15.2	15.4	15.2	15.4	K3＋160	15.8	16	15.8	16
K3＋060	15.3	15.5	15.3	15.5	K3＋180	15.9	16.1	15.9	16.1
K3＋080	15.4	15.6	15.4	15.6	K3＋200	16	16.2	16	16.2
K3＋100	15.5	15.7	15.5	15.7					
设计宽度/m	30				检测点数	11			
合格点数	11				合格率	100%			

施工负责人：×××　　质量检查员：×××　　监理工程师：×××

(12)路基平整度检验记录表。

表 2-24　　**路基平整度检验记录表**

承包单位:××集团有限公司××公路工程 A2 标段项目经理部　　合同号:A2

监理单位:××工程咨询有限公司××公路工程 A2 标段监理部　　编　号:

工程名称	土方路基										施工日期					××年×月×日				
检验部位	K3+000～K3+060 上路床顶面										检验日期					××年×月×日				
桩　号	左　幅　实　测/mm										右　幅　实　测/mm									
	1	2	3	4	5	6	7	8	9	10	1	2	3	4	5	6	7	8	9	10
K3+000	7	8	9	10	11	12	13	14	15	14	13	12	11	10	9	8	7	8	9	10
K3+020	10	11	12	13	14	15	14	13	12	11	10	9	8	7	8	9	10	9	8	7
K3+040	9	10	11	12	13	14	15	14	13	12	11	10	9	8	7	8	9	10	9	8
K3+060	8	9	10	11	12	13	14	15	14	13	12	11	10	9	8	7	8	9	10	9
允许偏差/mm	15										检测点数					80				
合格点数	80										合格率					100%				

施工负责人:×××　　质量检查员:×××　　监理工程师:×××

(13)路基横坡检验记录表。

表 2-25　　**路基横坡检验记录表**

承包单位:××集团有限公司××公路工程 A2 标段项目经理部　　合同号:A2

监理单位:××工程咨询有限公司××公路工程 A2 标段监理部　　编　号:

工程名称	土方路基							施工日期		××年×月×日				
检测部位	K3+000～K3+080 上路床顶面							检验日期		××年×月×日				
桩　号	左　幅							右　幅						
	实测值/m				横坡度(%)			实测值/m				横坡度(%)		
	内侧高程	外侧高程	高差	宽度	设计	实测	偏差	内侧高程	外侧高程	高差	宽度	设计	实测	偏差
K3+000					2	2.3	+0.3					2	2.2	+0.2
K3+020					2	1.8	−0.2					2	2.0	0.0
K3+040					2	2.0	0.0					2	1.8	−0.2
K3+060					2	2.1	+0.1					2	1.7	−0.3
K3+080					2	1.7	−0.3					2	2.2	+0.2
允许偏差/mm		±0.3						检测点数				10		
合格点数		10						合格率				100%		

施工负责人:×××　　质量检查员:×××　　监理工程师:×××

(14)砂垫层检验记录表。

表 2-26　　砂垫层检验记录表

承包单位：××集团有限公司××公路工程 A2 标段项目经理部　　合同号：A2

监理单位：××工程咨询有限公司××公路工程 A2 标段监理部　　编　号：

工程名称		路基土石方工程		施工时间		××年×月×日		
桩号及部位		软土地基处治 (K3＋220～K3＋380)		检验时间		××年×月×日		
桩　号	砂垫层厚度/cm		砂垫层宽度/cm		反滤层厚度/cm		反滤层宽度/cm	
	设　计	实　测	设　计	实　测	设　计	实　测	设　计	实　测
K3＋220	40	42	16	16.5	20	22	20	21
K3＋280	40	40	16	16.2	20	20	20	20.5
K3＋340	40	42	16	16.5	20	22	20	20
K3＋380	40	41	16	16.4	20	21	20	21
自检说明： 符合设计要求。 施工员：××× ××年×月×日					监理评语： 符合设计要求。 监理员：××× ××年×月×日			

施工负责人：×××　　质量检查员：×××　　监理工程师：×××

(15)粉喷桩检验记录表。

表 2-27　　粉喷桩检验记录表

承包单位：××集团有限公司××公路工程 A2 标段项目经理部　　合同号：A2

监理单位：××工程咨询有限公司××公路工程 A2 标段监理部　　编　号：

工程名称	软土地基				施工日期		××年×月×日		检验日期		××年×月×日	
桩号及编号	桩距/mm		桩径/mm		桩长/m		竖直度(%)		单桩喷粉量/kg		强度/MPa	
	允许偏差	实　测	设　计	实　测	设　计	实　测	允许偏差	实　测	设　计	实　测	设　计	实　测
001	±100	102	600	620	8	8.1	1.5	1.2	100	105	10	12
002	±100	104	600	610	8	8.2	1.5	1.4	100	110	10	11
003	±100	102	600	620	8	8.1	1.5	1.2	100	105	10	12
004	±100	106	600	605	8	8.2	1.5	1.3	100	108	10	12
……	……	……	……	……	……	……	……	……	……	……	……	……
自检说明： 符合设计规范及《验评标准》的要求。 施工员：××× ××年×月×日						监理评语： 符合设计规范及《验评标准》的要求。 监理员：××× ××年×月×日						

施工负责人：×××　　质量检查员：×××　　监理工程师：×××

四、路基土石方工程质量检验评定表

(1)土方路基分项工程质量检验评定表。

表 2-28　　　　土方路基分项工程质量检验评定表

分项工程名称：土方路基　　　　所属分部工程名称：路基土石方工程

所属建设项目：　　　　工程部位：K3＋000～K3＋600

施工单位：××集团有限公司　　　　监理单位：××工程咨询有限公司

××公路工程项目经理部　　　　××公路工程监理部

基本要求	对路基范围内进行了彻底清除和碾压，符合规范和设计要求；路基填料符合规范和设计规定；分层填筑压实；每层表面平整、路拱合适、排水良好；有临时排水系统，不积水。																
	项次	检查项目	规定值或允许偏差	实测值或实测偏差值										质量评定			
				1	2	3	4	5	6	7	8	9	10	平均值、代表值	合格率(%)	权值	得分
实测项目	1△	压实度	≥96，极值 91	96	96	96	96	96	97						100	3	300
	2△	弯沉(0.01mm)	不大于设计要求值	√	√	√	√	√	√						100	3	300
	3	纵断高程/mm	＋10，－15	9	9	9	9	9	8	7					100	2	200
	4	中线偏位/mm	50	50	50	50	50	50	50						100	2	200
	5	宽　度/mm	符合设计要求	√	√	√	√	√	√						100	2	200
	6	平整度/mm	15	15	15	14	14	15							100	2	200
	7	横　坡(%)	±0.3	0.3	0.3	0.3	0.3	0.3							100	1	100
	8	边　坡	符合设计要求	√	√	√	√	√	√						100	1	100
	合　计															16	1600

外观鉴定	外观不够整齐、美观	减分	1	监理意见	同意施工单位的评定 签字：××× ××年×月×日
质量保证资料	资料齐全、完整、真实	减分	0		
工程质量等级评定	评分：99		质量等级：合格		

检验负责人：×××　　　　检测：×××　　　　记录：×××

复核：×××　　　　××年×月×日

(2)石方路基分项工程质量检验评定表。

表 2-29　　**石方路基分项工程质量检验评定表**

分项工程名称：**石方路基**　　所属分部工程名称：**路基土石方工程**

所属建设项目：　　工程部位：**K3+000～K3+600**

施工单位：**××集团有限公司**　　监理单位：**××工程咨询有限公司**

××公路工程项目经理部　　**××公路工程监理部**

基本要求	石方路堑采用光爆法开挖，爆破后险石、松石及时清理，边坡安全、稳定；填石空隙用石渣、石屑嵌压稳定；石料最大尺寸符合规范规定；采用振动压路机分层碾压，填筑层顶面石块稳定；20t 以上压路机振压两遍无明显标高差异；路基表面整修平整。																
实测项目	项次	检查项目		规定值或允许偏差	实测值或实测偏差值										质量评定			
					1	2	3	4	5	6	7	8	9	10	平均值、代表值	合格率(%)	权值	得分
	1	压实度		层厚和碾压遍数符合要求	√	√	√	√	√	√						**100**	**3**	**300**
	2	纵断高程/mm		+10，−20	**8**	**7**	**9**	**6**	**5**	**0**						**100**	**2**	**200**
	3	中线偏位/mm		50	**50**	**50**	**50**	**50**	**50**							**100**	**2**	**200**
	4	宽　度/mm		符合设计要求	√	√	√	√	√	√						**100**	**2**	**200**
	5	平整度/mm		20	**20**	**20**	**20**	**20**	**20**	**20**						**100**	**2**	**200**
	6	横　坡(%)		±0.3	**0.3**	**0.4**	**0.3**	**0.2**	**0.3**							**80**	**1**	**80**
	7	边坡	坡度	符合设计要求	√	√	√	√	√	√						**100**	**1**	**100**
			平顺度	符合设计要求	√	√	√	√	√	√								
	合　计																**13**	**1280**

外观鉴定	**路基边线不够直顺**	减分	**2**	监理意见	**同意施工单位的评定。** 签字：××× ××年×月×日
质量保证资料	**资料齐全、完整、真实**	减分	**0**		
工程质量等级评定	评分：**96.46**			质量等级：**合格**	

检验负责人：×××　　检测：×××　　记录：×××

复核：×××　　××年×月×日

(3)路基土石方分项工程质量检验评定表。

表 2-30 **路基土石方分项工程质量检验评定表**

分部工程名称:**路基土石方**　　所属单位工程:**路基工程**

所属建设项目:　　工程部位:**K3+000~K3+600**

施工单位:**××集团有限公司**　　监理单位:**××工程咨询有限公司**

××公路工程项目经理部　　**××公路工程监理部**

<table>
<tr><td>施工单位</td><td colspan="5">分 项 工 程</td><td rowspan="3">备 注</td></tr>
<tr><td rowspan="8"></td><td rowspan="2">工程名称</td><td colspan="4">质量评定</td></tr>
<tr><td>实得分</td><td>权 值</td><td>加权得分</td><td>等 级</td></tr>
<tr><td>土方路基</td><td>99</td><td>2</td><td>198</td><td>合格</td><td></td></tr>
<tr><td>石方路基</td><td>96.46</td><td>2</td><td>192.92</td><td>合格</td><td></td></tr>
<tr><td></td><td></td><td></td><td></td><td></td><td></td></tr>
<tr><td></td><td></td><td></td><td></td><td></td><td></td></tr>
<tr><td></td><td></td><td></td><td></td><td></td><td></td></tr>
<tr><td></td><td></td><td></td><td></td><td></td><td></td></tr>
<tr><td colspan="2">合 计</td><td>4</td><td>390.92</td><td>合格</td><td></td></tr>
<tr><td>质量等级</td><td colspan="3">合 格</td><td colspan="2">加权平均分</td><td>97.73</td></tr>
<tr><td>评定意见</td><td colspan="6">所属各分项工程全部合格,该分部工程评为合格。</td></tr>
</table>

检验负责人:×××　　计算:×××　　复核:×××　　××年×月×日

第二节 排水工程

一、排水工程资料收集流程

排水工程资料收集流程见图 2-2。

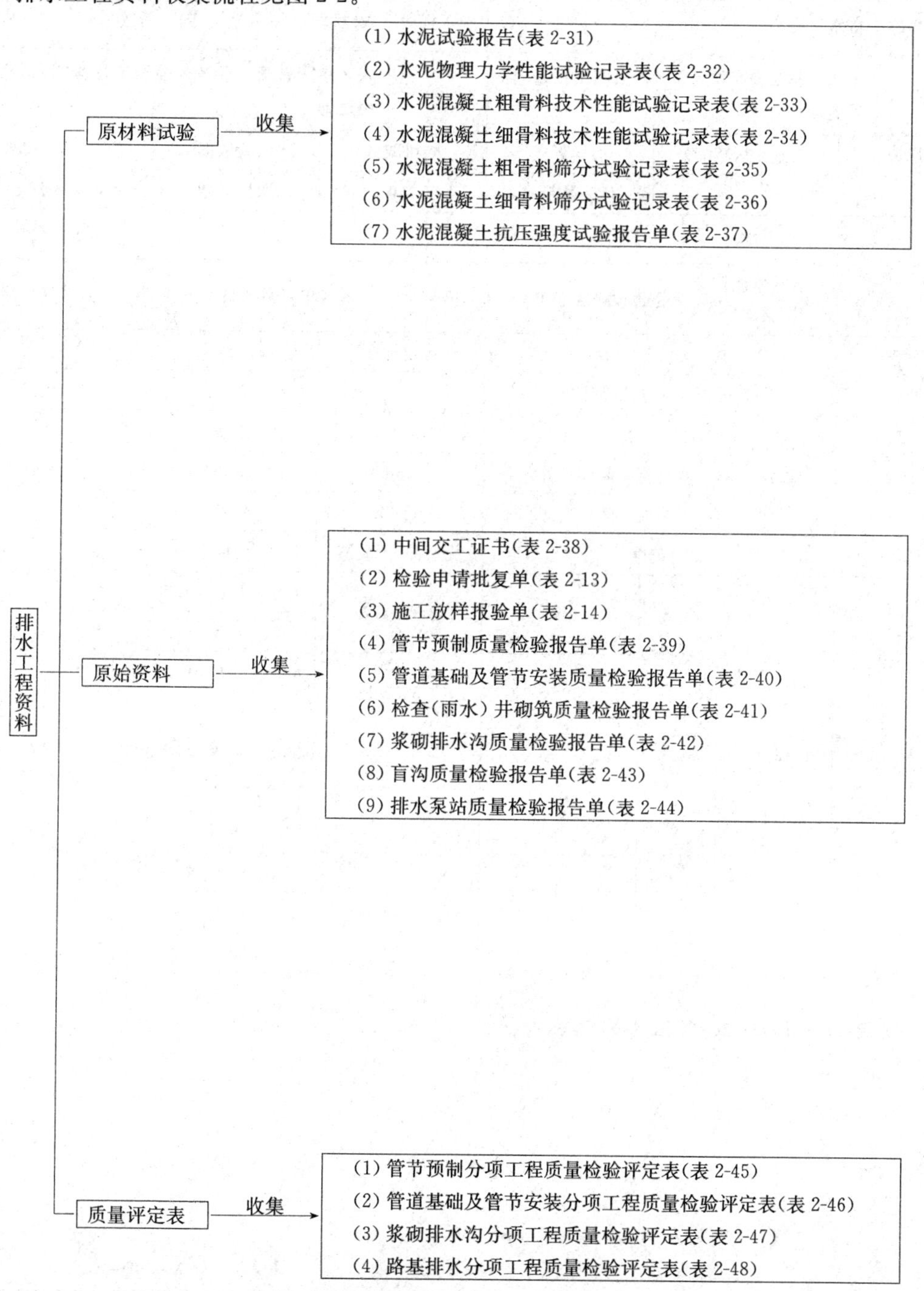

图 2-2 排水工程资料收集流程

二、排水工程原材料试验表格填写范例

(1)水泥试验报告。

表 2-31 **水泥试验报告**

编号： 报告日期：××年×月×日

<table>
<tr><td>工程名称</td><td colspan="4">排水工程</td><td>施工标段</td><td colspan="3">A2 标段</td></tr>
<tr><td>监理单位</td><td colspan="4">××工程咨询有限公司××公路工程 A2 标段监理部</td><td>施工单位</td><td colspan="3">××集团有限公司××公路工程 A2 标段项目经理部</td></tr>
<tr><td>取样地点</td><td colspan="2">工地 1# 拌和场</td><td>取样形式</td><td>随机取样</td><td colspan="2">试验依据</td><td colspan="2">JTG E30—2005</td></tr>
<tr><td>用　途</td><td colspan="2"></td><td>代表数量/t</td><td>160</td><td colspan="2">取样日期</td><td colspan="2">××年×月×日</td></tr>
<tr><td rowspan="2">水　泥</td><td>厂名牌号</td><td>品种</td><td>代号、等级</td><td colspan="3">出厂日期</td><td colspan="2">批　号</td></tr>
<tr><td>××水泥厂××</td><td>普通硅酸盐</td><td>P·O 42.5R</td><td colspan="3">××年×月×日</td><td colspan="2">××××</td></tr>
</table>

<table>
<tr><th>序号</th><th colspan="3">检　验　项　目</th><th>规定标准</th><th colspan="3">试验结果</th><th>备注</th></tr>
<tr><td>1</td><td colspan="3">细度：0.08mm 方孔筛筛余(%)</td><td>≤10</td><td colspan="3">2.5</td><td></td></tr>
<tr><td>2</td><td colspan="3">标准稠度用水量(%)</td><td>28±2</td><td colspan="3">27.5</td><td></td></tr>
<tr><td rowspan="2">3</td><td rowspan="2">凝结时间</td><td colspan="2">初凝时间(时：分)</td><td>≥45min</td><td colspan="3">2:40</td><td></td></tr>
<tr><td colspan="2">终凝时间(时：分)</td><td>≤10h</td><td colspan="3">3:32</td><td></td></tr>
<tr><td>4</td><td colspan="3">安定性</td><td>无弯曲、无裂缝</td><td colspan="3">合格</td><td></td></tr>
<tr><td rowspan="10">5</td><td rowspan="10">强度/MPa</td><td rowspan="4">抗折</td><td rowspan="2">3 天</td><td rowspan="2">≥3.5MPa</td><td>4.6</td><td>4.7</td><td>4.7</td><td rowspan="10"></td></tr>
<tr><td colspan="3">4.7</td></tr>
<tr><td rowspan="2">28 天</td><td rowspan="2">≥5.5MPa</td><td>6.5</td><td>6.4</td><td>6.6</td></tr>
<tr><td colspan="3">6.5</td></tr>
<tr><td rowspan="6">抗压</td><td rowspan="3">3 天</td><td rowspan="3">≥16.8MPa</td><td>18.8</td><td>21.3</td><td>20.0</td></tr>
<tr><td>21.9</td><td>21.3</td><td>20.0</td></tr>
<tr><td colspan="3">20.5</td></tr>
<tr><td rowspan="3">28 天</td><td rowspan="3">≥32.5MPa</td><td>45.6</td><td>42.5</td><td>41.9</td></tr>
<tr><td>43.8</td><td>43.8</td><td>43.1</td></tr>
<tr><td colspan="3">43.4</td></tr>
<tr><td colspan="9">结论：
该水泥符合 GB 175—2007 标准的技术要求。</td></tr>
</table>

审核：××× 校核：××× 检验：××× 日期：××年×月×日

(2)水泥物理力学性能试验记录表。

表 2-32　　**水泥物理力学性能试验记录表**

承包单位：××**集团有限公司××公路工程 A2 标段项目经理部**　　合同号：**A2**

监理单位：××**工程咨询有限公司××公路工程 A2 标段监理部**　　编　号：

样品名称	**硅酸盐水泥**	试验日期	××年×月×日
样品来源	**工地 1# 拌和场**	用　途	××

主要仪器名称、型号、编号：

1. 细度

试样质量/g	筛余质量/g	筛余百分比(%)	平均值(%)

4. 安定性试验

水泥试样重：　　加水量：

标准稠度：　　试验日期：××年×月×日

煮沸后试件情况：

2. 标准稠度

调整水量法	固定水量法
试样重： $S=28\pm2$mm 加水量： 标准稠度：	$P=33.4-0.185S$ $=$　　　　% 注：S 若小于 13mm 应改用调整水量法测定

5. 胶砂强度　　制件日期：××年×月×日

			3 天	7 天	28 天
龄期			3 天	7 天	28 天
试验时间					
抗折强度试验	破坏荷载/kN / 抗折强度/MPa				
	平均	荷载/kN			
		强度/MPa			
抗压强度试验	破坏荷载/kN				
	平均	荷载/kN			
		强度/MPa			

3. 凝结时间

加水时间：

针距底板 0.5～1.0mm 时间：

针沉入净浆中<1.0mm 时间：

初凝：≥45min

终凝：≤390min

结论：

该水泥符合 GB 175—2007 标准的技术要求。

备　注：

试验者：×××　　计算者：×××　　校核者：×××

(3)水泥混凝土粗骨料技术性能试验记录表。

表 2-33　　水泥混凝土粗骨料技术性能试验记录表

承包单位：××集团有限公司××公路工程 A2 标段项目经理部　　合同号：A2

监理单位：××工程咨询有限公司××公路工程 A2 标段监理部　　编　号：

样品名称	石子	试验日期	××年×月×日
样品来源	工地 $1^{\#}$ 拌和场	用　途	××

堆积密度（容重）/(kg/m³)	容器容积 V/L	容器质量 m_1/kg	容器加石质量 m_2/kg	$(m_2-m_1)/V\times1000$	平均值②

表观密度（视比重）/(kg/m³)	石质量 m_0/g	吊篮在水中质量 m_1/g	吊篮及石在水中质量 m_2/g	$m_0/(m_0+m_1-m_2)\times1000$	平均值①

空隙率（%）	表观密度/(kg/m³)	堆积密度/(kg/m³)	空隙率　%	③=(1−②/①)×100%

毛体积密度/(g/cm³)	烘干试样质量 m_0/g	饱和面干试样在空气中的质量 m_3/g	饱和面干试样在水中的质量 m_4/g	毛体积密度 $[m_0/(m_3+m_4/\rho_w)]\times1000$ /(g/cm³)

吸水量试验（%）	烘干试样质量 m_0	饱和面干试样在空气中的质量 m_3	吸水量(%) $[(m_3-m_0)/m_0]\times100$

含泥量（冲洗法）	试样总质量 m_0	试验后的烘干试样质量 m_1	含泥量 $Q_n=(m_0-m_1)/m_0\times100\%$	平均值%

针片状颗粒含量 粒级/mm	各粒级质量/g		各粒级含量(%)		
	针片状质量	分计筛余质量	针状含量	片状含量	分级含量
合计			针片状总含量=　%		

结　论：	备　注：

试验者：×××　　计算者：×××　　校核者：×××

(4)水泥混凝土细骨料技术性能试验记录表。

表 2-34　　水泥混凝土细骨料技术性能试验记录表

承包单位：××集团有限公司××公路工程 A2 标段项目经理部　　合同号：A2

监理单位：××工程咨询有限公司××公路工程 A2 标段监理部　　编　号：

<table>
<tr><td>样品名称</td><td colspan="4">砂</td><td>试验日期</td><td colspan="2">××年×月×日</td></tr>
<tr><td>样品来源</td><td colspan="4">工地 1# 拌和场</td><td>用　途</td><td colspan="2">××</td></tr>
<tr><td rowspan="3">堆积密度（容重）/(kg/m³)</td><td colspan="2">容器容积 V/L</td><td colspan="2">容器质量 m_0/kg</td><td>容器加砂质量 m_1/kg</td><td>$(m_1-m_0)/V\times1000$</td><td>平均值/(kg/m³)</td></tr>
<tr><td colspan="2"></td><td colspan="2"></td><td></td><td></td><td rowspan="2"></td></tr>
<tr><td colspan="2"></td><td colspan="2"></td><td></td><td></td></tr>
<tr><td rowspan="3">表观密度（视比重）/(kg/m³)</td><td colspan="2">试样的烘干质量 m_0/g</td><td colspan="2">试样＋水＋容量瓶总质量 m_1/g</td><td>水＋容量瓶总质量 m_2/g</td><td>$[m_0/(m_0-m_1+m_2)-a_t]\times1000$</td><td>平均值/(kg/m³)</td></tr>
<tr><td colspan="2"></td><td colspan="2"></td><td></td><td></td><td rowspan="2"></td></tr>
<tr><td colspan="2"></td><td colspan="2"></td><td></td><td></td></tr>
<tr><td rowspan="2">空隙率（%）</td><td colspan="4">表观密度/(kg/m³)</td><td colspan="3">堆积密度/(kg/m³)</td></tr>
<tr><td colspan="4"></td><td colspan="3"></td></tr>
<tr><td rowspan="3">吸水率（%）</td><td colspan="2">饱和面干试样质量 m_0/g</td><td colspan="2">烘杯质量 m_1/g</td><td>烘干样＋烧杯质量 m_2/g</td><td>$\frac{m_0-(m_2-m_1)}{m_2-m_1}\times100\%$</td><td>平均值（%）</td></tr>
<tr><td colspan="2"></td><td colspan="2"></td><td></td><td></td><td></td></tr>
<tr><td colspan="2"></td><td colspan="2"></td><td></td><td></td><td></td></tr>
<tr><td rowspan="3">毛体积密度/(kg/m³)</td><td>饱和面干试样质量 m_3/g</td><td colspan="2">饱和面干试样＋水＋瓶质量 m_4/g</td><td>水＋瓶总质量 m_5/g</td><td>烘干试样质量 m_6/g</td><td>$[m_6/(m_3+m_5-m_4)-a_t]\times1000$</td><td>平均值/(kg/m³)</td></tr>
<tr><td></td><td colspan="2"></td><td></td><td></td><td></td><td></td></tr>
<tr><td></td><td colspan="2"></td><td></td><td></td><td></td><td></td></tr>
<tr><td rowspan="3">含泥量（冲洗法）（%）</td><td colspan="2">试样总质量 m_0</td><td colspan="2">试验后的烘干试样质量 m_1</td><td colspan="2">含泥量 $Q_n=\frac{m_0-m_1}{m_0}\times100\%$</td><td>平均值（%）</td></tr>
<tr><td colspan="2"></td><td colspan="2"></td><td colspan="2"></td><td rowspan="2"></td></tr>
<tr><td colspan="2"></td><td colspan="2"></td><td colspan="2"></td></tr>
<tr><td>云母含量（%）</td><td colspan="7">$\frac{挑出的云母质量/g}{烘干试样质量/g}\times100\%=$　　　　%</td></tr>
<tr><td>SO_3 定性结果：</td><td colspan="7">试剂注入时间：×时×分；　　　　判定时间：×日×时</td></tr>
<tr><td colspan="4">结　论：</td><td colspan="4">备　注：
如有白色沉淀物产生，须另进行定量试验</td></tr>
</table>

试验者：×××　　　　计算者：×××　　　　校核者：×××

(5)水泥混凝土粗骨料筛分试验记录表。

表 2-35 水泥混凝土粗骨料筛分试验记录表

承包单位:××集团有限公司××公路工程 A2 标段项目经理部 合同号:A2

监理单位:××工程咨询有限公司××公路工程 A2 标段监理部 编 号:

样品名称	石子			试验日期	××年×月×日		
样品来源	工地 1# 拌和场			用 途	××		
总质量							
筛孔直径	各筛留存质量/g			分计筛余(%)	累计筛余(%)	通过百分率(%)	
	Ⅰ	Ⅱ	平均			实际	设计
结 论:				备 注:			

试验者:××× 计算者:××× 校核者:×××

(6)水泥混凝土细骨料筛分试验记录表。

表 2-36　　水泥混凝土细骨料筛分试验记录表

承包单位:××集团有限公司××公路工程 A2 标段项目经理部　　合同号:A2

监理单位:××工程咨询有限公司××公路工程 A2 标段监理部　　编　号:

样品名称	砂			试验日期	××年×月×日		
样品来源	工地 1# 拌和场			用　途	路基		
试样质量/g	筛孔尺寸/mm	分计筛余质量/g			分计筛余百分率(%)	累计筛余百分率(%)	通过百分率(%)
		Ⅰ	Ⅱ	平均			
500	10	0	0	0	0	0	100
	5(A_1)	10	10	10	2%	2%	98%
	2.5(A_2)	35	25	30	6%	8%	92%
	1.25(A_3)	65	50	57.5	11.5%	19.5%	80.5%
	0.63(A_4)	85	70	77.5	15.5%	38%	62%
	0.315(A_5)	95	92	93.5	18.7%	56.7%	43.3%
	0.16(A_6)	100	100	100	20%	76.7%	23.3%
	筛　底	100	100	100	20%	96.7%	3.3%

细度模数 M_x 计算

$$M_x=\frac{(A_2+A_3+A_4+A_5+A_6)-5A_1}{100-A_1}$$

$$=\frac{(8\%+19.5+38\%+56.7\%+76.7\%)-5\times2\%}{100-2\%}$$

$$=\frac{188.9\%}{98\%}$$

$$=1.9$$

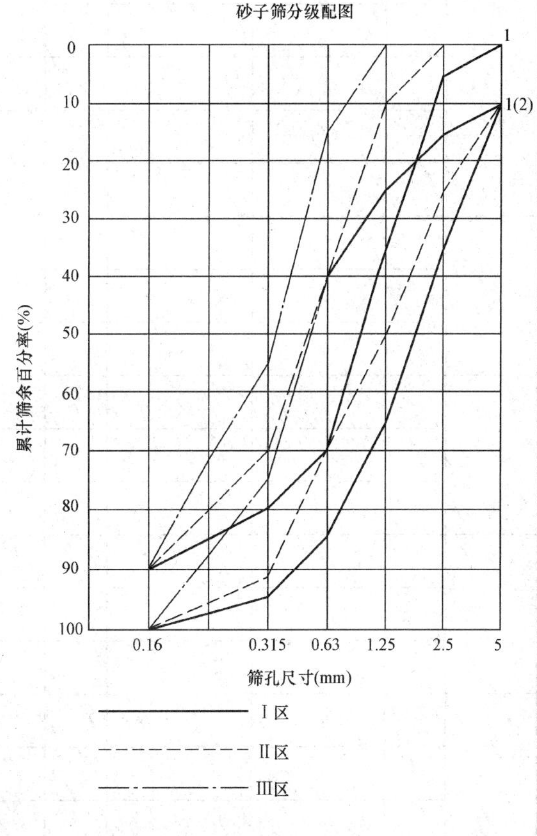

备注:

试验者:×××　　计算者:×××　　校核者:×××

(7)水泥混凝土抗压强度试验报告单。

表 2-37　　水泥混凝土抗压强度试验报告单

承包单位：××集团有限公司××公路工程 A2 标段项目经理部　　合同号：A2

监理单位：××工程咨询有限公司××公路工程 A2 标段监理部　　编　号：

<table>
<tr><td rowspan="3">材料规格</td><td>水泥</td><td colspan="4">P. O 42. 5R</td><td rowspan="2">试验设备名称型号及编号</td><td colspan="3" rowspan="2">××</td></tr>
<tr><td>砂</td><td colspan="4">中砂</td></tr>
<tr><td>碎石</td><td colspan="4">20～40 卵石</td><td rowspan="2">试验执行标准</td><td colspan="3" rowspan="2">《混凝土强度检验标准》(GB/T 50107—2010)</td></tr>
<tr><td>环境温度</td><td colspan="5">28℃</td></tr>
<tr><td rowspan="2">试样编号</td><td rowspan="2">试件编号</td><td rowspan="2">制作日期</td><td rowspan="2">试验日期</td><td rowspan="2">龄期/d</td><td rowspan="2">养生条件</td><td rowspan="2">试件尺寸/mm</td><td colspan="2">抗压强度/MPa</td><td rowspan="2">设计强度等级/MPa</td></tr>
<tr><td>单值</td><td>平均</td></tr>
<tr><td rowspan="3">1</td><td>C30</td><td>××月×日</td><td>××年×月×日</td><td>28</td><td>淋水</td><td>150×150×300</td><td>38. 1</td><td rowspan="3">43. 73</td><td rowspan="3"></td></tr>
<tr><td>C31</td><td>××月×日</td><td>××年×月×日</td><td>28</td><td>淋水</td><td>150×150×300</td><td>47. 6</td></tr>
<tr><td>C32</td><td>××月×日</td><td>××年×月×日</td><td>28</td><td>淋水</td><td>150×150×300</td><td>45. 5</td></tr>
<tr><td rowspan="3"></td><td></td><td></td><td></td><td></td><td></td><td></td><td></td><td rowspan="3"></td><td rowspan="3"></td></tr>
<tr><td></td><td></td><td></td><td></td><td></td><td></td><td></td></tr>
<tr><td></td><td></td><td></td><td></td><td></td><td></td><td></td></tr>
<tr><td rowspan="3"></td><td></td><td></td><td></td><td></td><td></td><td></td><td></td><td rowspan="3"></td><td rowspan="3"></td></tr>
<tr><td></td><td></td><td></td><td></td><td></td><td></td><td></td></tr>
<tr><td></td><td></td><td></td><td></td><td></td><td></td><td></td></tr>
<tr><td rowspan="3"></td><td></td><td></td><td></td><td></td><td></td><td></td><td></td><td rowspan="3"></td><td rowspan="3"></td></tr>
<tr><td></td><td></td><td></td><td></td><td></td><td></td><td></td></tr>
<tr><td></td><td></td><td></td><td></td><td></td><td></td><td></td></tr>
<tr><td rowspan="3"></td><td></td><td></td><td></td><td></td><td></td><td></td><td></td><td rowspan="3"></td><td rowspan="3"></td></tr>
<tr><td></td><td></td><td></td><td></td><td></td><td></td><td></td></tr>
<tr><td></td><td></td><td></td><td></td><td></td><td></td><td></td></tr>
<tr><td rowspan="3"></td><td></td><td></td><td></td><td></td><td></td><td></td><td></td><td rowspan="3"></td><td rowspan="3"></td></tr>
<tr><td></td><td></td><td></td><td></td><td></td><td></td><td></td></tr>
<tr><td></td><td></td><td></td><td></td><td></td><td></td><td></td></tr>
<tr><td rowspan="3"></td><td></td><td></td><td></td><td></td><td></td><td></td><td></td><td rowspan="3"></td><td rowspan="3"></td></tr>
<tr><td></td><td></td><td></td><td></td><td></td><td></td><td></td></tr>
<tr><td></td><td></td><td></td><td></td><td></td><td></td><td></td></tr>
</table>

试验人：×××　　审核人：×××

三、排水工程原始资料表格填写范例

(1)中间交工证书。

表 2-38 **中间交工证书**

承包单位:××集团有限公司××公路工程 A2 标段项目经理部 合同号:A2
监理单位:××工程咨询有限公司××公路工程 A2 标段监理部 编 号:

<table>
<tr><td colspan="6">下列工程已完,申请交验,以便进行下一步<u>路面底基层</u>作业

工程内容:

K3+000~K4+000 段 1000m 路基填筑施工已完成,申请中间交工,以便进行下道工序施工。</td></tr>
<tr><td>桩 号</td><td>K3+000~K4+000</td><td>日 期</td><td>××年×月×日</td><td>承包人签字</td><td>×××</td></tr>
<tr><td colspan="6">监理工程师收件日期:××年×月×日 签字:×××</td></tr>
<tr><td colspan="6">结论:

经检查,符合设计及规范要求,同意进行下道工序施工。

监理工程师:××× 日期:××年×月×日</td></tr>
<tr><td colspan="6">承包人收件日期:××年×月×日

签字:×××</td></tr>
</table>

(2)管节预制质量检验报告单。

表 2-39　管节预制质量检验报告单

承包单位:××集团有限公司××公路工程 A2 标段项目经理部　　合同号:A2

监理单位:××工程咨询有限公司××公路工程 A2 标段监理部　　编　号:

<table>
<tr><td colspan="2">工程名称</td><td>排水工程</td><td>施工时间</td><td>××年×月×日</td></tr>
<tr><td colspan="2">桩号及部位</td><td>K3+200～K3+400
左侧排水管节预制</td><td>检验时间</td><td>××年×月×日</td></tr>
<tr><td>项　次</td><td>检查项目</td><td>规定值或允许偏差</td><td>检验结果</td><td>检验频率和方法</td></tr>
<tr><td>1△</td><td>混凝土强度/MPa</td><td>在合格标准内</td><td>符合《验评标准》</td><td>按 JTG F80/1—2004 附录 D 检查</td></tr>
<tr><td>2</td><td>内　径/mm</td><td>不小于设计值</td><td>符合设计要求</td><td>尺量:2 个断面</td></tr>
<tr><td>3</td><td>壁　厚/mm</td><td>不小于设计壁厚,−3</td><td>符合设计要求</td><td>尺量:2 个断面</td></tr>
<tr><td>4</td><td>顺直度</td><td>矢度不大于 0.2%
管节长</td><td>符合设计要求</td><td>沿管节拉线量,取最大矢高</td></tr>
<tr><td>5</td><td>长　度/mm</td><td>+5,−0</td><td>符合《验评标准》</td><td>尺量</td></tr>
<tr><td colspan="3">自检说明:
符合设计规范及《验评标准》的要求。
施工员:×××
××年×月×日</td><td colspan="2">监理评语:
符合设计规范及《验评标准》的要求。
监理员:×××
××年×月×日</td></tr>
</table>

施工负责人:×××　　质量检查员:×××　　监理工程师:×××

(3)管道基础及管节安装质量检验报告单。

表 2-40　管道基础及管节安装质量检验报告单

承包单位:××集团有限公司××公路工程 A2 标段项目经理部　　合同号:A2

监理单位:××工程咨询有限公司××公路工程 A2 标段监理部　　编　号:

<table>
<tr><td colspan="3">工程名称</td><td>排水工程</td><td>施工时间</td><td>××年×月×日</td></tr>
<tr><td colspan="3">桩号及部位</td><td>K3+200～K3+400
左侧排水管道基础及管节安装</td><td>检验时间</td><td>××年×月×日</td></tr>
<tr><td>项　次</td><td colspan="2">检查项目</td><td>规定值或允许偏差</td><td>检验结果</td><td>检验频率和方法</td></tr>
<tr><td>1△</td><td colspan="2">混凝土抗压强度
或砂浆强度/MPa</td><td>在合格标准内</td><td>符合《验评标准》</td><td>按 JTG F80/1—2004 附录 D、F 检查</td></tr>
<tr><td>2</td><td colspan="2">管轴线偏位/mm</td><td>15</td><td>符合《验评标准》</td><td>经纬仪或拉线:每两井间测 3 处</td></tr>
<tr><td>3</td><td colspan="2">管内底高程/mm</td><td>±10</td><td>符合《验评标准》</td><td>水准仪:每两井间测 2 处</td></tr>
<tr><td>4</td><td colspan="2">基础厚度/mm</td><td>不小于设计</td><td>符合设计要求</td><td>尺量:每两井间测 3 处</td></tr>
<tr><td rowspan="2">5</td><td rowspan="2">管　座</td><td>肩宽/mm</td><td>+10,−5</td><td>符合《验评标准》</td><td rowspan="2">尺量、挂边线:每两井间测 2 处</td></tr>
<tr><td>肩高/mm</td><td>±10</td><td>符合《验评标准》</td></tr>
<tr><td rowspan="2">6</td><td rowspan="2">抹　带</td><td>宽　度</td><td>不小于设计</td><td>符合设计要求</td><td rowspan="2">尺量:按 10%抽查</td></tr>
<tr><td>厚　度</td><td>不小于设计</td><td>符合设计要求</td></tr>
<tr><td></td><td colspan="2"></td><td></td><td></td><td></td></tr>
<tr><td colspan="4">自检说明:
符合设计规范及《验评标准》的要求。
施工员:×××
××年×月×日</td><td colspan="2">监理评语:
符合设计规范及《验评标准》的要求。
监理员:×××
××年×月×日</td></tr>
</table>

施工负责人:×××　　质量检查员:×××　　监理工程师:×××

(4)检查(雨水)井砌筑质量检验报告单。

表 2-41 检查(雨水)井砌筑质量检验报告单

承包单位:××集团有限公司××公路工程 A2 标段项目经理部 合同号:A2

监理单位:××工程咨询有限公司××公路工程 A2 标段监理部 编 号:

工程名称	排水工程		施工时间	××年×月×日
桩号及部位	K3+200 检查井砌筑		检验时间	××年×月×日
项 次	检查项目	规定值或允许偏差	检验结果	检验频率和方法
1△	砂浆强度/MPa	在合格标准内	符合《验评标准》	按 JTG F80/1—2004 附录 F 检查
2	轴线偏位/mm	50	符合《验评标准》	经纬仪:每个检查井检查
3	圆井直径或方井长、宽/mm	±20	符合《验评标准》	尺量:每个检查井检查
4	井底高程/mm	±15	符合《验评标准》	水准仪:每个检查井检查
5	井盖与相邻路面高差/mm 雨水井	+0,−4	符合《验评标准》	水准仪、水平尺:每个检查井检查
	井盖与相邻路面高差/mm 检查井	+4,−0	符合《验评标准》	
自检说明: 符合设计规范及《验评标准》的要求。 施工员:××× ××年×月×日			监理评语: 符合设计规范及《验评标准》的要求。 监理员:××× ××年×月×日	

施工负责人:××× 质量检查员:××× 监理工程师:×××

(5)浆砌排水沟质量检验报告单。

表 2-42 浆砌排水沟质量检验报告单

承包单位:××集团有限公司××公路工程 A2 标段项目经理部 合同号:A2

监理单位:××工程咨询有限公司××公路工程 A2 标段监理部 编 号:

工程名称	排水工程		施工时间	××年×月×日
桩号及部位	K3+200~K3+400 左侧浆砌排水沟		检验时间	××年×月×日
项 次	检查项目	规定值或允许偏差	检验结果	检验频率和方法
1△	砂浆强度/MPa	在合格标准内	符合《验评标准》	按 JTG F80/1—2004 附录 F 检查
2	轴线偏位/mm	50	符合《验评标准》	经纬仪或尺量:每 200m 测 5 处
3	沟底高程/mm	±15	符合《验评标准》	水准仪:每 200m 测 5 点
4	墙面直顺度或坡度/mm	30 或符合设计要求	符合设计要求	20m 拉线、坡度尺:每 200m 测 2 处
5	断面尺寸/mm	±30	符合《验评标准》	尺量:每 200m 测 2 处
6	铺砌厚度/mm	不小于设计	符合设计要求	尺量:每 200m 测 2 处
7	基础垫层宽、厚/mm	不小于设计	符合设计要求	尺量:每 200m 测 2 处
自检说明: 符合设计规范及《验评标准》的要求。 施工员:××× ××年×月×日			监理评语: 符合设计规范及《验评标准》的要求。 监理员:××× ××年×月×日	

施工负责人:××× 质量检查员:××× 监理工程师:×××

(6)盲沟质量检验报告单。

表 2-43　　盲沟质量检验报告单

承包单位:××集团有限公司××公路工程 A2 标段项目经理部　　合同号:A2

监理单位:××工程咨询有限公司××公路工程 A2 标段监理部　　编　号:

工程名称		排水工程	施工时间	××年×月×日
桩号及部位		K3+200～K3+400 右侧盲沟	检验时间	××年×月×日
项　次	检查项目	规定值或允许偏差 /mm	检验结果	检验频率和方法
1	沟底高程	±15	符合《验评标准》	水准仪:每 10～20m 测 1 处
2	断面尺寸	不小于设计	符合设计要求	尺量:每 20m 测 1 处
自检说明: 符合设计规范及《验评标准》的要求。 施工员:××× ××年×月×日			监理评语: 符合设计规范及《验评标准》的要求。 监理员:××× ××年×月×日	

施工负责人:×××　　质量检查员:×××　　监理工程师:×××

(7)排水泵站质量检验报告单。

表 2-44　　排水泵站质量检验报告单

承包单位：××集团有限公司××公路工程 A2 标段项目经理部　　合同号：A2

监理单位：××工程咨询有限公司××公路工程 A2 标段监理部　　编　号：

<table>
<tr><td colspan="2">工程名称</td><td>排水工程</td><td>施工时间</td><td>××年×月×日</td></tr>
<tr><td colspan="2">桩号及部位</td><td>K3＋600 排水泵站</td><td>检验时间</td><td>××年×月×日</td></tr>
<tr><td>项　次</td><td>检查项目</td><td>规定值或允许偏差</td><td>检验结果</td><td>检验频率和方法</td></tr>
<tr><td>1△</td><td>混凝土强度/MPa</td><td>在合格标准内</td><td>符合《验评标准》</td><td>按 JTG F80/1—2004 附录 D 检查</td></tr>
<tr><td>2</td><td>轴线平面偏位/mm</td><td>1%井深</td><td>符合《验评标准》</td><td>经纬仪：纵、横向各 2 处</td></tr>
<tr><td>3</td><td>垂直度/mm</td><td>1%井深</td><td>符合《验评标准》</td><td>用垂线检查：纵、横向各 1 处</td></tr>
<tr><td>4</td><td>底面高程/mm</td><td>±50</td><td>符合《验评标准》</td><td>水准仪：测 4 处</td></tr>
<tr><td></td><td></td><td></td><td></td><td></td></tr>
<tr><td></td><td></td><td></td><td></td><td></td></tr>
<tr><td></td><td></td><td></td><td></td><td></td></tr>
<tr><td></td><td></td><td></td><td></td><td></td></tr>
<tr><td></td><td></td><td></td><td></td><td></td></tr>
<tr><td></td><td></td><td></td><td></td><td></td></tr>
<tr><td></td><td></td><td></td><td></td><td></td></tr>
<tr><td></td><td></td><td></td><td></td><td></td></tr>
<tr><td colspan="3">自检说明：
符合设计规范及《验评标准》的要求。
施工员：×××
××年×月×日</td><td colspan="2">监理评语：
符合设计规范及《验评标准》的要求。
监理员：×××
××年×月×日</td></tr>
</table>

施工负责人：×××　　质量检查员：×××　　监理工程师：×××

四、排水工程质量检验评定表

(1)管节预制分项工程质量检验评定表。

表 2-45　　　　管节预制分项工程质量检验评定表

分项工程名称:**管节预制**　　　　所属分部工程名称:**排水工程**

所属建设项目:　　　　工程部位:**K3+200～K3+400**

施工单位:**××集团有限公司**　　　　监理单位:**××工程咨询有限公司**

××公路工程项目经理部　　　　**××公路监理部**

基本要求	所用水泥、砂、石、水、外加剂和掺合料的质量和规格符合规范的要求,按规定的配合比施工;混凝土符合耐久性设计要求;无漏筋和空洞现象。

	项次	检查项目	规定值或允许偏差	实测值或实测偏差值										质量评定			
				1	2	3	4	5	6	7	8	9	10	平均值、代表值	合格率(%)	权值	得分
实测项目	1△	混凝土强度/MPa	在合格标准内	√	√	√	√	√	√						**100**	**3**	**300**
	2	内　径/mm	不小于设计值	√	√	√	√	√	√						**100**	**2**	**200**
	3	壁　厚/mm	不小于设计壁厚−3	√	√	√	√	√	√						**100**	**2**	**200**
	4	顺直度	矢度不大于0.2%管节长	√	√	√	√	√	√						**100**	**1**	**100**
	5	长　度/mm	+5,−0	**6**	**5**	**4**	**5**	**4**							**80**	**1**	**80**
	合　　计															**9**	**880**

外观鉴定	**混凝土表面不够平整**	减分	**2**	监理意见	**同意施工单位的评定** 签字:××× ××年×月×日
质量保证资料	**资料齐全、完整、真实**	减分	**0**		
工程质量等级评定	评分:**95.78**			质量等级:**合格**	

检验负责人:×××　　　　检测:×××　　　　记录:×××

复核:×××　　　　××年×月×日

（2）管道基础及管节安装分项工程质量检验评定表。

表 2-46　　管道基础及管节安装分项工程质量检验评定表

分项工程名称：**管道基础及管节安装**　　　　所属分部工程名称：**排水工程**

所属建设项目：　　　　工程部位：**K3＋200～K3＋400**

施工单位：**××集团有限公司**　　　　监理单位：**××工程咨询有限公司**

××公路工程项目经理部　　　　**××公路监理部**

<table>
<tr><td>基本要求</td><td colspan="18">管材无裂隙、破损；管节铺设时，混凝土强度达到了 5MPa 以上要求；管节铺设平顺、稳固，管底坡度无反坡现象；管节接头处流水面高差小于 5mm；管内无泥土、砖石、砂浆等杂物；管口内缝砂浆平整密实，无裂缝、空鼓现象；抹带前，管口已洗刷干净，管口表面平整密实、无裂缝。</td></tr>
<tr><td rowspan="11">实测项目</td><td rowspan="2">项次</td><td rowspan="2" colspan="2">检查项目</td><td rowspan="2">规定值或允许偏差</td><td colspan="10">实测值或实测偏差值</td><td colspan="4">质量评定</td></tr>
<tr><td>1</td><td>2</td><td>3</td><td>4</td><td>5</td><td>6</td><td>7</td><td>8</td><td>9</td><td>10</td><td>平均值、代表值</td><td>合格率(%)</td><td>权值</td><td>得分</td></tr>
<tr><td>1△</td><td colspan="2">混凝土抗压强度或砂浆强度/MPa</td><td>在合格标准内</td><td>√</td><td>√</td><td>√</td><td>√</td><td>√</td><td>√</td><td></td><td></td><td></td><td></td><td></td><td>100</td><td>3</td><td>300</td></tr>
<tr><td>2</td><td colspan="2">管轴线偏位/mm</td><td>15</td><td>15</td><td>15</td><td>15</td><td>15</td><td>15</td><td>15</td><td></td><td></td><td></td><td></td><td></td><td>100</td><td>2</td><td>200</td></tr>
<tr><td>3</td><td colspan="2">管内底高程/mm</td><td>±10</td><td>10</td><td>10</td><td>8</td><td>12</td><td>9</td><td></td><td></td><td></td><td></td><td></td><td></td><td>80</td><td>2</td><td>160</td></tr>
<tr><td>4</td><td colspan="2">基础厚度/mm</td><td>不小于设计</td><td>√</td><td>√</td><td>√</td><td>√</td><td>√</td><td>√</td><td></td><td></td><td></td><td></td><td></td><td>100</td><td>1</td><td>100</td></tr>
<tr><td rowspan="2">5</td><td rowspan="2">管座</td><td>肩宽/mm</td><td>＋10，－5</td><td>4</td><td>5</td><td>6</td><td>7</td><td>3</td><td>8</td><td></td><td></td><td></td><td></td><td></td><td rowspan="2">100</td><td rowspan="2">1</td><td rowspan="2">100</td></tr>
<tr><td>肩高/mm</td><td>±10</td><td>5</td><td>4</td><td>7</td><td>3</td><td>6</td><td>8</td><td></td><td></td><td></td><td></td><td></td></tr>
<tr><td rowspan="2">6</td><td rowspan="2">抹带</td><td>宽　度</td><td>不小于设计</td><td>√</td><td>√</td><td>√</td><td>√</td><td>√</td><td>√</td><td></td><td></td><td></td><td></td><td></td><td rowspan="2">100</td><td rowspan="2">2</td><td rowspan="2">200</td></tr>
<tr><td>厚　度</td><td>不小于设计</td><td>√</td><td>√</td><td>√</td><td>√</td><td>√</td><td>√</td><td></td><td></td><td></td><td></td><td></td></tr>
<tr><td></td><td colspan="2"></td><td></td><td></td><td></td><td></td><td></td><td></td><td></td><td></td><td></td><td></td><td></td><td></td><td></td><td></td><td></td></tr>
<tr><td colspan="5">合　计</td><td colspan="12"></td><td>11</td><td>1060</td></tr>
<tr><td colspan="2">外观鉴定</td><td colspan="5">基础混凝土表面不够平整密实</td><td colspan="2">减分</td><td>2</td><td colspan="2" rowspan="2">监理意见</td><td colspan="7" rowspan="2">同意施工单位的评定
签字：×××
××年×月×日</td></tr>
<tr><td colspan="2">质量保证资料</td><td colspan="5">资料齐全、完整、真实</td><td colspan="2">减分</td><td>0</td></tr>
<tr><td colspan="2">工程质量等级评定</td><td colspan="10">评分：94.36</td><td colspan="7">质量等级：合格</td></tr>
</table>

检验负责人：×××　　　　检测：×××　　　　记录：×××

复核：×××　　　　××年×月×日

(3)浆砌排水沟分项工程质量检验评定表。

表 2-47 **浆砌排水沟分项工程质量检验评定表**

分项工程名称：**浆砌排水沟** 所属分部工程名称：**排水工程**

所属建设项目： 工程部位：**K3+200～K3+400**

施工单位：**××集团有限公司** 监理单位：**××工程咨询有限公司**

××公路工程项目经理部 **××公路监理部**

基本要求	砌体砂浆配合比准确，砌缝内砂浆均匀饱满，勾缝密实；浆砌片石质量和规格符合设计要求；基础中缩缝与墙身对齐；砌体抹面平整、压光、直顺，无裂缝、空鼓现象。																
实测项目	项次	检查项目	规定值或允许偏差	实测值或实测偏差值										质量评定			
				1	2	3	4	5	6	7	8	9	10	平均值、代表值	合格率(%)	权值	得分
	1△	砂浆强度/MPa	在合格标准内	√	√	√	√	√							**100**	**3**	**300**
	2	轴线偏位/mm	50	**50**	**50**	**50**	**50**	**50**							**100**	**1**	**100**
	3	沟底高程/mm	±15	**13**	**14**	**12**	**16**	**14**							**80**	**2**	**160**
	4	墙面直顺度或坡度/mm	30或符合设计要求	√	√	√	√	√							**100**	**1**	**100**
	5	断面尺寸/mm	±30	**20**	**20**	**20**	**20**	**20**	**29**	**28**					**100**	**2**	**200**
	6	铺砌厚度/mm	不小于设计	√	√	√	√	√							**100**	**1**	**100**
	7	基础垫层宽、厚/mm	不小于设计	√	√	√	√	√							**100**	**1**	**100**
	合计															**11**	**1060**

外观鉴定	**沟底内有杂物**	减分	**2**	监理意见	**同意施工单位的评定** 签字：××× ××年×月×日
质量保证资料	**资料齐全、完整、真实**	减分	**0**		
工程质量等级评定	评分：**94.36**			质量等级：**合格**	

检验负责人：××× 检测：××× 记录：×××

复核：××× ××年×月×日

(4)路基排水分项工程质量检验评定表。

表 2-48

路基排水分项工程质量检验评定表

分部工程名称：排水工程

所属单位工程：路基

所属建设项目：

工程部位：K3+200~K3+400

施工单位：××集团有限公司

××公路工程项目经理部

监理单位：××工程咨询有限公司

××公路工程监理部

<table>
<tr><td>施工单位</td><td colspan="5">分项工程</td><td rowspan="3">备注</td></tr>
<tr><td rowspan="11"></td><td rowspan="2">工程名称</td><td colspan="4">质量评定</td></tr>
<tr><td>实得分</td><td>权值</td><td>加权得分</td><td>等级</td></tr>
<tr><td>管节预制</td><td>95.78</td><td>2</td><td>191.56</td><td>合格</td><td></td></tr>
<tr><td>管道基础及管节安装</td><td>94.36</td><td>2</td><td>188.72</td><td>合格</td><td></td></tr>
<tr><td>浆砌排水沟</td><td>94.36</td><td>2</td><td>188.72</td><td>合格</td><td></td></tr>
<tr><td></td><td></td><td></td><td></td><td></td><td></td></tr>
<tr><td></td><td></td><td></td><td></td><td></td><td></td></tr>
<tr><td></td><td></td><td></td><td></td><td></td><td></td></tr>
<tr><td></td><td></td><td></td><td></td><td></td><td></td></tr>
<tr><td></td><td></td><td></td><td></td><td></td><td></td></tr>
<tr><td></td><td></td><td></td><td></td><td></td><td></td></tr>
<tr><td></td><td></td><td></td><td></td><td></td><td></td></tr>
<tr><td></td><td colspan="2">合计</td><td>6</td><td>569</td><td></td><td></td></tr>
<tr><td>质量等级</td><td colspan="3">合格</td><td colspan="2">加权平均分</td><td>94.83</td></tr>
<tr><td>评定意见</td><td colspan="6">所属各分项工程全部合格，该分部工程评为合格。</td></tr>
</table>

检验负责人：××× 计算：××× 复核：××× ××年×月×日

第三节　挡土墙、防护及其他砌筑工程

一、挡土墙、防护及其他砌筑工程资料收集流程

挡土墙、防护及其他砌筑工程资料收集流程见图 2-3。

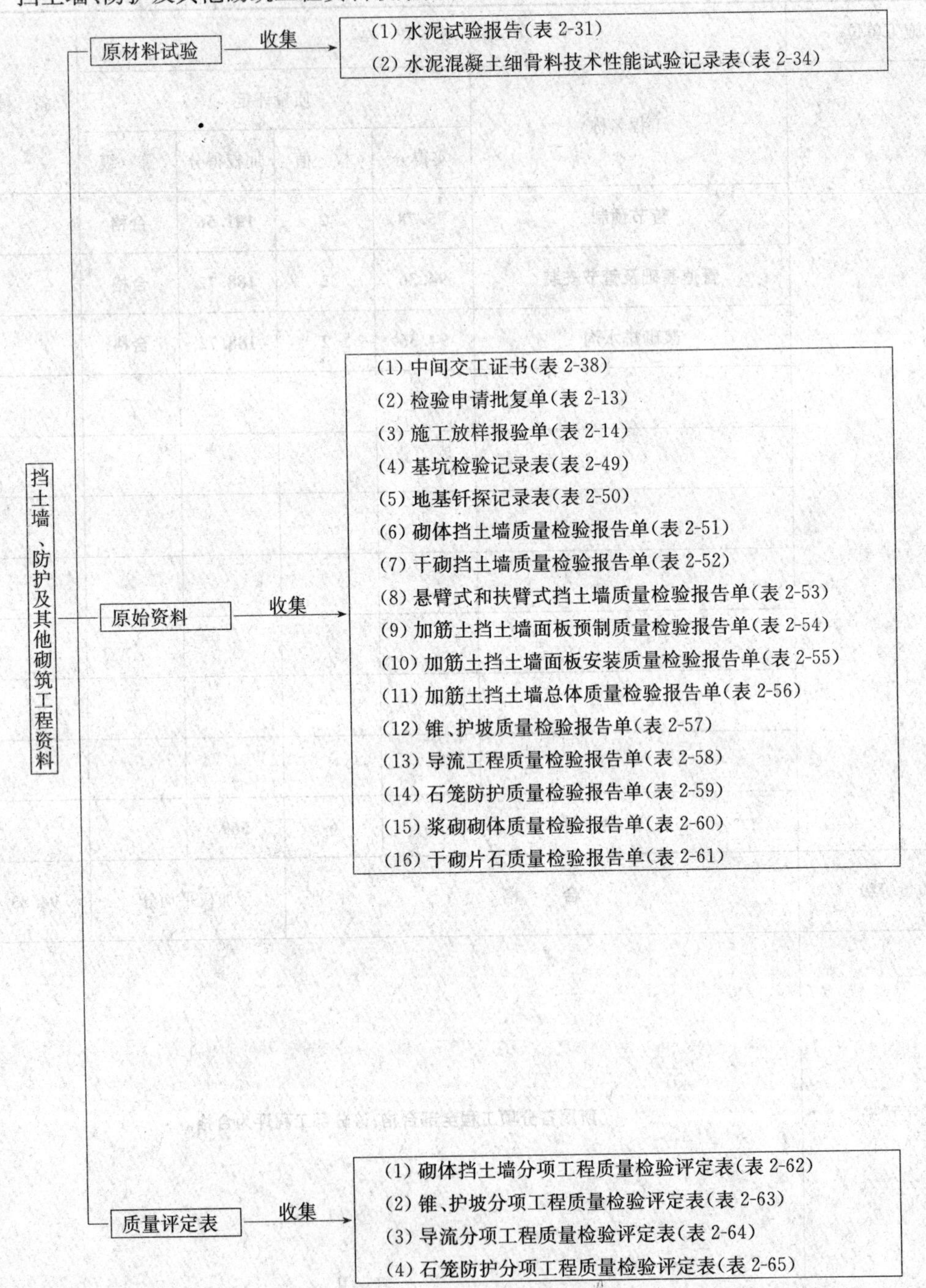

图 2-3　挡土墙、防护及其他砌筑工程资料收集流程

二、挡土墙、防护及其他砌筑工程原始资料表格填写范例

(1)基坑检验记录表。

表 2-49

基坑检验记录表

承包单位:××集团有限公司××公路工程 A2 标段项目经理部

监理单位:××工程咨询有限公司××公路工程 A2 标段监理部

合同号:A2

编　号:

工程名称	防护工程	施工时间	××年×月×日
桩号及部位	K8+000~K8+200 左侧加筋土挡土墙基坑	检验时间	××年×月×日
检验项目	规定值或允许偏差	检验结果	检验方法与频率
轴线偏位/mm	25	符合《验评标准》	经纬仪:纵横各 2 处
基底高程/m	±50	符合《验评标准》	水准仪:纵横各 2 处, 四脚各 1 处
基底土质	粉质黏土	与设计相符	按设计要求检查
基底承载力/MPa	20	25	按设计要求检查
基坑平面尺寸/m	不小于设计要求	符合设计要求	尺量:长宽各 3 处
基坑平面位置:		地基处理方法:(无)	
自检说明: 符合设计规范及《验评标准》的要求。 施工员:××× ××年×月×日		监理评语: 符合设计规范及《验评标准》的要求。 监理员:××× ××年×月×日	

施工负责人:×××　　质量检查员:×××　　监理工程师:×××

(2)地基钎探记录表。

表 2-50

地基钎探记录表

承包单位：××集团有限公司××公路工程 A2 标段项目经理部 合同号：A2

监理单位：××工程咨询有限公司××公路工程 A2 标段监理部 编 号：

工程名称	防护工程			施工时间		××年×月×日	
桩号及部位	K8＋000～K8＋200 左侧加筋土挡土墙基坑			检验时间		××年×月×日	
套锤重	kg			自由落距	cm	钎径	mm
顺序号	各步锤数						
	0～30 cm	31～60 cm	61～90 cm	91～120 cm	121～150 cm	151～180 cm	180～210 cm
001	28	26	24	22	20	18	18
002	30	28	28	26	24	22	20
003	28	26	26	24	22	20	18
004	30	30	28	28	26	26	24
005	28	28	26	24	22	20	20
006	30	28	26	24	22	20	18
……	……	……	……	……	……	……	……

自检说明：	监理评语：
符合设计规范及《验评标准》的要求。 施工员：××× ××年×月×日	符合设计规范及《验评标准》的要求。 监理员：××× ××年×月×日

施工负责人：××× 质量检查员：××× 监理工程师：×××

(3)砌体挡土墙质量检验报告单。

表 2-51 **砌体挡土墙质量检验报告单**

承包单位:××集团有限公司××公路工程 A2 标段项目经理部

监理单位:××工程咨询有限公司××公路工程 A2 标段监理部

合同号:A2
编 号:

<table>
<tr><td colspan="2">工程名称</td><td colspan="2">防护工程</td><td>施工时间</td><td>××年×月×日</td></tr>
<tr><td colspan="2">桩号及部位</td><td colspan="2">K8+200~K8+400
左侧加筋土挡土墙基础</td><td>检验时间</td><td>××年×月×日</td></tr>
<tr><td>项 次</td><td colspan="2">检查项目</td><td>规定值或
允许偏差</td><td>检验结果</td><td>检验频率和方法</td></tr>
<tr><td>1△</td><td colspan="2">砂浆强度/MPa</td><td>在合格标准内</td><td>合格</td><td>按 JTG F80/1—2004 附录 F 检查</td></tr>
<tr><td>2</td><td colspan="2">平面位置/mm</td><td>50</td><td>合格</td><td>经纬仪:每 20m 检查墙顶外边线 3 点</td></tr>
<tr><td>3</td><td colspan="2">顶面高程/mm</td><td>±20</td><td>合格</td><td>水准仪:每 20m 检查 1 点</td></tr>
<tr><td>4</td><td colspan="2">竖直度或坡度(%)</td><td>0.5</td><td>合格</td><td>吊垂线:每 20m 检查 2 点</td></tr>
<tr><td>5△</td><td colspan="2">断面尺寸/mm</td><td>不小于设计</td><td>合格</td><td>尺量:每 20m 量 2 个断面</td></tr>
<tr><td>6</td><td colspan="2">底面高程/mm</td><td>±50</td><td>合格</td><td>水准仪:每 20m 检查 1 点</td></tr>
<tr><td rowspan="3">7</td><td rowspan="3">平 面
平整度
/mm</td><td>块 石</td><td>20</td><td>合格</td><td rowspan="3">2m 直尺:每 20m 检查 3 处,每处检查竖直和墙长两个方向</td></tr>
<tr><td>片 石</td><td>30</td><td>合格</td></tr>
<tr><td>混凝土块、料石</td><td>10</td><td>合格</td></tr>
<tr><td colspan="4">自检说明:

符合设计规范及《验评标准》的要求。

施工员:×××

××年×月×日</td><td colspan="2">监理评语:

符合设计规范及《验评标准》的要求。

监理员:×××

××年×月×日</td></tr>
</table>

施工负责人:××× 质量检查员:××× 监理工程师:×××

(4)干砌挡土墙质量检验报告单。

表 2-52　　干砌挡土墙质量检验报告单

承包单位:××集团有限公司××公路工程 A2 标段项目经理部　　合同号:A2

监理单位:××工程咨询有限公司××公路工程 A2 标段监理部　　编　号:

工程名称		防护工程	施工时间	××年×月×日
桩号及部位		K8+400~K8+600 左侧干砌挡土墙	检验时间	××年×月×日
项　次	检查项目	规定值或允许偏差	检验结果	检验频率和方法
1	平面位置/mm	50	符合《验评标准》	经纬仪:每 20m 检查 3 点
2	顶面高程/mm	±30	符合《验评标准》	水准仪:每 20m 检查 3 点
3	竖直度或坡度(%)	0.5	符合《验评标准》	尺量:每 20m 吊垂线检查 3 点
4△	断面尺寸/mm	不小于设计	符合设计要求	尺量:每 20m 检查 2 处
5	底面高程/mm	±50	符合《验评标准》	水准仪:每 20m 检查 1 点
6	表面平整度/mm	50	符合《验评标准》	2m 直尺:每 20m 检查 3 处,每处检查竖直和墙长两个方向
自检说明: 符合设计规范及《验评标准》的要求。 施工员:××× ××年×月×日			监理评语: 符合设计规范及《验评标准》的要求。 监理员:××× ××年×月×日	

施工负责人:×××　　质量检查员:×××　　监理工程师:×××

(5)悬臂式和扶壁式挡土墙质量检验报告单。

表 2-53　　悬臂式和扶壁式挡土墙质量检验报告单

承包单位:××集团有限公司××公路工程 A2 标段项目经理部　　合同号:A2

监理单位:××工程咨询有限公司××公路工程 A2 标段监理部　　编　号:

工程名称		防护工程	施工时间	××年×月×日
桩号及部位		K8+200~K8+400 右侧扶壁式挡土墙	检验时间	××年×月×日
项　次	检查项目	规定值或允许偏差	检验结果	检验频率和方法
1△	混凝土强度/MPa	在合格标准内	符合《验评标准》	按 JTG F80/1—2004 附录 D 检查
2	平面位置/mm	30	符合《验评标准》	经纬仪:每 20m 检查 3 点
3	顶面高程/mm	±20	符合《验评标准》	水准仪:每 20m 检查 1 点
4	竖直度或坡度(%)	0.3	符合《验评标准》	吊垂线:每 20m 检查 2 点
5△	断面尺寸/mm	不小于设计	符合设计要求	尺量:每 20m 量 2 个断面,抽查扶壁 2 个
6	底面高程/mm	±30	符合《验评标准》	水准仪:每 20m 检查 1 点
7	表面平整度/mm	5	符合《验评标准》	2m 直尺:每 20m 检查 2 处,每处检查竖直和墙长两个方向
自检说明: 符合设计规范及《验评标准》的要求。 施工员:××× ××年×月×日			监理评语: 符合设计规范及《验评标准》的要求。 监理员:××× ××年×月×日	

施工负责人:×××　　质量检查员:×××　　监理工程师:×××

(6)加筋土挡土墙面板预制质量检验报告单。

表 2-54　加筋土挡土墙面板预制质量检验报告单

承包单位:××集团有限公司××公路工程 A2 标段项目经理部　　合同号:A2

监理单位:××工程咨询有限公司××公路工程 A2 标段监理部　　编　号:

工程名称		防护工程	施工时间	××年×月×日
桩号及部位		K8+600~K8+800 左侧加筋土挡土墙面板预制	检验时间	××年×月×日
项　次	检查项目	规定值或允许偏差	检验结果	检验频率和方法
1△	混凝土强度/MPa	在合格标准内	符合《验评标准》	按 JTG F80/1—2004 附录 D 检查
2	边长/mm	±5 或 0.5%边长	符合《验评标准》	尺量:长宽各量 1 次,每批抽查 10%
3	两对角线差/mm	10 或 0.7%最大对角线长	符合《验评标准》	尺量:每批抽查 10%
4△	厚度/mm	+5,-3	符合《验评标准》	尺量:检查 2 处,每批抽查 10%
5	表面平整度/mm	4 或 0.3%边长	符合《验评标准》	2m 直尺:长宽方向各测 1 次,每批抽查 10%
6	预埋件位置/mm	5	符合《验评标准》	尺量:检查每件,每批抽查 10%
自检说明: 符合设计规范及《验评标准》的要求。 施工员:××× ××年×月×日			监理评语: 符合设计规范及《验评标准》的要求。 监理员:××× ××年×月×日	

施工负责人:×××　　质量检查员:×××　　监理工程师:×××

(7)加筋土挡土墙面板安装质量检验报告单。

表 2-55　加筋土挡土墙面板安装质量检验报告单

承包单位:××集团有限公司××公路工程 A2 标段项目经理部　　合同号:A2

监理单位:××工程咨询有限公司××公路工程 A2 标段监理部　　编　号:

工程名称		防护工程	施工时间	××年×月×日
桩号及部位		K8+600~K8+800 左侧加筋土挡土墙面板安装	检验时间	××年×月×日
项　次	检查项目	规定值或允许偏差	检验结果	检验频率和方法
1	每层面板顶面高程/mm	±10	符合《验评标准》	水准仪:每 20m 抽查 3 组板
2	轴线偏位/mm	10	符合《验评标准》	挂线、尺量:每 20m 量 3 处
3	面板竖直度或坡度	+0,-0.5%	符合《验评标准》	吊垂线或坡度板:每 20m 检查 3 处
4	相邻面板错台/mm	5	符合《验评标准》	尺量:每 20m 面板交界处查 3 处
自检说明: 符合设计规范及《验评标准》的要求。 施工员:××× ××年×月×日			监理评语: 符合设计规范及《验评标准》的要求。 监理员:××× ××年×月×日	

施工负责人:×××　　质量检查员:×××　　监理工程师:×××

(8)加筋土挡土墙总体质量检验报告单。

表 2-56　　加筋土挡土墙总体质量检验报告单

承包单位:××集团有限公司××公路工程 A2 标段项目经理部　　合同号:A2

监理单位:××工程咨询有限公司××公路工程 A2 标段监理部　　编　号:

<table>
<tr><td colspan="2">工程名称</td><td colspan="2">防护工程</td><td>施工时间</td><td>××年×月×日</td></tr>
<tr><td colspan="2">桩号及部位</td><td colspan="2">K8+600～K8+800
左侧加筋土挡土墙面板总体</td><td>检验时间</td><td>××年×月×日</td></tr>
<tr><td>项　次</td><td colspan="2">检查项目</td><td>规定值或允许偏差/mm</td><td>检验结果</td><td>检验频率和方法</td></tr>
<tr><td rowspan="2">1</td><td rowspan="2">墙顶平面位置</td><td>路堤式</td><td>+50,−100</td><td>符合《验评标准》</td><td rowspan="2">经纬仪:每 20m 抽查 3 处</td></tr>
<tr><td>路肩式</td><td>±50</td><td>符合《验评标准》</td></tr>
<tr><td rowspan="2">2</td><td rowspan="2">墙　顶
高　程</td><td>路堤式</td><td>±50</td><td>符合《验评标准》</td><td rowspan="2">水准仪:每 20m 测 3 点</td></tr>
<tr><td>路肩式</td><td>±30</td><td>符合《验评标准》</td></tr>
<tr><td>3</td><td colspan="2">肋柱间距</td><td>±15</td><td>符合《验评标准》</td><td>尺量:每柱间</td></tr>
<tr><td>4</td><td colspan="2">墙面倾斜度</td><td>+0.5%H 且不大于+50,
−1%H 且不小于−100</td><td>符合《验评标准》</td><td>吊垂线或坡度板:每 20m 测 2 处</td></tr>
<tr><td>5</td><td colspan="2">面板缝宽</td><td>10</td><td>符合《验评标准》</td><td>尺量:每 20m 至少检查 5 条</td></tr>
<tr><td>6</td><td colspan="2">墙面平整度</td><td>15</td><td>符合《验评标准》</td><td>2m 直尺:每 20m 测 3 处,每处检查竖直和墙长两个方向</td></tr>
<tr><td></td><td colspan="2"></td><td></td><td></td><td></td></tr>
<tr><td></td><td colspan="2"></td><td></td><td></td><td></td></tr>
<tr><td></td><td colspan="2"></td><td></td><td></td><td></td></tr>
<tr><td></td><td colspan="2"></td><td></td><td></td><td></td></tr>
<tr><td colspan="4">自检说明:
符合设计规范及《验评标准》的要求。
施工员:×××
××年×月×日</td><td colspan="2">监理评语:
符合设计规范及《验评标准》的要求。
监理员:×××
××年×月×日</td></tr>
</table>

施工负责人:×××　　质量检查员:×××　　监理工程师:×××

(9)锥、护坡质量检验报告单。

表 2-57 锥、护坡质量检验报告单

承包单位:××集团有限公司××公路工程 A2 标段项目经理部 合同号:A2

监理单位:××工程咨询有限公司××公路工程 A2 标段监理部 编 号:

工程名称		防护工程	施工时间	××年×月×日
桩号及部位		K9+200~K9+300 右侧护坡	检验时间	××年×月×日
项 次	检查项目	规定值或允许偏差	检验结果	检验频率和方法
1△	砂浆强度/MPa	在合格标准内	符合《验评标准》	按 JTG F80/1—2004 附录 F 检查
2	顶面高程/mm	±50	符合《验评标准》	水准仪:每 50m 检查 3 点,不足 50m 时至少 2 点
3	表面平整度/mm	30	符合《验评标准》	2m 直尺:锥坡检查 3 处,护坡每 50m 检查 3 处
4	坡 度	不陡于设计	符合《验评标准》	坡度尺量:每 50m 量 3 处
5△	厚 度/mm	不小于设计	符合《验评标准》	尺量:每 100m 检查 3 处
6	底面高程/mm	±50	符合《验评标准》	水准仪:每 50m 检查 3 点
自检说明: 符合设计规范及《验评标准》的要求。 施工员:××× ××年×月×日			监理评语: 符合设计规范及《验评标准》的要求。 监理员:××× ××年×月×日	

施工负责人:××× 质量检查员:××× 监理工程师:×××

(10)导流工程质量检验报告单。

表 2-58　　导流工程质量检验报告单

承包单位：××集团有限公司××公路工程 A2 标段项目经理部　　合同号：A2

监理单位：××工程咨询有限公司××公路工程 A2 标段监理部　　编　号：

<table>
<tr><td colspan="2">工程名称</td><td>防护工程</td><td>施工时间</td><td>××年×月×日</td></tr>
<tr><td colspan="2">桩号及部位</td><td>K9+500～K9+600
左侧导流工程</td><td>检验时间</td><td>××年×月×日</td></tr>
<tr><td>项　次</td><td>检查项目</td><td>规定值或允许偏差</td><td>检验结果</td><td>检验频率和方法</td></tr>
<tr><td>1</td><td>砂浆强度/MPa</td><td>在合格标准内</td><td>符合《验评标准》</td><td>按 JTG F80/1—2004 附录 F 检查</td></tr>
<tr><td>2</td><td>平面位置/mm</td><td>30</td><td>符合《验评标准》</td><td>经纬仪：按设计图控制坐标检查</td></tr>
<tr><td>3</td><td>长　度/mm</td><td>不小于设计长度－100</td><td>符合设计要求</td><td>尺量：每个检查</td></tr>
<tr><td>4</td><td>断面尺寸/mm</td><td>不小于设计</td><td>符合设计要求</td><td>尺量：检查 5 处</td></tr>
<tr><td rowspan="2">5</td><td>高　程/mm　基　底</td><td>不大于设计</td><td>符合设计要求</td><td rowspan="2">水准仪：检查 5 点</td></tr>
<tr><td>高　程/mm　顶　面</td><td>±30</td><td>符合《验评标准》</td></tr>
<tr><td colspan="3">自检说明：
符合设计规范及《验评标准》的要求。
施工员：×××
××年×月×日</td><td colspan="2">监理评语：
符合设计规范及《验评标准》的要求。
监理员：×××
××年×月×日</td></tr>
</table>

施工负责人：×××　　质量检查员：×××　　监理工程师：×××

(11)石笼防护质量检验报告单。

表 2-59　　石笼防护质量检验报告单

承包单位：××集团有限公司××公路工程 A2 标段项目经理部　　合同号：A2

监理单位：××工程咨询有限公司××公路工程 A2 标段监理部　　编　号：

<table>
<tr><td colspan="2">工程名称</td><td>防护工程</td><td>施工时间</td><td>××年×月×日</td></tr>
<tr><td colspan="2">桩号及部位</td><td>K9+600～K9+700
右侧石笼防护</td><td>检验时间</td><td>××年×月×日</td></tr>
<tr><td>项　次</td><td>检查项目</td><td>规定值或允许偏差/mm</td><td>检验结果</td><td>检验频率和方法</td></tr>
<tr><td>1</td><td>平面位置</td><td>符合设计要求</td><td>符合设计要求</td><td>经纬仪：按设计图控制坐标检查</td></tr>
<tr><td>2</td><td>长　度</td><td>不小于设计长度－300</td><td>符合设计要求</td><td>尺量：每个(段)检查</td></tr>
<tr><td>3</td><td>宽　度</td><td>不小于设计宽度－200</td><td>符合设计要求</td><td>尺量：每个(段)量 5 处</td></tr>
<tr><td>4</td><td>高　度</td><td>不小于设计</td><td>符合设计要求</td><td>水准仪或尺量：每个(段)检查 5 处</td></tr>
<tr><td>5</td><td>底面高程</td><td>不高于设计</td><td>符合设计要求</td><td>水准仪：每个(段)检查 5 点</td></tr>
<tr><td colspan="3">自检说明：
符合设计规范及《验评标准》的要求。
施工员：×××
××年×月×日</td><td colspan="2">监理评语：
符合设计规范及《验评标准》的要求。
监理员：×××
××年×月×日</td></tr>
</table>

施工负责人：×××　　质量检查员：×××　　监理工程师：×××

(12)浆砌砌体质量检验报告单。

表 2-60 **浆砌砌体质量检验报告单**

承包单位:××集团有限公司××公路工程 A2 标段项目经理部 合同号:A2

监理单位:××工程咨询有限公司××公路工程 A2 标段监理部 编 号:

<table>
<tr><td colspan="2">工程名称</td><td colspan="2">防护工程</td><td>施工时间</td><td>××年×月×日</td></tr>
<tr><td colspan="2">桩号及部位</td><td colspan="2">K9+300~K9+400
左侧挡土墙</td><td>检验时间</td><td>××年×月×日</td></tr>
<tr><td>项 次</td><td colspan="2">检查项目</td><td>规定值或允许偏差</td><td>检验结果</td><td>检验频率和方法</td></tr>
<tr><td>1</td><td colspan="2">砂浆强度/MPa</td><td>在合格标准内</td><td>符合《验评标准》</td><td>按 JTG F80/1—2004 附录 F 检查</td></tr>
<tr><td rowspan="2">2</td><td rowspan="2">顶面高程/mm</td><td>料、块石</td><td>±15</td><td rowspan="2">符合《验评标准》</td><td rowspan="2">水准仪:每 20m 检查 3 点</td></tr>
<tr><td>片 石</td><td>±20</td></tr>
<tr><td rowspan="2">3</td><td rowspan="2">竖直度或坡度</td><td>料、块石</td><td>0.3%</td><td rowspan="2">符合《验评标准》</td><td rowspan="2">吊垂线:每 20m 检查 3 点</td></tr>
<tr><td>片 石</td><td>0.5%</td></tr>
<tr><td rowspan="3">4△</td><td rowspan="3">断面尺寸/mm</td><td>料 石</td><td>±20</td><td rowspan="3">符合《验评标准》</td><td rowspan="3">尺量:每 20m 检查 2 处</td></tr>
<tr><td>块 石</td><td>±30</td></tr>
<tr><td>片 石</td><td>±50</td></tr>
<tr><td rowspan="3">5</td><td rowspan="3">表 面
平整度
/mm</td><td>料 石</td><td>10</td><td rowspan="3">符合《验评标准》</td><td rowspan="3">2m 直尺:每 20m 检查 5 处×3 尺</td></tr>
<tr><td>块 石</td><td>20</td></tr>
<tr><td>片 石</td><td>30</td></tr>
<tr><td></td><td></td><td></td><td></td><td></td><td></td></tr>
<tr><td></td><td></td><td></td><td></td><td></td><td></td></tr>
<tr><td colspan="4">自检说明:
符合设计规范及《验评标准》的要求。
施工员:×××
××年×月×日</td><td colspan="2">监理评语:
符合设计规范及《验评标准》的要求。
监理员:×××
××年×月×日</td></tr>
</table>

施工负责人:××× 质量检查员:××× 监理工程师:×××

(13)干砌片石质量检验报告单。

表 2-61　　干砌片石质量检验报告单

承包单位:××集团有限公司××公路工程 A2 标段项目经理部　　合同号:A2

监理单位:××工程咨询有限公司××公路工程 A2 标段监理部　　编　号:

工程名称		防护工程	施工时间	××年×月×日
桩号及部位		K9+400～K9+500 右侧防护基础	检验时间	××年×月×日
项　次	检查项目	规定值或允许偏差 /mm	检验结果	检验频率和方法
1	顶面高程	±30	符合《验评标准》	水准仪:每 20m 检查 3 点
2	外型尺寸	±100	符合《验评标准》	尺量:每 20m 或自然段,长宽各 3 处
3△	厚　度	±50	符合《验评标准》	尺量:每 20m 检查 3 处
4	表面平整度	50	符合《验评标准》	2m 直尺:每 20m 检查 5 处×3 尺
自检说明: 符合设计规范及《验评标准》的要求。 施工员:××× ××年×月×日			监理评语: 符合设计规范及《验评标准》的要求。 监理员:××× ××年×月×日	

施工负责人:×××　　质量检查员:×××　　监理工程师:×××

三、挡土墙、防护及其他砌筑工程质量检验评定表

(1)砌体挡土墙分项工程质量检验评定表。

表 2-62　　砌体挡土墙分项工程质量检验评定表

分项工程名称:砌体挡土墙　　所属分部工程名称:砌筑防护工程

所属建设项目:　　工程部位:

施工单位:××集团有限公司
××公路工程项目经理部

监理单位:××工程咨询有限公司
××公路工程监理部

<table>
<tr><td>基本要求</td><td colspan="9">石料或混凝土预制块的质量和规格应符合有关规范和设计要求</td></tr>
<tr><td rowspan="13">实测项目</td><td rowspan="2">项次</td><td rowspan="2" colspan="2">检查项目</td><td rowspan="2">规定值或允许偏差</td><td rowspan="2">实测值或实测偏差值</td><td colspan="4">质量评定</td></tr>
<tr><td>平均值、代表值</td><td>合格率(%)</td><td>权值</td><td>得分</td></tr>
<tr><td>1△</td><td colspan="2">砂浆强度/MPa</td><td>在合格标准内</td><td>合格</td><td></td><td>100</td><td>3</td><td>300</td></tr>
<tr><td>2</td><td colspan="2">平面位置/mm</td><td>50</td><td>50、49、50、48、52</td><td></td><td>80</td><td>1</td><td>80</td></tr>
<tr><td>3</td><td colspan="2">顶面高程/mm</td><td>±20</td><td>20、19、18、17、10</td><td></td><td>100</td><td>1</td><td>100</td></tr>
<tr><td>4</td><td colspan="2">竖直度或坡度(%)</td><td>0.5</td><td>0.5、0.5、0.5</td><td></td><td>100</td><td>1</td><td>100</td></tr>
<tr><td>5△</td><td colspan="2">断面尺寸/mm</td><td>不小于设计</td><td>不小于设计</td><td></td><td>100</td><td>3</td><td>300</td></tr>
<tr><td>6</td><td colspan="2">底面高程(%)</td><td>±50</td><td>40、30、20、10、9</td><td></td><td>100</td><td>1</td><td>100</td></tr>
<tr><td rowspan="3">7</td><td rowspan="3">表面平整度/mm</td><td>块石</td><td>20</td><td>20、20、20、20</td><td></td><td rowspan="3">100</td><td rowspan="3">1</td><td rowspan="3">100</td></tr>
<tr><td>片石</td><td>30</td><td>30、30、30、30</td><td></td></tr>
<tr><td>混凝土块、料石</td><td>10</td><td>10、10、10、10</td><td></td></tr>
<tr><td colspan="4">合　计</td><td colspan="2"></td><td>11</td><td>1080</td></tr>
</table>

<table>
<tr><td>外观鉴定</td><td>砌缝开裂</td><td>减分</td><td>2</td><td rowspan="2">监理意见</td><td rowspan="2">同意施工单位的评定。
签字:×××
××年×月×日</td></tr>
<tr><td>质量保证资料</td><td>资料齐全、完整、真实</td><td>减分</td><td>0</td></tr>
<tr><td>工程质量等级评定</td><td colspan="5">评分:96.18　　质量等级:合格</td></tr>
</table>

检验负责人:×××　　检测:×××　　记录:×××

复核:×××　　××年×月×日

(2)锥、护坡分项工程质量检验评定表。

表 2-63　　锥、护坡分项工程质量检验评定表

分项工程名称:锥、护坡　　所属分部工程名称:砌筑防护工程

所属建设项目:　　工程部位:

施工单位:××集团有限公司 ××公路工程项目经理部　　监理单位:××国际工程咨询有限公司 ××公路工程监理部

基本要求	锥、护坡填土密实度应达到设计要求,对坡面刷坡整平后方可铺砌							
实测项目	项次	检查项目	规定值或允许偏差	实测值或实测偏差值	质量评定			
					平均值、代表值	合格率(%)	权值	得分
	1△	砂浆强度/MPa	在合格标准内	合格		100	3	300
	2	顶面高程/mm	±50	49、47、50、49、48		100	1	100
	3	表面平整度/mm	30	30、30、30、30、30		100	1	100
	4	坡度	不陡于设计	不陡于设计		100	1	100
	5△	厚度/mm	不小于设计	不小于设计		100	2	200
	6	底面高程/mm	±50	51、42、47、48、49		80	1	80
	合　计						9	880

外观鉴定	表面有垂直通缝	减分	2	监理意见	同意施工单位的评定 签字:××× ××年×月×日
质量保证资料	资料齐全、完整、真实	减分	0		
工程质量等级评定	评分:95. 78			质量等级:合格	

检验负责人:×××　　检测:×××　　记录:×××

复核:×××　　××年×月×日

(3)导流分项工程质量检验评定表。

表 2-64

导流分项工程质量检验评定表

分项工程名称:导流工程　　　　所属分部工程名称:砌筑防护工程

所属建设项目:　　　　工程部位:

施工单位:××集团有限公司
××公路工程项目经理部　　　　监理单位:××工程咨询有限公司
××公路工程监理部

<table>
<tr><td>基本要求</td><td colspan="9">所用材料的质量和规格应符合有关规定</td></tr>
<tr><td rowspan="12">实测项目</td><td rowspan="2">项次</td><td colspan="2" rowspan="2">检查项目</td><td rowspan="2">规定值或允许偏差</td><td rowspan="2">实测值或实测偏差值</td><td colspan="4">质量评定</td></tr>
<tr><td>平均值、代表值</td><td>合格率(%)</td><td>权值</td><td>得分</td></tr>
<tr><td>1△</td><td colspan="2">砂浆强度/MPa</td><td>在合格标准内</td><td>合格</td><td></td><td>100</td><td>3</td><td>300</td></tr>
<tr><td>2</td><td colspan="2">平面位置/mm</td><td>30</td><td>30、30、30、30、30</td><td></td><td>100</td><td>2</td><td>200</td></tr>
<tr><td>3</td><td colspan="2">长度/mm</td><td>不小于设计长度－100</td><td>不小于设计长度－100</td><td></td><td>100</td><td>1</td><td>100</td></tr>
<tr><td>4△</td><td colspan="2">顶面尺寸/mm</td><td>不小于设计</td><td>不小于设计</td><td></td><td>100</td><td>2</td><td>200</td></tr>
<tr><td rowspan="2">5</td><td rowspan="2">高程/mm</td><td>基底</td><td>不大于设计</td><td>不大于设计</td><td rowspan="2"></td><td rowspan="2">80</td><td rowspan="2">2</td><td rowspan="2">160</td></tr>
<tr><td>顶面</td><td>±30</td><td>29、28、31、27、30</td></tr>
<tr><td></td><td colspan="2"></td><td></td><td></td><td></td><td></td><td></td><td></td></tr>
<tr><td></td><td colspan="2"></td><td></td><td></td><td></td><td></td><td></td><td></td></tr>
<tr><td></td><td colspan="2"></td><td></td><td></td><td></td><td></td><td></td><td></td></tr>
<tr><td></td><td colspan="2"></td><td></td><td></td><td></td><td></td><td></td><td></td></tr>
<tr><td colspan="4">合　计</td><td colspan="4"></td><td>10</td><td>960</td></tr>
<tr><td colspan="2">外观鉴定</td><td colspan="2">表面不规整</td><td>减分</td><td>2</td><td rowspan="2">监理意见</td><td colspan="3" rowspan="2">同意施工单位的评定
签字:×××
××年×月×日</td></tr>
<tr><td colspan="2">质量保证资料</td><td colspan="2">资料齐全、完整、真实</td><td>减分</td><td>0</td></tr>
<tr><td colspan="2">工程质量等级评定</td><td colspan="8">评分:94　　质量等级:合格</td></tr>
</table>

检验负责人:×××　　检测:×××　　记录:×××

复核:×××　　××年×月×日

(4)石笼防护分项工程质量检验评定表。

表 2-65　　石笼防护分项工程质量检验评定表

分项工程名称：**石笼防护**　　所属分部工程名称：**砌筑防护工程**

所属建设项目：　　工程部位：

施工单位：**××集团有限公司**　　监理单位：**××工程咨询有限公司**

××公路工程项目经理部　　**××公路工程监理部**

<table>
<tr><td>基本要求</td><td colspan="8">所用材料的质量和规格应符合有关规定</td></tr>
<tr><td rowspan="13">实测项目</td><td rowspan="2">项次</td><td rowspan="2">检查项目</td><td rowspan="2">规定值或允许偏差</td><td rowspan="2">实测值或实测偏差值</td><td colspan="4">质量评定</td></tr>
<tr><td>平均值、代表值</td><td>合格率（%）</td><td>权值</td><td>得分</td></tr>
<tr><td>1△</td><td>平面位置/mm</td><td>符合设计要求</td><td>符合设计要求</td><td></td><td>100</td><td>1</td><td>100</td></tr>
<tr><td>2</td><td>长度/mm</td><td>不小于设计长度－300</td><td>不小于设计长度－300</td><td></td><td>100</td><td>1</td><td>100</td></tr>
<tr><td>3</td><td>宽度/mm</td><td>不小于设计长度－200</td><td>不小于设计长度－200</td><td></td><td>100</td><td>1</td><td>100</td></tr>
<tr><td>4</td><td>高度/mm</td><td>不小于设计</td><td>不小于设计</td><td></td><td>100</td><td>1</td><td>100</td></tr>
<tr><td>5</td><td>底面高程/mm</td><td>不高于设计</td><td>不高于设计</td><td></td><td>100</td><td>1</td><td>100</td></tr>
<tr><td></td><td></td><td></td><td></td><td></td><td></td><td></td><td></td></tr>
<tr><td></td><td></td><td></td><td></td><td></td><td></td><td></td><td></td></tr>
<tr><td></td><td></td><td></td><td></td><td></td><td></td><td></td><td></td></tr>
<tr><td></td><td></td><td></td><td></td><td></td><td></td><td></td><td></td></tr>
<tr><td colspan="3">合　计</td><td colspan="3"></td><td>5</td><td>500</td></tr>
</table>

<table>
<tr><td>外观鉴定</td><td>表面平整</td><td>减分</td><td>0</td><td rowspan="2">监理意见</td><td rowspan="2">同意施工单位的评定
签字：×××
××年×月×日</td></tr>
<tr><td>质量保证资料</td><td>资料齐全、完整、真实</td><td>减分</td><td>0</td></tr>
<tr><td>工程质量等级评定</td><td colspan="3">评分：100</td><td colspan="2">质量等级：合格</td></tr>
</table>

检验负责人：×××　　检测：×××　　记录：×××

复核：×××　　××年×月×日

第四节　涵洞工程

一、涵洞工程资料收集流程

涵洞工程资料收集流程见图 2-4。

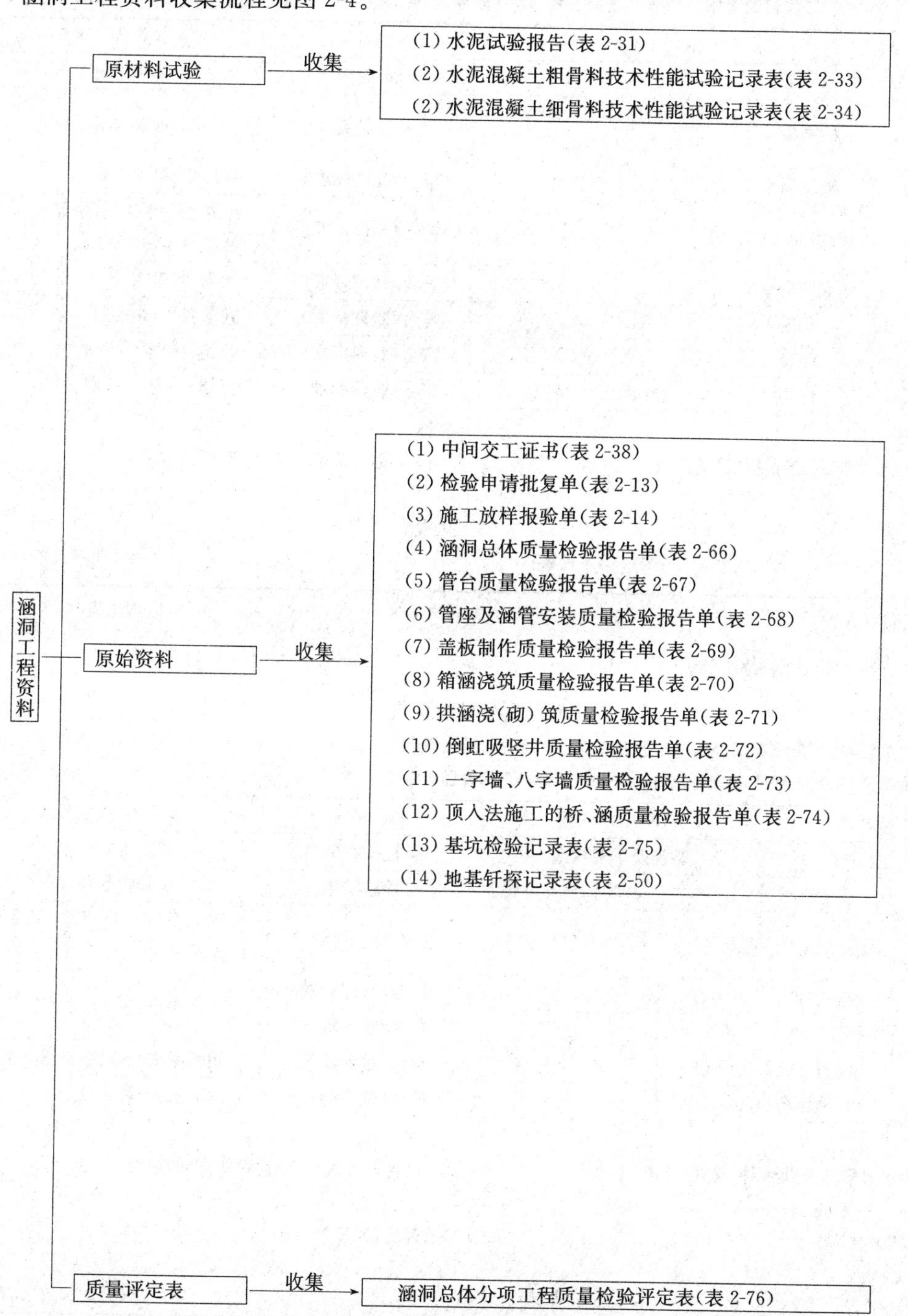

图 2-4　涵洞工程资料收集流程

二、涵洞工程原始资料表格填写范例

(1)涵洞总体质量检验报告单。

表 2-66　　**涵洞总体质量检验报告单**

承包单位：××集团有限公司××公路工程 A2 标段项目经理部　　合同号：A2

监理单位：××工程咨询有限公司××公路工程 A2 标段监理部　　编　号：

工程名称	K10+000 涵洞		施工时间	××年×月×日
桩号及部位	总　体		检验时间	××年×月×日
项　次	检查项目	规定值或允许偏差/mm	检验结果	检验频率和方法
1	轴线偏位	明涵 20，暗涵 50	符合《验评标准》	经纬仪：检查 2 处
2△	流水面高程	±20	符合《验评标准》	水准仪、尺量：检查洞口 2 处，拉线检查中间 1～2 处
3	涵底铺砌厚度	+40，−10	符合《验评标准》	尺量：检查 3～5 处
4	长度	+100，−50	符合《验评标准》	尺量：检查中心线
5△	孔径	±20	符合《验评标准》	尺量：检查 3～5 处
6	净高	明涵±20，暗涵±50	符合《验评标准》	尺量：检查 3～5 处

自检说明：

符合设计规范及《验评标准》的要求。

施工员：×××

××年×月×日

监理评语：

符合设计规范及《验评标准》的要求。

监理员：×××

××年×月×日

施工负责人：×××　　质量检查员：×××　　监理工程师：×××

(2)管台质量检验报告单。

表 2-67　　**管台质量检验报告单**

承包单位：××集团有限公司××公路工程 A2 标段项目经理部　　合同号：A2

监理单位：××工程咨询有限公司××公路工程 A2 标段监理部　　编　号：

工程名称	K10+000 涵洞		施工时间	××年×月×日
桩号及部位	基础及下部构造		检验时间	××年×月×日
项　次	检查项目	规定值或允许偏差	检验结果	检验频率和方法
1△	混凝土或砂浆强度/MPa	在合格标准内	符合《验评标准》	按 JTG F80/1—2004 附录 D 或 F 检查
2	涵台断面尺寸/mm　片石砌体	±20	符合《验评标准》	尺量：检查 3～5 处
	涵台断面尺寸/mm　混凝土	±15	符合《验评标准》	
3	竖直度或斜度/mm	0.3%台高	符合《验评标准》	吊垂线或经纬仪：测量 2 处
4△	顶面高程/mm	±10	符合《验评标准》	水准仪：测量 3 处

自检说明：

符合设计规范及《验评标准》的要求。

施工员：×××

××年×月×日

监理评语：

符合设计规范及《验评标准》的要求。

监理员：×××

××年×月×日

施工负责人：×××　　质量检查员：×××　　监理工程师：×××

(3)管座及涵管安装质量检验报告单。

表 2-68　　**管座及涵管安装质量检验报告单**

承包单位:××集团有限公司××公路工程 A2 标段项目经理部　　合同号:A2

监理单位:××工程咨询有限公司××公路工程 A2 标段监理部　　编　号:

<table>
<tr><td colspan="2">工程名称</td><td colspan="2">K10+000 涵洞</td><td>施工时间</td><td>××年×月×日</td></tr>
<tr><td colspan="2">桩号及部位</td><td colspan="2">基础及下部构造</td><td>检验时间</td><td>××年×月×日</td></tr>
<tr><td>项　次</td><td colspan="2">检查项目</td><td>规定值或允许偏差</td><td>检验结果</td><td>检验频率和方法</td></tr>
<tr><td>1△</td><td colspan="2">管座或垫层混凝土强度/MPa</td><td>在合格标准内</td><td>符合《验评标准》</td><td>按 JTG F80/1—2004 附录 D 检查</td></tr>
<tr><td>2</td><td colspan="2">管座或垫层宽度、厚度</td><td>≥设计值</td><td>符合《验评标准》</td><td>尺量:抽查 3 个断面</td></tr>
<tr><td rowspan="2">3</td><td rowspan="2">相邻管节底面错台/mm</td><td>管径≤1m</td><td>3</td><td>符合《验评标准》</td><td rowspan="2">尺量:检查 3~5 个接头</td></tr>
<tr><td>管径>1m</td><td>5</td><td>符合《验评标准》</td></tr>
<tr><td></td><td colspan="2"></td><td></td><td></td><td></td></tr>
<tr><td></td><td colspan="2"></td><td></td><td></td><td></td></tr>
<tr><td colspan="4">自检说明:
符合设计规范及《验评标准》的要求。
施工员:×××
××年×月×日</td><td colspan="2">监理评语:
符合设计规范及《验评标准》的要求。
监理员:×××
××年×月×日</td></tr>
</table>

施工负责人:×××　　质量检查员:×××　　监理工程师:×××

(4)盖板制作质量检验报告单。

表 2-69　　**盖板制作质量检验报告单**

承包单位:××集团有限公司××公路工程 A2 标段项目经理部　　合同号:A2

监理单位:××工程咨询有限公司××公路工程 A2 标段监理部　　编　号:

<table>
<tr><td colspan="2">工程名称</td><td colspan="2">K10+000 涵洞</td><td>施工时间</td><td>××年×月×日</td></tr>
<tr><td colspan="2">桩号及部位</td><td colspan="2">主要构件预制、安装或浇筑</td><td>检验时间</td><td>××年×月×日</td></tr>
<tr><td>项　次</td><td colspan="2">检查项目</td><td>规定值或允许偏差</td><td>检验结果</td><td>检验频率和方法</td></tr>
<tr><td>1△</td><td colspan="2">混凝土强度/MPa</td><td>在合格标准内</td><td>符合《验评标准》</td><td>按 JTG F80/1—2004 附录 D 检查</td></tr>
<tr><td rowspan="2">2△</td><td rowspan="2">高度/mm</td><td>明涵</td><td>+10,−0</td><td>符合《验评标准》</td><td rowspan="4">尺量:抽查 30%的板,每板检查 3 个断面</td></tr>
<tr><td>暗涵</td><td>不小于设计值</td><td>符合设计要求</td></tr>
<tr><td rowspan="2">3</td><td rowspan="2">宽度/mm</td><td>现浇</td><td>±20</td><td>符合《验评标准》</td></tr>
<tr><td>预制</td><td>±10</td><td>符合《验评标准》</td></tr>
<tr><td>4</td><td colspan="2">长度/mm</td><td>+20,−10</td><td>符合《验评标准》</td><td>尺量:抽查 30%的板,每板检查两侧</td></tr>
<tr><td></td><td colspan="2"></td><td></td><td></td><td></td></tr>
<tr><td colspan="4">自检说明:
符合设计规范及《验评标准》的要求。
施工员:×××
××年×月×日</td><td colspan="2">监理评语:
符合设计规范及《验评标准》的要求。
监理员:×××
××年×月×日</td></tr>
</table>

施工负责人:×××　　质量检查员:×××　　监理工程师:×××

(5)箱涵浇筑质量检验报告单。

表 2-70 箱涵浇筑质量检验报告单

承包单位:××集团有限公司××公路工程 A2 标段项目经理部 合同号:A2

监理单位:××工程咨询有限公司××公路工程 A2 标段监理部 编 号:

工程名称		K10+000 涵洞		施工时间	××年×月×日
桩号及部位		主要构件预制、安装或浇筑		检验时间	××年×月×日
项 次	检查项目		规定值或允许偏差	检验结果	检验频率和方法
1△	混凝土强度/MPa		在合格标准内	符合《验评标准》	按 JTG F80/1—2004 附录 D 检查
2	高度/mm		+5,-10	符合《验评标准》	尺量:检查 3 个断面
3	宽度/mm		±30	符合《验评标准》	
4△	顶板厚/mm	明涵	+10,-0	符合《验评标准》	尺量:检查 3~5 处
		暗涵	不小于设计值	符合设计要求	
5	侧墙和底板厚/mm		不小于设计值	符合设计要求	尺量:检查 3~5 处
6	平整度/mm		5	符合《验评标准》	2m 直尺:每 10m 检查 2 处×3 尺
自检说明: 符合设计规范及《验评标准》的要求。 施工员:××× ××年×月×日				监理评语: 符合设计规范及《验评标准》的要求。 监理员:××× ××年×月×日	

施工负责人:××× 质量检查员:××× 监理工程师:×××

(6)拱涵浇(砌)筑质量检验报告单。

表 2-71 拱涵浇(砌)筑质量检验报告单

承包单位:××集团有限公司××公路工程 A2 标段项目经理部 合同号:A2

监理单位:××工程咨询有限公司××公路工程 A2 标段监理部 编 号:

工程名称		K10+000 涵洞		施工时间	××年×月×日
桩号及部位		主要构件预制、安装或浇筑		检验时间	××年×月×日
项 次	检查项目		规定值或允许偏差	检验结果	检验频率和方法
1△	混凝土或砂浆强度/MPa		在合格标准内	符合《验评标准》	按 JTG F80/1—2004 附录 D 或 F 检查
2△	拱圈厚度/mm	砌体	±20	符合《验评标准》	尺量:检查拱顶、拱脚 3 处
		混凝土	±15	符合《验评标准》	
3	内弧线偏离设计弧线/mm		±20	符合《验评标准》	样板:检查拱顶、1/4 跨 3 处
自检说明: 符合设计规范及《验评标准》的要求。 施工员:××× ××年×月×日				监理评语: 符合设计规范及《验评标准》的要求。 监理员:××× ××年×月×日	

施工负责人:××× 质量检查员:××× 监理工程师:×××

(7)倒虹吸竖井质量检验报告单。

表 2-72 倒虹吸竖井质量检验报告单

承包单位:××集团有限公司××公路工程 A2 标段项目经理部 合同号:A2

监理单位:××工程咨询有限公司××公路工程 A2 标段监理部 编 号:

工程名称	K10+000 涵洞		施工时间	××年×月×日
桩号及部位	总 体		检验时间	××年×月×日
项 次	检查项目	规定值或允许偏差	检验结果	检验频率和方法
1△	砂浆强度/MPa	在合格标准内	符合《验评标准》	按 JTG F80/1—2004 附录 F 检查
2△	井底高程/mm	±15	符合《验评标准》	水准仪:测 4 点
3	井口高程/mm	±20	符合《验评标准》	
4	圆井直径或方井边长/mm	±20	符合《验评标准》	尺量:2~3 个断面
5△	井壁、井底厚/mm	+20,−5	符合《验评标准》	尺量:井壁 4~8 点,井底 3 点
自检说明: 符合设计规范及《验评标准》的要求。 施工员:××× ××年×月×日			监理评语: 符合设计规范及《验评标准》的要求。 监理员:××× ××年×月×日	

施工负责人:××× 质量检查员:××× 监理工程师:×××

(8)一字墙、八字墙质量检验报告单。

表 2-73 一字墙、八字墙质量检验报告单

承包单位:××集团有限公司××公路工程 A2 标段项目经理部 合同号:A2

监理单位:××工程咨询有限公司××公路工程 A2 标段监理部 编 号:

工程名称	K10+000 涵洞		施工日期	××年×月×日
桩号及部位	总 体		检验日期	××年×月×日
项 次	检查项目	规定值或允许偏差	检验结果	检验频率和方法
1△	混凝土或砂浆强度/MPa	在合格标准内	符合《验评标准》	按 JTG F80/1—2004 附录 D 或 F 检查
2	平面位置/mm	50	符合《验评标准》	经纬仪:检查墙两端
3	顶面高程/mm	±20	符合《验评标准》	水准仪:检查墙两端
4	底面高程/mm	±50	符合《验评标准》	
5	竖直度或坡度(%)	0.5	符合《验评标准》	吊垂线:每墙检查 2 处
6△	断面尺寸/mm	不小于设计	符合设计要求	尺量:各墙两端断面
自检说明: 符合设计规范及《验评标准》的要求。 施工员:××× ××年×月×日			监理评语: 符合设计规范及《验评标准》的要求。 监理员:××× ××年×月×日	

施工负责人:××× 质量检查员:××× 监理工程师:×××

(9)顶入法施工的桥、涵质量检验报告单。

表 2-74　　　　顶入法施工的桥、涵质量检验报告单

承包单位:××集团有限公司××公路工程 A2 标段项目经理部　　合同号:A2

监理单位:××工程咨询有限公司××公路工程 A2 标段监理部　　编　号:

工程名称		K10+000 涵洞		施工日期	××年×月×日
桩号及部位		总　体		检验日期	××年×月×日
项　次	检查项目		规定值或允许偏差/mm	检验结果	检验频率和方法
1	轴线偏位	涵(桥)长＜15m	箱 100	符合《验评标准》	经纬仪:每段检查 2 点
			管 50		
		涵(桥)长 15～30m	箱 150	符合《验评标准》	
			管 100		
		涵(桥)长＞30m	箱 300	符合《验评标准》	
			管 200		
2	高　程	涵(桥)长＜15m	箱+30,-100	符合《验评标准》	水准仪:每段检查涵底 2～4 处
			管±20		
		涵(桥)长 15～30m	箱+40,-150		
			管±40		
		涵(桥)长＞30m	箱+50,-200		
			管+50,-100		
3	相邻两节高差/mm		箱 30	符合《验评标准》	尺量:每接缝 2～4 处
			管 20		

自检说明:	监理评语:
符合设计规范及《验评标准》的要求。	符合设计规范及《验评标准》的要求。
施工员:×××	监理员:×××
××年×月×日	××年×月×日

施工负责人:×××　　质量检查员:×××　　监理工程师:×××

(10)基坑检验记录表。

表 2-75　　　　基坑检验记录表

承包单位:××集团有限公司××公路工程 A2 标段项目经理部　　　　合同号:A2

监理单位:××工程咨询有限公司××公路工程 A2 标段监理部　　　　编　号:

工程名称	K10+000 涵洞	施工日期	××年×月×日
桩号及部位	基础及下部构造	检验日期	××年×月×日
检验项目	规定值或允许偏差	检验结果	检验方法与频率
轴线偏位/mm	25	符合《验评标准》	经纬仪:纵横各 2 处
基底高程/m	±50	符合《验评标准》	水准仪:纵横各 2 处,四脚各 1 处
基底土质	粉质黏土	与设计相符	按设计要求检查
基底承载力/MPa	20	25	按设计要求检查
基坑平面尺寸/m	不小于设计要求	符合设计要求	尺量:长宽各 3 处
基坑平面位置:		地基处理方法:(无)	
自检说明: 符合设计规范及《验评标准》的要求。 施工员:××× ××年×月×日		监理评语: 符合设计规范及《验评标准》的要求。 监理员:××× ××年×月×日	

施工负责人:×××　　　　质量检查员:×××　　　　监理工程师:×××

三、涵洞总体分项工程质量检验评定表

表 2-76　　**涵洞总体分项工程质量检验评定表**

分项工程名称：**涵洞总体**　　所属分部工程名称：**涵洞工程**

所属建设项目：　　工程部位：**K10 ＋070 涵洞**

施工单位：**××集团有限公司**　　监理单位：**××工程咨询有限公司**

××公路工程项目经理部　　**××公路工程监理部**

基本要求	涵洞施工严格按照设计图纸、施工规范和有关技术操作规程要求；各接缝、沉降缝位置正确；填缝无空鼓、开裂、漏水现象；涵洞内无垃圾、杂物。

	项次	检查项目	规定值或允许偏差/mm	实测值或实测偏差值										质量评定			
				1	2	3	4	5	6	7	8	9	10	平均值、代表值	合格率(%)	权值	得分
实测项目	1	轴线偏位	明涵±20，暗涵 50	**50**	**50**	**50**	**50**	**50**	**50**						**100**	**2**	**200**
	2△	流水面高程	±20	**19**	**18**	**17**	**19**	**20**	**16**						**100**	**3**	**300**
	3	涵底铺砌厚度	＋40，－10	**30**	**31**	**29**	**30**	**28**							**100**	**1**	**100**
	4	长度	＋100，－50	**80**	**81**	**82**	**83**	**84**	**86**						**100**	**1**	**100**
	5△	孔径	±20	**18**	**19**	**18**	**17**	**19**	**20**						**100**	**3**	**300**
	6	净高	明涵±20，暗涵±50	**50**	**50**	**50**	**50**	**50**	**40**	**30**					**100**	**1**	**100**
	合　计															**11**	**1100**

外观鉴定	**外露混凝土表面不够平整，颜色不一致**	减分	**3**	监理意见	**同意施工单位的评定** 签字：××× ××年×月×日
质量保证资料	**资料齐全、完整、真实**	减分	**0**		
工程质量等级评定	评分：**97**			质量等级：**合格**	

检验负责人：×××　　检测：×××　　记录：×××

复核：×××　　日期：××年×月×日

第三章 公路路面工程资料

第一节 路面面层工程

一、路面面层工程资料收集流程

路面面层工程资料收集流程见图 3-1。

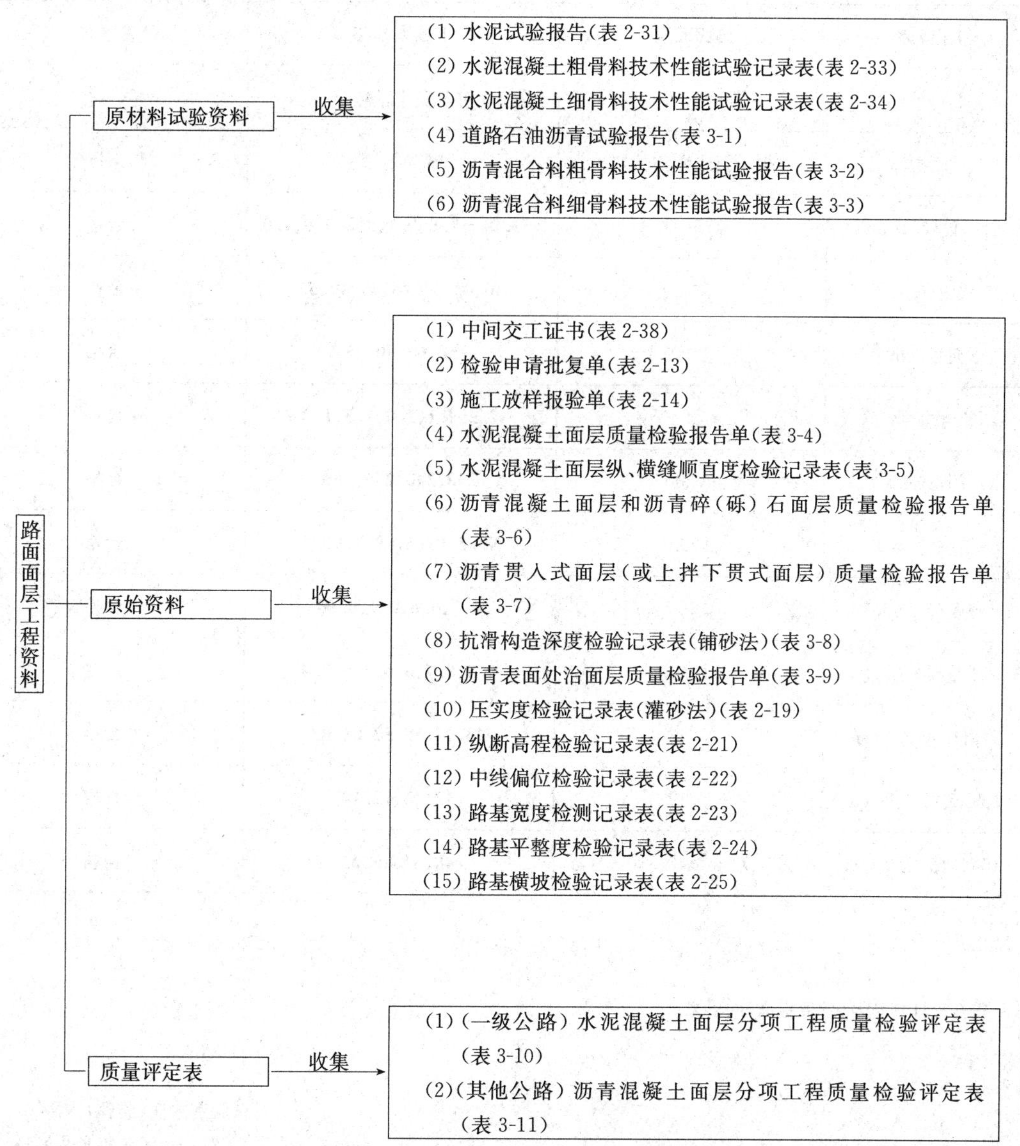

图 3-1 路面面层工程资料收集流程

二、路面面层工程原始资料表格填写范例

(1)道路石油沥青试验报告。

表 3-1　　道路石油沥青试验报告

承包单位:××集团有限公司××公路工程 A2 标段项目经理部　　合同号:A2

监理单位:××工程咨询有限公司××公路工程 A2 标段监理部　　编　号:

沥青种类	道路石油沥青	试验单位	××质量检测公司
代表数量/t	1	试验报告日期	××年×月×日
进场日期	××年×月×日	试验人签字	×××
工程名称	路面面层	审核人签字	×××
		试验室主任签字	×××
试验指标	规定值或允许偏差	试验结果	结果评定
针入度(0.1mm)	-1.5～1.0	-1.2、-1.0、0.1、0.2、0.8、1.0	合格
软化点(℃)	≥40	40、43、44、45、46、49、55	合格
延度/cm	≥50	50、60、80、45	合格
蜡含量(%)	≤2.2	2.2、2.1、2.0、1.5、1.3	合格
闪点(℃)	≥230	230、240、245、260	合格
溶解度(%)	≥99.5	99.5、99.6、99.7、99.8	合格
密度/(g/cm^3)	≤0.7	0.7、0.6、0.7、0.69	合格
质量损失(%)	±0.8	0.8、0.7、0.6、0.5、0.4	合格
残留针入度比/cm	≥48	48、54、55、57、61、63	合格
10℃残留延度/cm	≥12	12、13、12、14	合格
15℃残留延度/cm	≥40	40、41、45、42	合格

结论:

符合设计规范及《验评标准》的要求。

试验室主任(监理):×××

××年×月×日

(2)沥青混合料粗骨料技术性能试验报告[碎(砾)石试验报告]。

表 3-2 **碎(砾)石试验报告**

承包单位:××集团有限公司××公路工程 A2 标段项目经理部 合同号:A2

监理单位:××工程咨询有限公司××公路工程 A2 标段监理部 编 号:

材料名称及规格	碎石	试验单位	××质量检测公司
代表数量(m^3)	20	试验报告日期	××年×月×日
产地	安徽	试验执行标准	GB/T 14685—2001
进场日期	××年×月×日	试验人签字	×××
工程名称	路面面层	审核人签字	×××
现场桩号		试验室主任签字	×××
试验指标	规定值或允许偏差	试验结果	结果评定
石料压碎值(%)	≤30	26、28、27、30	合格
洛杉矶磨耗损失(%)	≤35	28、29、30、31、35	合格
表观相对密度	≥2.60	2.60、2.70、2.80、2.90	合格
吸水率(%)	≤3.0	3.0、2.0、1.0、3.0	合格
坚固性(%)	≤12	12、11、10、12、11	合格
针片状颗粒含量(%)	≤20	20、18、19、17	合格
<0.075mm 颗粒含量(%)	≤1	1、0.7、0.9、0.8	合格
软弱颗粒含量(%)	≤5	5、3、4、5、4	合格
磨光值(PSV)	≥42	42、43、45、42、46	合格
粗骨料与沥青的粘附性等级	≥4	4、4、4、5、4	合格
破碎砾石含量(%)	≥90	90、90、91、95、92	合格

结论:

符合设计规范及《验评标准》的要求。

试验室主任(监理):×××

××年×月×日

(3)沥青混合料细骨料技术性能试验报告(砂的试验报告)。

表 3-3 **砂的试验报告**

承包单位:××集团有限公司××公路工程 A2 标段项目经理部 合同号:A2

监理单位:××工程咨询有限公司××公路工程 A2 标段监理部 编 号:

材料名称及规格	S_{15}砂	试验单位	××质量检测公司
代表数量/m^3	20	试验报告日期	××年×月×日
进场日期	××年×月×日	试验人签字	×××
工程名称	路面面层	审核人签字	×××
现场桩号		试验室主任签字	×××
试验指标	规定值或允许偏差	试验结果	结果评定
表观相对密度	≥2.50	2.5、2.6、2.7、2.8	合格
坚固性(%)	≤10	8、7、9、10、6	合格
含泥量(<0.075mm的含量)(%)	≤3	3、2.9、2.5、1	合格
砂当量(%)	≥60	60、65、63、66	合格
棱角性(s)	≥30	30、35、40、45、50	合格

结论:

符合设计规范及《验评标准》的要求。

试验室主任(监理):×××

××年×月×日

(4)水泥混凝土面层质量检验报告单。

表 3-4　　水泥混凝土面层质量检验报告单

承包单位:××集团有限公司××公路工程 A2 标段项目经理部　　合同号:A2

监理单位:××工程咨询有限公司××公路工程 A2 标段监理部　　编　号:

工程名称		路面工程		施工日期		××年×月×日
桩号及部位		K11+000~K12+000 左幅面层		检验日期		××年×月×日
项次	检查项目	规定值或允许偏差		检验结果		检验频率和方法
		高速公路一级公路	其他公路	高速公路一级公路	其他公路	
1△	弯拉强度/MPa	在合格标准内		符合《验评标准》		按 JTG F80/1—2004 附录 C 检查
2△	板厚度/mm 代表值	-5		符合《验评标准》		每 200m 每车道测 2 处
	板厚度/mm 合格值	-10		符合《验评标准》		
3	平整度 标准偏差 σ/mm	1.2	2.0	符合《验评标准》	符合《验评标准》	平整度仪:全线每车道连续按每 100m 计算 σ 或 *IRI*
	平整度 *IRI* /(m/km)	2.0	3.2	符合《验评标准》	符合《验评标准》	
	平整度 最大间歇 *h*/mm	—	5	符合《验评标准》	符合《验评标准》	3m 直尺:半幅车道板带每 200m 测 2 处×10 尺
4	抗滑构造深度/mm	一般路段不小于 0.7 且不大于 1.1;特殊路段不小于 0.8 且不大于 1.2	一般路段不小于 0.5 且不大于 1.0;特殊路段不小于 0.6 且不大于 1.1	符合《验评标准》	符合《验评标准》	铺砂法:每 200m 测 1 处
5	相邻板高差/mm	2	3	符合《验评标准》	符合《验评标准》	抽量:每条胀缝 2 点;每 200m 抽纵、横缝各 2 条,每条 2 点
6	纵、横缝顺直度/mm	10		符合《验评标准》		纵缝 20m 拉线,每 200m 测 4 处;横缝沿板宽拉线,每 200m 测 4 条
7	中线平面偏位/mm	20		符合《验评标准》		经纬仪:每 200m 测 4 点
8	路面宽度/mm	±20		符合《验评标准》		抽量:每 200m 测 4 处
9	纵断高程/mm	±10	±15	符合《验评标准》	符合《验评标准》	水准仪:每 200m 测 4 断面
10	横坡(%)	±0.15	±0.25	符合《验评标准》	符合《验评标准》	水准仪:每 200m 测 4 断面
自检说明: 符合设计规范及《验评标准》的要求。 施工员:××× ××年×月×日				监理评语: 符合设计规范及《验评标准》的要求。 监理员:××× ××年×月×日		

施工负责人:×××　　质量检查员:×××　　监理工程师:×××

(5)水泥混凝土面层纵、横缝顺直度检验记录表。

表 3-5　　水泥混凝土面层纵、横缝顺直度检验记录表

工程名称		公路路面		施工日期		××年×月×日	
桩号				检验日期		××年×月×日	
桩　号	实测值/mm			桩号	实测值/mm		
	左幅横缝	纵缝	右幅横缝		左幅横缝	纵缝	右幅横缝
允许偏差/mm				检测点数			
合格点数				合格率(%)			

施工负责人:×××　　　　质量检查员:×××　　　　驻地监理工程师:×××

(6)沥青混凝土面层和沥青碎(砾)石面层质量检验报告单。

表 3-6　　沥青混凝土面层和沥青碎(砾)石面层质量检验报告单

承包单位:××集团有限公司××公路工程 A2 标段项目经理部　　合同号:A2

监理单位:××工程咨询有限公司××公路工程 A2 标段监理部　　编　号:

工程名称		路面工程			施工时间		××年×月×日
桩号及部位		K11+000~K12+000 左幅面层			检验时间		××年×月×日
项次	检查项目		规定值或允许偏差		检验结果		检验频率和方法
			高速公路 一级公路	其他 公路	高速公路 一级公路	其他 公路	
1△	压实度(%)		试验室标准密度的 96%(*98%); 最大理论密度的 92%(*94%); 试验段密度的 98%(*99%)		符合《验评标准》		每 200m 测 1 处
2	平整度	标准偏差 σ/mm	1.2	2.5	符合《验评标准》		平整度仪:全线每车道连续按每 100m 计算 σ 或 *IRI*
		IRI /(m/km)	2.0	4.2	符合《验评标准》		
		最大间隙 *h*/mm	—	5	符合《验评标准》		3m 直尺:每 200m 测 2 处×10 尺
3	弯沉值(0.01mm)		符合设计要求		符合设计要求		按 JTG F80/1—2004 附录 I 检查
4	渗水系数		SMA 路面 200mL/min; 其他沥青混凝土路面 300mL/min	—	符合《验评标准》		渗水试验仪:每 200m 测 1 处
5	抗滑	摩擦系数	符合设计要求	—	符合设计要求		摆式仪:每 200m 测 1 处; 横向力系数测定车:全线连续
		构造深度					铺砂法:每 200m 测 1 处
6△	厚度 /mm	代表值	总厚度:设计值的−5% 上面层:设计值的−10%	−8%*H*	符合设计要求		双车道每 200m 测 1 处
		合格值	总厚度:设计值的−10% 上面层:设计值的−20%	−15%*H*	符合设计要求		
7	中线平面偏位/mm		20	30	符合《验评标准》		经纬仪:每 200m 测 4 点
8	纵断高程/mm		±15	±20	符合《验评标准》		水准仪:每 200m 测 4 断面
9	宽度 /mm	有侧石	±20	±30	符合《验评标准》		尺量:每 200m 测 4 断面
		无侧石	不小于设计		符合设计要求		
10	横坡(%)		±0.3	±0.5	符合《验评标准》		水准仪:每 200m 测 4 处
自检说明: **符合设计规范及《验评标准》的要求。** 施工员:××× ××年×月×日					监理评语: **符合设计规范及《验评标准》的要求。** 监理员:××× ××年×月×日		

施工负责人:×××　　质量检查员:×××　　监理工程师:×××

注:带 * 号者是指 SMA 路面,其他为普通沥青混凝土路面。

(7)沥青贯入式面层(或上拌下贯式面层)质量检验报告单。

表 3-7　　沥青贯入式面层(或上拌下贯式面层)质量检验报告单

承包单位:××集团有限公司××公路工程 A2 标段项目经理部　　合同号:A2

监理单位:××工程咨询有限公司××公路工程 A2 标段监理部　　编　号:

<table>
<tr><td colspan="2">工程名称</td><td colspan="2">路面工程</td><td>施工时间</td><td>××年×月×日</td></tr>
<tr><td colspan="2">桩号及部位</td><td colspan="2">K11+000～K12+000 左幅面层</td><td>检验时间</td><td>××年×月×日</td></tr>
<tr><td>项　次</td><td colspan="2">检查项目</td><td>规定值或允许偏差</td><td>检验结果</td><td>检验频率和方法</td></tr>
<tr><td rowspan="3">1</td><td rowspan="3">平整度</td><td>标准偏差 σ/mm</td><td>3.5</td><td>符合《验评标准》</td><td rowspan="2">平整度仪:全线每车道连续按每 100m 计算 σ 或 IRI</td></tr>
<tr><td>IRI /(m/km)</td><td>5.8</td><td>符合《验评标准》</td></tr>
<tr><td>最大间歇 h/mm</td><td>8</td><td>符合《验评标准》</td><td>3m 直尺:每 200m 测 2 处×10 尺</td></tr>
<tr><td>2</td><td colspan="2">弯沉值(0.01mm)</td><td>符合设计要求</td><td>符合设计要求</td><td>按 JTG F80/1—2004 附录 I 检查</td></tr>
<tr><td rowspan="2">3△</td><td rowspan="2">厚度 /mm</td><td>代表值</td><td>−8%H 或−5mm</td><td>符合设计要求</td><td rowspan="2">双车道每 200m 测 1 处</td></tr>
<tr><td>合格值</td><td>−15%H 或−10mm</td><td>符合设计要求</td></tr>
<tr><td>4</td><td colspan="2">沥青用量(kg/m²)</td><td>±0.5%</td><td>符合《验评标准》</td><td>每工作日每层洒布查 1 次</td></tr>
<tr><td>5</td><td colspan="2">中线平面偏位/mm</td><td>30</td><td>符合《验评标准》</td><td>经纬仪:每 200m 测 4 点</td></tr>
<tr><td>6</td><td colspan="2">纵断高程/mm</td><td>±20</td><td>符合《验评标准》</td><td>水准仪:每 200m 测 4 断面</td></tr>
<tr><td rowspan="2">7</td><td rowspan="2">宽度 /mm</td><td>有侧石</td><td>±30</td><td>符合《验评标准》</td><td rowspan="2">尺量:每 200m 测 4 处</td></tr>
<tr><td>无侧石</td><td>不小于设计</td><td>符合设计要求</td></tr>
<tr><td>8</td><td colspan="2">横坡(%)</td><td>±0.5</td><td>符合《验评标准》</td><td>水准仪:每 200m 测 4 断面</td></tr>
<tr><td></td><td colspan="2"></td><td></td><td></td><td></td></tr>
<tr><td colspan="4">自检说明:

符合设计规范及《验评标准》的要求。

施工员:×××

××年×月×日</td><td colspan="2">监理评语:

符合设计规范及《验评标准》的要求。

监理员:×××

××年×月×日</td></tr>
</table>

施工负责人:×××　　质量检查员:×××　　监理工程师:×××

(8)抗滑构造深度检验记录表(铺砂法)。

表 3-8 **抗滑构造深度检验记录表(铺砂法)**

工程名称	公路路面面层		施工日期	××年×月×日	
桩号	K11+000~K11+50		检验日期	××年×月×日	
桩　号	测点位置	砂的体积 V /cm^3	摊平砂的平均直径 D/mm	构造深度 TD/mm	
				单　值	平均值
K11+000		10		0.7	0.83
				0.8	
				1.0	
K11+020		10		0.8	0.93
				0.9	
				1.1	
K11+040		10		0.9	1.0
				1.0	
				1.1	
允许偏差/mm	0.7~1.1		检测点数	3	
合格点数	3		合格率(%)	100	

施工负责人:×××　　质量检查员:×××　　驻地监理工程师:×××

(9)沥青表面处治面层质量检验报告单。

表 3-9　　沥青表面处治面层质量检验报告单

承包单位:××集团有限公司××公路工程 A2 标段项目经理部　　合同号:A2

监理单位:××工程咨询有限公司××公路工程 A2 标段监理部　　编　号:

工程名称		路面工程		施工时间	××年×月×日
桩号及部位		K11+000～K12+000 左幅面层		检验时间	××年×月×日
项　次	检查项目		规定值或允许偏差	检验结果	检验频率和方法
1	平整度	标准偏差 σ/mm	4.5	符合《验评标准》	平整度仪:全线每车道连续按每100m计算 σ 或 *IRI*
		IRI /(m/km)	7.5	符合《验评标准》	
		最大间隙 *h*/mm	10	符合《验评标准》	3m 直尺:每 200m 测 2 处×10 尺
2	弯沉值(0.01mm)		符合设计要求	符合设计要求	按 JTG F80/1—2004 附录 I 检查
3△	厚度/mm	代表值	−5	符合《验评标准》	双车道每 200m 测 1 处
		合格值	−10	符合《验评标准》	
4	沥青总用量/(kg/m²)		±0.5%	符合《验评标准》	每工作日每层洒布查 1 次
5	中线平面偏位/mm		30	符合《验评标准》	经纬仪:每 200m 测 4 点
6	纵断高程/mm		±20	符合《验评标准》	水准仪:每 200m 测 4 断面
7	宽度/mm	有侧石	±30	符合《验评标准》	尺量:每 200m 测 4 处
		无侧石	不小于设计	符合设计要求	
8	横坡(%)		±0.5	符合《验评标准》	水准仪:每 200m 测 4 断面

自检说明:	监理评语:
符合设计规范及《验评标准》的要求。	符合设计规范及《验评标准》的要求。
施工员:×××	监理员:×××
××年×月×日	××年×月×日

施工负责人:×××　　质量检查员:×××　　监理工程师:×××

三、路面面层工程质量检验评定表

(1)(一级公路)水泥混凝土面层分项工程质量检验评定表。

表 3-10　(一级公路)水泥混凝土面层分项工程质量检验评定表

分项工程名称:**水泥混凝土面层**　　所属分部工程名称:**路面工程**

所属建设项目:　　工程部位:**K11 ＋000～K12＋000**

施工单位:**××集团有限公司**　　监理单位:**××工程咨询有限公司**

××公路工程项目经理部　　**××公路工程监理部**

基本要求	基层质量合格;水泥等各种材料符合设计要求;施工配合比为最佳配合比;接缝的施工及传力杆、拉杆的设置符合设计要求;抗滑构造深度、养生符合施工规范要求。

	项次	检查项目		规定值或允许偏差	实测值或实测偏差值 1	2	3	4	5	6	7	8	9	10	质量评定 平均值、代表值	合格率(%)	权值	得分
实测项目	1△	弯拉强度/MPa		在合格标准内	√	√	√	√	√							100	3	300
	2△	板厚度/mm	代表值	-5	**-5**	**-5**	**-5**	**-5**	**-5**							100	3	300
			合格值	-10	**-10**	**-10**	**-10**	**-10**	**-10**									
	3	抗滑构造深度/mm		0.7～1.1	**0.7**	**1.0**	**1.0**	**0.7**	**0.8**	**0.9**	**1.0**	**1.1**				100	2	200
	4	相邻板高差/mm		2	**2**	**2**	**2**	**2**	**2**	**2**						100	2	200
	5	纵、横缝顺直度/mm		10	**10**	**10**	**10**	**10**	**10**							100	1	100
	6	中线平面偏位/mm		20	**20**	**20**	**20**	**20**	**20**							100	1	100
	7	路面宽度 mm		±20	**20**	**20**	**20**	**20**	**20**	**19**	**18**	**17**				100	1	100
	8	纵断高程/mm		±10	**10**	**10**	**10**	**10**	**10**	**9**	**8**	**7**				100	1	100
	9	横坡(%)		±0.15	**0.1**	**0.1**	**0.1**	**0.1**	**0.1**	**0.13**	**0.1**					100	1	100
	合计																**15**	**1500**

外观鉴定	**路面侧石不够直顺,曲线不够圆滑**	减分	**2**	监理意见	**同意施工单位的评定** 签字:××× ××年×月×日
质量保证资料	**资料齐全、完整、真实**	减分	**0**		
工程质量等级评定	评分:**98**			质量等级:**合格**	

检验负责人:×××　　检测:×××　　记录:×××

复核:×××　　××年×月×日

(2)(其他公路)沥青混凝土面层分项工程质量检验评定表。

表 3-11　　(其他公路)沥青混凝土面层分项工程质量检验评定表

分项工程名称:**沥青混凝土面层**　　所属分部工程名称:**路面工程**

所属建设项目:　　工程部位:**K11 +000～K12+000**

施工单位:**××集团有限公司**　　监理单位:**××工程咨询有限公司**

××公路工程项目经理部　　**××公路工程监理部**

基本要求	沥青混合料的矿料质量及矿料级配符合设计要求和施工规范的规定;基层碾压密实,表面干燥、清洁、无浮土;平整度和路拱符合设计要求。

	项次	检查项目		规定值或允许偏差	实测值或实测偏差值										质量评定			
					1	2	3	4	5	6	7	8	9	10	平均值、代表值	合格率(%)	权值	得分
实测项目	1△	压实度(%)		96	**96**	**96**	**96**	**96**	**96**							**100**	**3**	**300**
	2△	最大间隙/mm		5	**5**	**5**	**5**	**5**	**5**	**5**	**5**					**100**	**2**	**200**
	3	弯沉值(0.01mm)		符合设计要求	√	√	√	√	√	√						**100**	**2**	**200**
	4	厚度/mm	代表值	$-8\%H$	√	√	√	√	√	√						**100**	**3**	**300**
			合格值	$-15\%H$	√	√	√	√	√	√								
	5	中线平面偏位/mm		30	**30**	**30**	**30**	**30**	**30**							**100**	**1**	**100**
	6	纵断高程/mm		±20	**15**	**10**	**10**	**15**	**11**	**14**	**13**					**100**	**1**	**100**
	7	宽度(有侧石)/mm		±30	**30**	**30**	**30**	**30**	**30**							**100**	**1**	**100**
	8	横坡(%)		±0.5	**0.5**	**0.5**	**0.5**	**0.5**	**0.5**							**100**	**1**	**100**
	合计																**14**	**1400**

外观鉴定	**面层与路缘石不够密贴顺接,有积水现象**	减分	**2**	监理意见	**同意施工单位的评定** 签字:××× ××年×月×日
质量保证资料	**资料齐全、完整、真实**	减分	**0**		
工程质量等级评定	评分:**98**		质量等级:**合格**		

检验负责人:×××　　检测:×××　　记录:×××

复核:×××　　××年×月×日

第二节　路面基层工程

一、路面基层工程资料收集流程

路面基层工程资料收集流程见图 3-2。

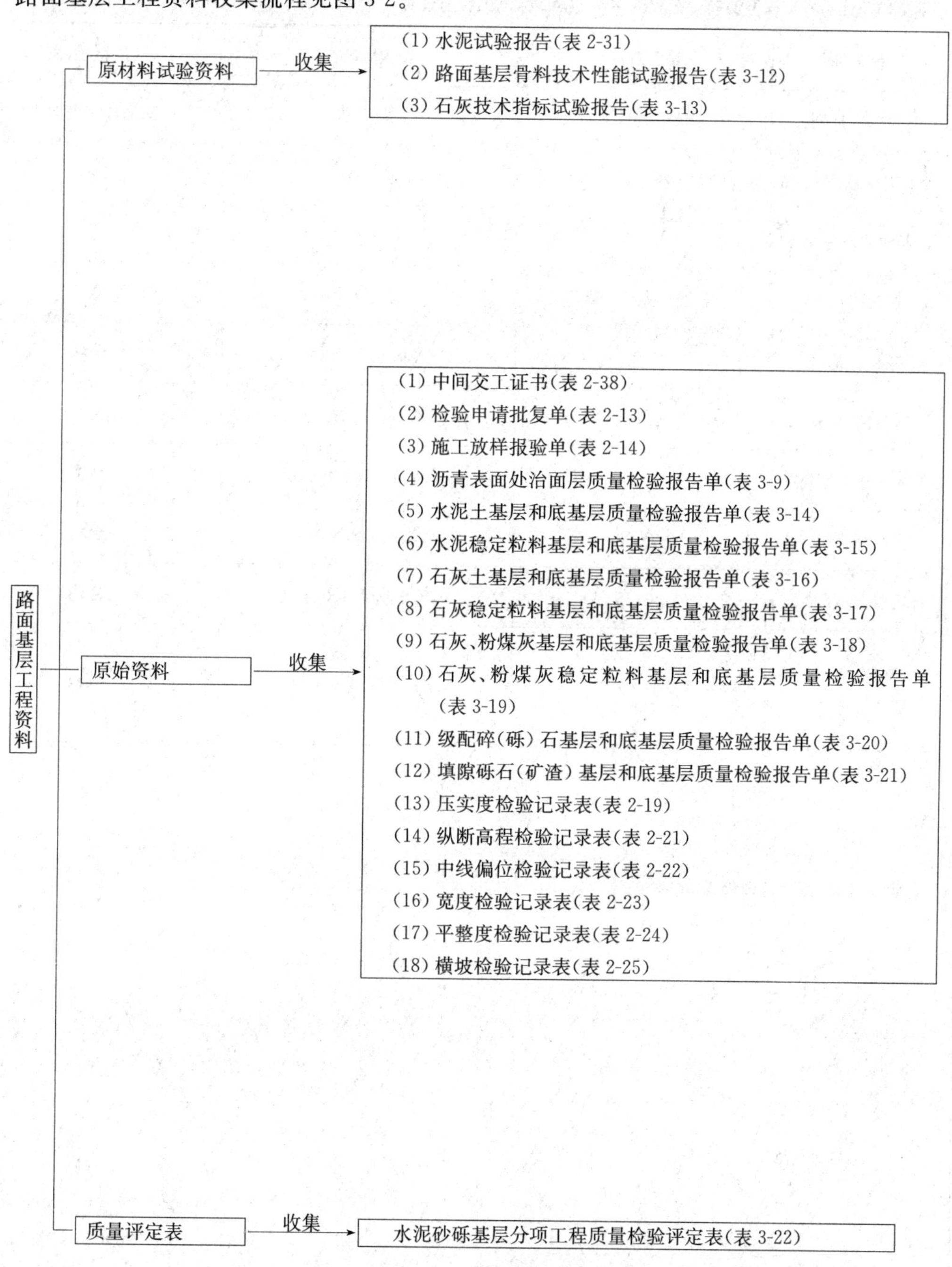

图 3-2　路面基层工程资料收集流程

二、路面基层工程原始资料表格填写范例

(1)路面基层骨料技术性能试验报告(碎石试验报告)。

表 3-12 碎(砾)石试验报告

承包单位:××集团有限公司××公路工程 A2 标段项目经理部 合同号:A2

监理单位:××工程咨询有限公司××公路 A2 标段工程监理部 编 号:

工程名称	路面基层	试验单位	××质量检测公司
试验报告日期	××年×月×日	进场日期	××年×月×日
试验人签字	×××	审核人签字	×××
试验室主任签字	×××		
试验指标	规定值或允许偏差	试验结果	结果评定
颗粒分析	<25	20、15、5、18	合格
压碎值(%)	<30	28、20、10、26、20	合格
毛体积相对密度	6~24	6.8、12、16、20、23	合格
吸水率(%)	2~8	2.4、6.8、5、6	合格
有机质含量(%)	<1.5	0.5、0、0.7、1.0、1.2	合格
磷酸盐含量(按三氧化硫质量计%)	0.5~1.0	0.6、0.8、0.9、0.7	合格

结论:

符合设计规范及《验评标准》的要求。

试验室主任(监理):×××

××年×月×日

(2)石灰技术指标试验报告。

表 3-13　　**石灰技术指标试验报告**

承包单位:××集团有限公司××公路工程 A2 标段项目经理部　　合同号:A2

监理单位:××工程咨询有限公司××公路工程 A2 标段监理部　　编　号:

<table>
<tr><td colspan="2">石灰种类</td><td>生石灰</td><td>试验单位</td><td>××质量检测公司</td></tr>
<tr><td colspan="2">代表数量/t</td><td>1</td><td>试验报告日期</td><td>××年×月×日</td></tr>
<tr><td colspan="2">进场日期</td><td>××年×月×日</td><td>试验人签字</td><td>×××</td></tr>
<tr><td colspan="2">工程名称</td><td>路面基层</td><td>审核人签字</td><td>×××</td></tr>
<tr><td colspan="2">试验室主任签字</td><td>×××</td><td></td><td></td></tr>
<tr><td colspan="2">试验指标</td><td>规定值或允许偏差</td><td>试验结果</td><td>结果评定</td></tr>
<tr><td colspan="2">有效钙加氧化镁含量(%)</td><td>≥75</td><td>75、78、85、80、90</td><td>合格</td></tr>
<tr><td colspan="2">未消耗残渣含量(%)</td><td>≤5</td><td>5、1.0、2.5、3.0、4.5、4</td><td>合格</td></tr>
<tr><td rowspan="2">细度</td><td>0.90mm 方孔筛的筛余(%)</td><td>≤1.5</td><td>0.2、0.5、0.8、1.0、1.1、1.3</td><td>合格</td></tr>
<tr><td>0.125mm 方孔筛的累计筛余(%)</td><td>≤18</td><td>10、12、17、7、16、15</td><td>合格</td></tr>
<tr><td colspan="2">含水量(%)</td><td>0.4～2</td><td>0.6、0.5、0.8、1.0、1.5、1.7</td><td>合格</td></tr>
<tr><td colspan="5">结论:

符合设计规范及《验评标准》的要求。

试验室主任(监理):×××
××年×月×日</td></tr>
</table>

(3)水泥土基层和底基层质量检验报告单。

表 3-14 **水泥土基层和底基层质量检验报告单**

承包单位:××集团有限公司××公路工程 A2 标段项目经理部　　合同号:A2

监理单位:××工程咨询有限公司××公路工程 A2 标段监理部　　编　号:

<table>
<tr><td colspan="3">工程名称</td><td colspan="4">路面工程</td><td colspan="4">施工时间</td><td>××年×月×日</td></tr>
<tr><td colspan="3">桩号及部位</td><td colspan="4">K11+000~K12+000 基层</td><td colspan="4">检验时间</td><td>××年×月×日</td></tr>
<tr><td rowspan="3">项次</td><td rowspan="3" colspan="2">检查项目</td><td colspan="4">规定值或允许偏差</td><td colspan="4">检验结果</td><td rowspan="3">检验频率和方法</td></tr>
<tr><td colspan="2">基　层</td><td colspan="2">底基层</td><td colspan="2">基　层</td><td colspan="2">底基层</td></tr>
<tr><td>高速公路
一级公路</td><td>其他
公路</td><td>高速公路
一级公路</td><td>其他
公路</td><td>高速公路
一级公路</td><td>其他
公路</td><td>高速公路
一级公路</td><td>其他
公路</td></tr>
<tr><td rowspan="2">1△</td><td rowspan="2">压实度
(%)</td><td>代表值</td><td>—</td><td>95</td><td>95</td><td>93</td><td colspan="4">符合《验评标准》</td><td rowspan="2">每 200m 每车道测 2 处</td></tr>
<tr><td>极　值</td><td>—</td><td>91</td><td>91</td><td>89</td><td colspan="4">符合《验评标准》</td></tr>
<tr><td>2</td><td colspan="2">平整度/mm</td><td>—</td><td>12</td><td>12</td><td>15</td><td colspan="4">符合《验评标准》</td><td>3m 直尺:每 200m 测 2 处×10 尺</td></tr>
<tr><td>3</td><td colspan="2">纵断高程/mm</td><td>—</td><td>+5,
−15</td><td>+5,
−15</td><td>+5,
−20</td><td colspan="4">符合《验评标准》</td><td>水准仪:每 200m 测 4 断面</td></tr>
<tr><td>4</td><td colspan="2">宽　度/mm</td><td colspan="2">符合设计要求</td><td colspan="2">符合设计要求</td><td colspan="4">符合设计要求</td><td>尺量:每 200m 测 4 处</td></tr>
<tr><td rowspan="2">5△</td><td rowspan="2">厚度
/mm</td><td>代表值</td><td>—</td><td>−10</td><td>−10</td><td>−12</td><td colspan="4">符合《验评标准》</td><td rowspan="2">每 200m 每车道 2 点</td></tr>
<tr><td>合格值</td><td>—</td><td>−20</td><td>−25</td><td>−30</td><td colspan="4">符合《验评标准》</td></tr>
<tr><td>6</td><td colspan="2">横坡(%)</td><td>—</td><td>±0.5</td><td>±0.3</td><td>±0.5</td><td colspan="4">符合《验评标准》</td><td>水准仪:每 200m 测 4 断面</td></tr>
<tr><td>7△</td><td colspan="2">强度/MPa</td><td colspan="2">符合设计要求</td><td colspan="2">符合设计要求</td><td colspan="4">符合设计要求</td><td>按 JTG F80/1—2004 附录 G 检查</td></tr>
<tr><td colspan="7">自检说明:

符合设计规范及《验评标准》的要求。

施工员:×××

××年×月×日</td><td colspan="5">监理评语:

符合设计规范及《验评标准》的要求。

监理员:×××

××年×月×日</td></tr>
</table>

施工负责人:×××　　质量检查员:×××　　监理工程师:×××

(4)水泥稳定粒料基层和底基层质量检验报告单。

表 3-15　　水泥稳定粒料基层和底基层质量检验报告单

承包单位:××集团有限公司××公路工程 A2 标段项目经理部　　合同号:A2

监理单位:××工程咨询有限公司××公路工程 A2 标段监理部　　编　号:

<table>
<tr><td colspan="3">工程名称</td><td colspan="4">路面工程</td><td colspan="4">施工时间</td><td>××年×月×日</td></tr>
<tr><td colspan="3">桩号及部位</td><td colspan="4">K11+000～K12+000 基层</td><td colspan="4">检验时间</td><td>××年×月×日</td></tr>
<tr><td rowspan="3">项次</td><td rowspan="3" colspan="2">检查项目</td><td colspan="4">规定值或允许偏差</td><td colspan="4">检验结果</td><td rowspan="3">检验频率和方法</td></tr>
<tr><td colspan="2">基　层</td><td colspan="2">底基层</td><td colspan="2">基　层</td><td colspan="2">底基层</td></tr>
<tr><td>高速公路
一级公路</td><td>其他
公路</td><td>高速公路
一级公路</td><td>其他
公路</td><td>高速公路
一级公路</td><td>其他
公路</td><td>高速公路
一级公路</td><td>其他
公路</td></tr>
<tr><td rowspan="2">1△</td><td rowspan="2">压实度
(%)</td><td>代表值</td><td>98</td><td>97</td><td>96</td><td>95</td><td colspan="4">符合《验评标准》</td><td rowspan="2">每 200m 每车道测 2 处</td></tr>
<tr><td>极　值</td><td>94</td><td>93</td><td>92</td><td>91</td><td colspan="4">符合《验评标准》</td></tr>
<tr><td>2</td><td colspan="2">平整度/mm</td><td>8</td><td>12</td><td>12</td><td>15</td><td colspan="4">符合《验评标准》</td><td>3m 直尺:每 200m 测 2 处×10 尺</td></tr>
<tr><td>3</td><td colspan="2">纵断高程/mm</td><td>+5,
-10</td><td>+5,
-15</td><td>+5,
-15</td><td>+5,
-20</td><td colspan="4">符合《验评标准》</td><td>水准仪:每 200m 测 4 断面</td></tr>
<tr><td>4</td><td colspan="2">宽　度/mm</td><td colspan="2">符合设计要求</td><td colspan="2">符合设计要求</td><td colspan="4">符合设计要求</td><td>尺量:每 200m 测 4 处</td></tr>
<tr><td rowspan="2">5△</td><td rowspan="2">厚度
/mm</td><td>代表值</td><td>-8</td><td>-10</td><td>-10</td><td>-12</td><td colspan="4">符合《验评标准》</td><td rowspan="2">每 200m 每车道 2 点</td></tr>
<tr><td>合格值</td><td>-15</td><td>-20</td><td>-25</td><td>-30</td><td colspan="4">符合《验评标准》</td></tr>
<tr><td>6</td><td colspan="2">横坡(%)</td><td>±0.3</td><td>±0.5</td><td>±0.3</td><td>±0.5</td><td colspan="4">符合《验评标准》</td><td>水准仪:每 200m 测 4 断面</td></tr>
<tr><td>7△</td><td colspan="2">强度/MPa</td><td colspan="2">符合设计要求</td><td colspan="2">符合设计要求</td><td colspan="4">符合设计要求</td><td>按 JTG F80/1—2004 附录 G 检查</td></tr>
<tr><td colspan="7">自检说明:

符合设计规范及《验评标准》的要求。

施工员:×××

××年×月×日</td><td colspan="5">监理评语:

符合设计规范及《验评标准》的要求。

监理员:×××

××年×月×日</td></tr>
</table>

施工负责人:×××　　质量检查员:×××　　监理工程师:×××

(5)石灰土基层和底基层质量检验报告单。

表 3-16　　石灰土基层和底基层质量检验报告单

承包单位：××集团有限公司××公路工程 A2 标段项目经理部　　合同号：A2

监理单位：××工程咨询有限公司××公路工程 A2 标段监理部　　编　号：

工程名称			路面工程				施工时间				××年×月×日
桩号及部位			K11＋000～K12＋000 底基层				检验时间				××年×月×日
项次	检查项目		规定值或允许偏差				检验结果				检验频率和方法
			基　层		底基层		基　层		底基层		
			高速公路一级公路	其他公路	高速公路一级公路	其他公路	高速公路一级公路	其他公路	高速公路一级公路	其他公路	
1△	压实度(%)	代表值	—	95	95	93	符合《验评标准》				每 200m 每车道测 2 处
		极　值	—	91	91	89	符合《验评标准》				
2	平整度/mm		—	12	12	15	符合《验评标准》				3m 直尺：每 200m 测 2 处×10 尺
3	纵断高程/mm		—	＋5，－15	＋5，－15	＋5，－20	符合《验评标准》				水准仪：每 200m 测 4 断面
4	宽　度/mm		符合设计要求		符合设计要求		符合设计要求				尺量：每 200m 测 4 处
5△	厚度/mm	代表值	—	－10	－10	－12	符合《验评标准》				每 200m 每车道 2 点
		合格值	—	－20	－25	－30	符合《验评标准》				
6	横坡(%)		—	±0.5	±0.3	±0.5	符合《验评标准》				水准仪：每 200m 测 4 断面
7△	强度/MPa		符合设计要求		符合设计要求		符合设计要求				按 JTG F80/1—2004 附录 G 检查

自检说明： 符合设计规范及《验评标准》的要求。 施工员：××× ××年×月×日	监理评语： 符合设计规范及《验评标准》的要求。 监理员：××× ××年×月×日

施工负责人：×××　　质量检查员：×××　　监理工程师：×××

(6)石灰稳定粒料基层和底基层质量检验报告单。

表 3-17　　石灰稳定粒料基层和底基层质量检验报告单

承包单位:××集团有限公司××公路工程 A2 标段项目经理部　　合同号:A2

监理单位:××工程咨询有限公司××公路工程 A2 标段监理部　　编　号:

<table>
<tr><td colspan="3">工程名称</td><td colspan="4">路面工程</td><td colspan="4">施工时间</td><td>××年×月×日</td></tr>
<tr><td colspan="3">桩号及部位</td><td colspan="4">K11+000～K12+000 底基层</td><td colspan="4">检验时间</td><td>××年×月×日</td></tr>
<tr><td rowspan="3">项次</td><td colspan="2" rowspan="3">检查项目</td><td colspan="4">规定值或允许偏差</td><td colspan="4">检验结果</td><td rowspan="3">检验频率和方法</td></tr>
<tr><td colspan="2">基　层</td><td colspan="2">底基层</td><td colspan="2">基　层</td><td colspan="2">底基层</td></tr>
<tr><td>高速公路
一级公路</td><td>其他
公路</td><td>高速公路
一级公路</td><td>其他
公路</td><td>高速公路
一级公路</td><td>其他
公路</td><td>高速公路
一级公路</td><td>其他
公路</td></tr>
<tr><td rowspan="2">1△</td><td rowspan="2">压实度
(%)</td><td>代表值</td><td>—</td><td>97</td><td>96</td><td>95</td><td colspan="4">符合《验评标准》</td><td rowspan="2">每 200m 每车道测 2 处</td></tr>
<tr><td>极　值</td><td>—</td><td>93</td><td>92</td><td>91</td><td colspan="4">符合《验评标准》</td></tr>
<tr><td>2</td><td colspan="2">平整度/mm</td><td>—</td><td>12</td><td>12</td><td>15</td><td colspan="4">符合《验评标准》</td><td>3m 直尺:每 200m 测 2 处×10 尺</td></tr>
<tr><td>3</td><td colspan="2">纵断高程/mm</td><td>—</td><td>+5,
−15</td><td>+5,
−15</td><td>+5,
−20</td><td colspan="4">符合《验评标准》</td><td>水准仪:每 200m 测 4 断面</td></tr>
<tr><td>4</td><td colspan="2">宽　度/mm</td><td colspan="2">符合设计要求</td><td colspan="2">符合设计要求</td><td colspan="4">符合设计要求</td><td>尺量:每 200m 测 4 处</td></tr>
<tr><td rowspan="2">5△</td><td rowspan="2">厚度
/mm</td><td>代表值</td><td>—</td><td>−10</td><td>−10</td><td>−12</td><td colspan="4">符合《验评标准》</td><td rowspan="2">每 200m 每车道 2 点</td></tr>
<tr><td>合格值</td><td>—</td><td>−20</td><td>−25</td><td>−30</td><td colspan="4">符合《验评标准》</td></tr>
<tr><td>6</td><td colspan="2">横坡(%)</td><td>—</td><td>±0.5</td><td>±0.3</td><td>±0.5</td><td colspan="4">符合《验评标准》</td><td>水准仪:每 200m 测 4 断面</td></tr>
<tr><td>7△</td><td colspan="2">强度/MPa</td><td colspan="2">符合设计要求</td><td colspan="2">符合设计要求</td><td colspan="4">符合设计要求</td><td>按 JTG F80/1—2004 附录 G 检查</td></tr>
<tr><td></td><td colspan="2"></td><td colspan="2"></td><td colspan="2"></td><td colspan="4"></td><td></td></tr>
<tr><td colspan="6">自检说明:

符合设计规范及《验评标准》的要求。

施工员:×××

××年×月×日</td><td colspan="6">监理评语:

符合设计规范及《验评标准》的要求。

监理员:×××

××年×月×日</td></tr>
</table>

施工负责人:×××　　质量检查员:×××　　监理工程师:×××

(7)石灰、粉煤灰基层和底基层质量检验报告单。

表 3-18　　石灰、粉煤灰基层和底基层质量检验报告单

承包单位:××集团有限公司××公路工程 A2 标段项目经理部　　合同号:A2

监理单位:××工程咨询有限公司××公路工程 A2 标段监理部　　编　号:

工程名称		路面工程					施工时间				××年×月×日
桩号及部位		K11＋000～K12＋000 底基层					检验时间				××年×月×日
项次	检查项目		规定值或允许偏差				检验结果				检验频率和方法
			基　层		底基层		基　层		底基层		
			高速公路一级公路	其他公路	高速公路一级公路	其他公路	高速公路一级公路	其他公路	高速公路一级公路	其他公路	
1△	压实度(%)	代表值	—	95	95	93	符合《验评标准》				每 200m 每车道测 2 处
		极　值	—	91	91	89	符合《验评标准》				
2	平整度/mm		—	12	12	15	符合《验评标准》				3m 直尺:每 200m 测 2 处×10 尺
3	纵断高程/mm		—	+5,−15	+5,−15	+5,−20	符合《验评标准》				水准仪:每 200m 测 4 断面
4	宽　度/mm		符合设计要求		符合设计要求		符合设计要求				尺量:每 200m 测 4 处
5△	厚度/mm	代表值	—	−10	−10	−12	符合《验评标准》				每 200m 每车道 2 点
		合格值	—	−20	−25	−30	符合《验评标准》				
6	横坡(%)		—	±0.5	±0.3	±0.5	符合《验评标准》				水准仪:每 200m 测 4 断面
7△	强度/MPa		符合设计要求		符合设计要求		符合设计要求				按 JTG F80/1—2004 附录 G 检查
自检说明: 符合设计规范及《验评标准》的要求。 施工员:××× ××年×月×日							监理评语: 符合设计规范及《验评标准》的要求。 监理员:××× ××年×月×日				

施工负责人:×××　　质量检查员:×××　　监理工程师:×××

(8)石灰、粉煤灰稳定粒料基层和底基层质量检验报告单。

表 3-19　　石灰、粉煤灰稳定粒料基层和底基层质量检验报告单

承包单位:××集团有限公司××公路工程 A2 标段项目经理部　　合同号:A2

监理单位:××工程咨询有限公司××公路工程 A2 标段监理部　　编　号:

<table>
<tr><td colspan="3">工程名称</td><td colspan="4">路面工程</td><td colspan="4">施工时间</td><td>××年×月×日</td></tr>
<tr><td colspan="3">桩号及部位</td><td colspan="4">K11+000～K12+000 底基层</td><td colspan="4">检验时间</td><td>××年×月×日</td></tr>
<tr><td rowspan="3">项次</td><td colspan="2" rowspan="3">检查项目</td><td colspan="4">规定值或允许偏差</td><td colspan="4">检验结果</td><td rowspan="3">检验频率和方法</td></tr>
<tr><td colspan="2">基　层</td><td colspan="2">底基层</td><td colspan="2">基　层</td><td colspan="2">底基层</td></tr>
<tr><td>高速公路一级公路</td><td>其他公路</td><td>高速公路一级公路</td><td>其他公路</td><td>高速公路一级公路</td><td>其他公路</td><td>高速公路一级公路</td><td>其他公路</td></tr>
<tr><td rowspan="2">1△</td><td rowspan="2">压实度(%)</td><td>代表值</td><td>98</td><td>97</td><td>96</td><td>95</td><td colspan="4">符合《验评标准》</td><td rowspan="2">每 200m 每车道测 2 处</td></tr>
<tr><td>极　值</td><td>94</td><td>93</td><td>92</td><td>91</td><td colspan="4">符合《验评标准》</td></tr>
<tr><td>2</td><td colspan="2">平整度/mm</td><td>8</td><td>12</td><td>12</td><td>15</td><td colspan="4">符合《验评标准》</td><td>3m 直尺:每 200m 测 2 处×10 尺</td></tr>
<tr><td>3</td><td colspan="2">纵断高程/mm</td><td>+5,−10</td><td>+5,−15</td><td>+5,−15</td><td>+5,−20</td><td colspan="4">符合《验评标准》</td><td>水准仪:每 200m 测 4 断面</td></tr>
<tr><td>4</td><td colspan="2">宽　度/mm</td><td colspan="2">符合设计要求</td><td colspan="2">符合设计要求</td><td colspan="4">符合设计要求</td><td>尺量:每 200m 测 4 处</td></tr>
<tr><td rowspan="2">5△</td><td rowspan="2">厚度/mm</td><td>代表值</td><td>−8</td><td>−10</td><td>−10</td><td>−12</td><td colspan="4">符合《验评标准》</td><td rowspan="2">每 200m 每车道 2 点</td></tr>
<tr><td>合格值</td><td>−15</td><td>−20</td><td>−25</td><td>−30</td><td colspan="4">符合《验评标准》</td></tr>
<tr><td>6</td><td colspan="2">横坡(%)</td><td>±0.3</td><td>±0.5</td><td>±0.3</td><td>±0.5</td><td colspan="4">符合《验评标准》</td><td>水准仪:每 200m 测 4 断面</td></tr>
<tr><td>7△</td><td colspan="2">强度/MPa</td><td colspan="2">符合设计要求</td><td colspan="2">符合设计要求</td><td colspan="4">符合设计要求</td><td>按 JTG F80/1—2004 附录 G 检查</td></tr>
<tr><td colspan="6">自检说明:

符合设计规范及《验评标准》的要求。

施工员:×××

××年×月×日</td><td colspan="6">监理评语:

符合设计规范及《验评标准》的要求。

监理员:×××

××年×月×日</td></tr>
</table>

施工负责人:×××　　质量检查员:×××　　监理工程师:×××

(9)级配碎(砾)石基层和底基层质量检验报告单。

表 3-20　　级配碎(砾)石基层和底基层质量检验报告单

承包单位:××集团有限公司××公路工程 A2 标段项目经理部　　合同号:A2

监理单位:××工程咨询有限公司××公路工程 A2 标段监理部　　编　号:

工程名称	路面工程	施工时间	××年×月×日
桩号及部位	K11+000~K12+000 底基层	检验时间	××年×月×日

项次	检查项目		规定值或允许偏差				检验结果				检验频率和方法
			基　层		底基层		基　层		底基层		
			高速公路一级公路	其他公路	高速公路一级公路	其他公路	高速公路一级公路	其他公路	高速公路一级公路	其他公路	
1△	压实度(%)	代表值	98	98	96	96	符合《验评标准》				每 200m 每车道测 2 处
		极　值	94	94	92	92	符合《验评标准》				
2	弯沉值/(0.01mm)		符合设计要求		符合设计要求		符合设计要求				按 JTG F80/1—2004 附录 I 检查
3	平整度/mm		8	12	12	15	符合《验评标准》				3m 直尺:每 200m 测 2 处×10 尺
4	纵断高程/mm		+5,−10	+5,−15	+5,−15	+5,−20	符合《验评标准》				水准仪:每 200m 测 4 个断面
5	宽　度/mm		符合设计要求		符合设计要求		符合设计要求				尺量:每 200m 测 4 处
6△	厚度/mm	代表值	−8	−10	−10	−12	符合《验评标准》				每 200m 每车道 2 点
		合格值	−15	−20	−25	−30	符合《验评标准》				
7	横坡(%)		±0.3	±0.5	±0.3	±0.5	符合《验评标准》				水准仪:每 200m 测 4 个断面

自检说明:	监理评语:
符合设计规范及《验评标准》的要求。	符合设计规范及《验评标准》的要求。
施工员:×××	监理员:×××
××年×月×日	××年×月×日

施工负责人:×××　　质量检查员:×××　　监理工程师:×××

(10)填隙砾石(矿渣)基层和底基层质量检验报告单。

表 3-21 填隙砾石(矿渣)基层和底基层质量检验报告单

承包单位:××集团有限公司××公路工程 A2 标段项目经理部

监理单位:××工程咨询有限公司××公路工程 A2 标段监理部

合同号:A2

编 号:

<table>
<tr><td colspan="2">工程名称</td><td colspan="4">路面工程</td><td colspan="4">施工时间</td><td>××年×月×日</td></tr>
<tr><td colspan="2">桩号及部位</td><td colspan="4">K11+000~K12+000 底基层</td><td colspan="4">检验时间</td><td>××年×月×日</td></tr>
<tr><td rowspan="3">项次</td><td rowspan="3" colspan="2">检查项目</td><td colspan="4">规定值或允许偏差</td><td colspan="4">检验结果</td><td rowspan="3">检验频率和方法</td></tr>
<tr><td colspan="2">基 层</td><td colspan="2">底基层</td><td colspan="2">基 层</td><td colspan="2">底基层</td></tr>
<tr><td>高速公路一级公路</td><td>其他公路</td><td>高速公路一级公路</td><td>其他公路</td><td>高速公路一级公路</td><td>其他公路</td><td>高速公路一级公路</td><td>其他公路</td></tr>
<tr><td rowspan="2">1△</td><td rowspan="2">固体体积率(%)</td><td>代表值</td><td>—</td><td>85</td><td>85</td><td>83</td><td colspan="4">符合《验评标准》</td><td rowspan="2">每 200m 每车道测 2 处</td></tr>
<tr><td>极 值</td><td>—</td><td>82</td><td>82</td><td>80</td><td colspan="4">符合《验评标准》</td></tr>
<tr><td>2</td><td colspan="2">弯沉值/(0.01mm)</td><td colspan="2">符合设计要求</td><td colspan="2">符合设计要求</td><td colspan="4">符合设计要求</td><td>按 JTG F80/1—2004 附录 I 检查</td></tr>
<tr><td>3</td><td colspan="2">平整度/mm</td><td>—</td><td>12</td><td>12</td><td>15</td><td colspan="4">符合《验评标准》</td><td>3m 直尺:每 200m 测 2 处×10 尺</td></tr>
<tr><td>4</td><td colspan="2">纵断高程/mm</td><td>—</td><td>+5,−15</td><td>+5,−15</td><td>+5,−20</td><td colspan="4">符合《验评标准》</td><td>水准仪:每 200m 测 4 个断面</td></tr>
<tr><td>5</td><td colspan="2">宽 度/mm</td><td colspan="2">符合设计要求</td><td colspan="2">符合设计要求</td><td colspan="4">符合设计要求</td><td>尺量:每 200m 测 4 处</td></tr>
<tr><td rowspan="2">6△</td><td rowspan="2">厚度/mm</td><td>代表值</td><td>—</td><td>−10</td><td>−10</td><td>−12</td><td colspan="4">符合《验评标准》</td><td rowspan="2">每 200m 每车道 2 点</td></tr>
<tr><td>合格值</td><td>—</td><td>−20</td><td>−25</td><td>−30</td><td colspan="4">符合《验评标准》</td></tr>
<tr><td>7</td><td colspan="2">横坡(%)</td><td>—</td><td>±0.5</td><td>±0.3</td><td>±0.5</td><td colspan="4">符合《验评标准》</td><td>水准仪:每 200m 测 4 个断面</td></tr>
<tr><td colspan="6">自检说明:
符合设计规范及《验评标准》的要求。
施工员:×××
××年×月×日</td><td colspan="5">监理评语:
符合设计规范及《验评标准》的要求。
监理员:×××
××年×月×日</td></tr>
</table>

施工负责人:××× 质量检查员:××× 监理工程师:×××

三、水泥砂砾基层分项工程质量检验评定表

表 3-22 水泥砂砾基层分项工程质量检验评定表

分项工程名称：6%水泥砂砾基层　　所属分部工程名称：路面工程

所属建设项目：　　工程部位：K11 +000～K12+000

施工单位：××集团有限公司　　监理单位：××工程咨询有限公司

××公路工程项目经理部　　××公路工程监理部

基本要求	粒料符合设计和施工规范的要求；摊铺时无离析现象；碾压检查合格后养生及时。

	项次	检查项目		规定值或允许偏差	实测值或实测偏差值										质量评定			
					1	2	3	4	5	6	7	8	9	10	平均值、代表值	合格率(%)	权值	得分
实测项目	1△	压实度(%)		98	98	98	98	98	98							100	3	300
	2	平整度/mm		8	8	8	8	8	8							100	2	200
	3	纵断高程/mm		+5，−10	4	6	5	4	4							80	1	80
	4	宽度/mm		符合设计要求	√	√	√	√	√							100	1	100
	5△	厚度/mm	代表值	−8	−8	−8	−8	−8	−8							100	2	200
			合格值	−15	−15	−15	−15	−15	−15									
	6	横坡(%)		±0.3	0.2	0.2	0.2	0.2	0.2							100	1	100
	7△	强度/MPa		符合设计要求	√	√	√	√	√							100	3	300
	合计																13	1280

外观鉴定	表面平整密实	减分	0	监理意见	同意施工单位的评定 签字：××× ××年×月×日
质量保证资料	资料齐全、完整、真实	减分	0		
工程质量等级评定	评分：98.46			质量等级：合格	

检验负责人：×××　　检测：×××　　记录：×××

复核：×××　　××年×月×日

第三节 路缘石和路肩工程

一、路缘石和路肩工程资料收集流程

路缘石和路肩工程资料收集流程见图 3-3。

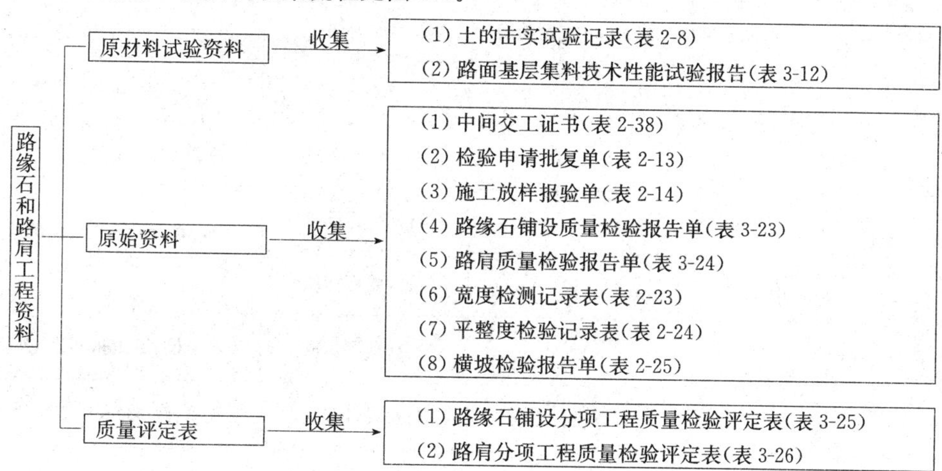

图 3-3 路缘石和路肩工程资料收集流程

二、路缘石和路肩工程原始资料表格填写范例

(1)路缘石铺设质量检验报告单。

表 3-23 **路缘石铺设质量检验报告单**

承包单位:××集团有限公司××公路工程 A2 标段项目经理部　　合同号:A2

监理单位:××工程咨询有限公司××公路工程 A2 标段监理部　　编 号:

<table>
<tr><td colspan="2">工程名称</td><td colspan="2">路面工程</td><td>施工时间</td><td>××年×月×日</td></tr>
<tr><td colspan="2">桩号及部位</td><td colspan="2">K11+000~K12+000 左侧路缘石</td><td>检验时间</td><td>××年×月×日</td></tr>
<tr><td>项次</td><td colspan="2">检查项目</td><td>规定值或允许偏差/mm</td><td>检验结果</td><td>检验频率和方法</td></tr>
<tr><td>1</td><td colspan="2">直顺度</td><td>10</td><td>符合《验评标准》</td><td>20m 拉线:每 200m 测 4 处</td></tr>
<tr><td rowspan="3">2</td><td>预制</td><td>相邻两块高差</td><td>3</td><td>符合《验评标准》</td><td>水平尺:每 200m 测 4 处</td></tr>
<tr><td>铺设</td><td>相邻两块缝宽</td><td>±3</td><td>符合《验评标准》</td><td>尺量:每 200m 测 4 处</td></tr>
<tr><td>现浇</td><td>宽度</td><td>±5</td><td>符合《验评标准》</td><td>尺量:每 200m 测 4 处</td></tr>
<tr><td>3</td><td colspan="2">顶面高程</td><td>±10</td><td>符合《验评标准》</td><td>水准仪:每 200m 测 4 处</td></tr>
<tr><td colspan="4">自检说明:

符合设计规范及《验评标准》的要求。

施工员:×××

××年×月×日</td><td colspan="2">监理评语:

符合设计规范及《验评标准》的要求。

监理员:×××

××年×月×日</td></tr>
</table>

施工负责人:×××　　质量检查员:×××　　监理工程师:×××

(2)路肩质量检验报告单。

表 3-24 路肩质量检验报告单

承包单位:××集团有限公司××公路工程 A2 标段项目经理部 合同号:A2

监理单位:××工程咨询有限公司××公路工程 A2 标段监理部 编 号:

工程名称		路面工程	施工时间	××年×月×日
桩号及部位		K11+000~K12+000 左侧路肩	检验时间	××年×月×日
项次	检查项目	规定值或允许偏差	检验结果	检验频率和方法
1	压实度(%)	不小于设计值	符合设计要求	每 200m 测 2 处
2	平整度/mm 土路肩	20	符合《验评标准》	3m 直尺:每 200m 测 2 处×4 尺
	平整度/mm 硬路肩	10	符合《验评标准》	
3	横 坡(%)	±1.0	符合《验评标准》	水准仪:每 200m 测 2 处
4	宽 度/mm	符合设计要求	符合设计要求	尺量:每 200m 测 2 处

自检说明:	监理评语:
符合设计规范及《验评标准》的要求。	符合设计规范及《验评标准》的要求。
施工员:×××	监理员:×××
××年×月×日	××年×月×日

施工负责人:××× 质量检查员:××× 监理工程师:×××

三、路缘石和路肩工程质量检验评定表

(1)路缘石铺设分项工程质量检验评定表。

表 3-25　**路缘石铺设分项工程质量检验评定表**

分项工程名称：**路缘石铺设**　所属分部工程名称：**路面工程**

所属建设项目：　工程部位：

施工单位：**××集团有限公司**　监理单位：**××工程咨询有限公司**

××公路工程项目经理部　**××公路工程监理部**

<table>
<tr><td>基本要求</td><td colspan="10">预制缘石和现浇路缘石材料质量应符合设计要求</td></tr>
<tr><td rowspan="10">实测项目</td><td rowspan="2">项次</td><td rowspan="2" colspan="2">检查项目</td><td rowspan="2">规定值或允许偏差</td><td rowspan="2">实测值或实测偏差值</td><td colspan="4">质量评定</td></tr>
<tr><td>平均值、代表值</td><td>合格率（%）</td><td>权值</td><td>得分</td></tr>
<tr><td>1</td><td colspan="2">直顺度/mm</td><td>10</td><td>5、2、3、1、0</td><td></td><td>100</td><td>3</td><td>300</td></tr>
<tr><td rowspan="3">2</td><td rowspan="2">预制铺设</td><td>相邻两块高差/mm</td><td>3</td><td>1、0、2、1、0</td><td></td><td>100</td><td>2</td><td>200</td></tr>
<tr><td>相邻两块缝宽/mm</td><td>±3</td><td>1、2、0、−1、1</td><td></td><td>100</td><td>1</td><td>100</td></tr>
<tr><td>现浇</td><td>宽度/mm</td><td>±5</td><td>3、4、3、2、3</td><td></td><td>100</td><td>2</td><td>200</td></tr>
<tr><td>3</td><td colspan="2">顶面高程/mm</td><td>±10</td><td>9、8、8、7、6、5</td><td></td><td>100</td><td>2</td><td>200</td></tr>
<tr><td></td><td colspan="2"></td><td></td><td></td><td></td><td></td><td></td><td></td></tr>
<tr><td></td><td colspan="2"></td><td></td><td></td><td></td><td></td><td></td><td></td></tr>
<tr><td colspan="4">合　计</td><td colspan="3"></td><td>10</td><td>1000</td></tr>
<tr><td colspan="2">外观鉴定</td><td colspan="2">勾缝处有杂物污染</td><td>减分</td><td>2</td><td rowspan="2">监理意见</td><td colspan="4" rowspan="2">同意施工单位的评定
签字：×××
××年×月×日</td></tr>
<tr><td colspan="2">质量保证资料</td><td colspan="2">资料齐全、完整、真实</td><td>减分</td><td>0</td></tr>
<tr><td colspan="2">工程质量等级评定</td><td colspan="9">评分：98　质量等级：合格</td></tr>
</table>

检验负责人：×××　检测：×××　记录：×××

复核：×××　××年×月×日

(2)路肩分项工程质量检验评定表。

表 3-26 **路肩分项工程质量检验评定表**

分项工程名称:**路肩** 所属分部工程名称:**路面工程**

所属建设项目: 工程部位:

施工单位:**××集团有限公司** 监理单位:**××工程咨询有限公司**

××公路工程项目经理部 **××公路工程监理部**

<table>
<tr><td>基本要求</td><td colspan="10">(1)路肩表面应平整密实,不积水;
(2)肩线应直顺,曲线圆滑;
(3)硬路肩质量要求应与路面结构层相同</td></tr>
<tr><td rowspan="10">实测项目</td><td rowspan="2">项次</td><td colspan="2" rowspan="2">检查项目</td><td rowspan="2">规定值或允许偏差</td><td rowspan="2">实测值或实测偏差值</td><td colspan="4">质量评定</td></tr>
<tr><td>平均值、代表值</td><td>合格率(%)</td><td>权值</td><td>得分</td></tr>
<tr><td>1</td><td colspan="2">压实度(%)</td><td>不小于设计</td><td>不小于设计</td><td></td><td>100</td><td>2</td><td>200</td></tr>
<tr><td rowspan="2">2</td><td rowspan="2">平整度/mm</td><td>土路肩</td><td>20</td><td>20、20、20、20、20、20</td><td></td><td rowspan="2">100</td><td rowspan="2">1</td><td rowspan="2">100</td></tr>
<tr><td>硬路肩</td><td>10</td><td>10、10、10、10、10、10</td><td></td></tr>
<tr><td>3</td><td colspan="2">横坡(%)</td><td>±1.0</td><td>2、0.5、1.2、0.9、0.8</td><td></td><td>80</td><td>1</td><td>80</td></tr>
<tr><td>4</td><td colspan="2">宽度/mm</td><td>符合设计要求</td><td>符合设计要求</td><td></td><td>100</td><td>2</td><td>200</td></tr>
<tr><td></td><td colspan="2"></td><td></td><td></td><td></td><td></td><td></td><td></td></tr>
<tr><td></td><td colspan="2"></td><td></td><td></td><td></td><td></td><td></td><td></td></tr>
<tr><td colspan="4">合 计</td><td colspan="3"></td><td>6</td><td>580</td></tr>
<tr><td colspan="2">外观鉴定</td><td colspan="2">有阻水现象</td><td>减分</td><td>2</td><td rowspan="2">监理意见</td><td colspan="4" rowspan="2">同意施工单位的评定
签字:×××
××年×月×日</td></tr>
<tr><td colspan="2">质量保证资料</td><td colspan="2">资料齐全、完整、真实</td><td>减分</td><td>0</td></tr>
<tr><td colspan="2">工程质量等级评定</td><td colspan="5">评分:94.67</td><td colspan="4">质量等级:合格</td></tr>
</table>

检验负责人:××× 检测:××× 记录:×××

复核:××× ××年×月×日

第四章　公路桥梁工程资料

第一节　桥梁基础及下部构造

一、桥梁基础及下部构造资料收集流程

桥梁基础及下部构造资料收集流程见图 4-1。

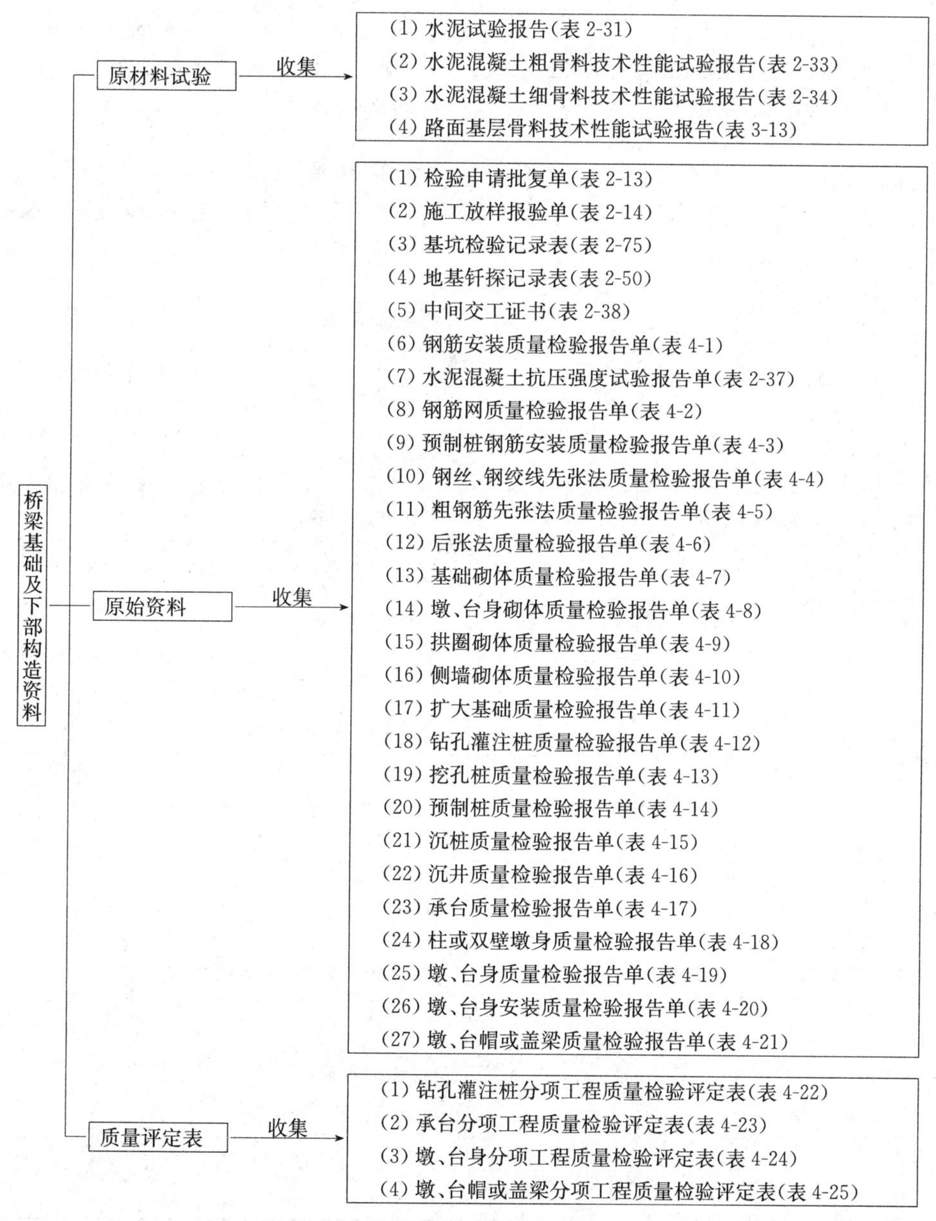

图 4-1　桥梁基础及下部构造资料收集流程

二、桥梁基础及下部构造原始资料表格填写范例

(1)钢筋安装质量检验报告单。

表 4-1 钢筋安装质量检验报告单

承包单位:××集团有限公司××公路工程 A2 标段项目经理部 合同号:A2

监理单位:××工程咨询有限公司××公路工程 A2 标段监理部 编 号:

<table>
<tr><td colspan="2">工程名称</td><td colspan="2">K11+000 大桥</td><td>施工时间</td><td>××年×月×日</td></tr>
<tr><td colspan="2">桩号及部位</td><td colspan="2">K11+000 大桥基础钢筋</td><td>检验时间</td><td>××年×月×日</td></tr>
<tr><td>项次</td><td colspan="3">检查项目</td><td>规定值或允许偏差/mm</td><td>检验结果</td><td>检验频率和方法</td></tr>
<tr><td rowspan="4">1△</td><td rowspan="4">受力钢筋间距</td><td colspan="2">两排以上排距</td><td>±5</td><td>符合《验评标准》</td><td rowspan="4">尺量:每构件检查 2 个断面</td></tr>
<tr><td rowspan="2">同排</td><td>梁、板、拱肋</td><td>±10</td><td>符合《验评标准》</td></tr>
<tr><td>基础、锚碇、墩台、柱</td><td>±20</td><td>符合《验评标准》</td></tr>
<tr><td colspan="2">灌注桩</td><td>±20</td><td>符合《验评标准》</td></tr>
<tr><td>2</td><td colspan="3">箍筋、横向水平钢筋、螺旋筋间距</td><td>±10</td><td>符合《验评标准》</td><td>尺量:每构件检查 5～10 个间距</td></tr>
<tr><td rowspan="2">3</td><td rowspan="2">钢筋骨架尺寸</td><td colspan="2">长</td><td>±10</td><td>符合《验评标准》</td><td rowspan="2">尺量:按骨架总数 30%抽查</td></tr>
<tr><td colspan="2">宽、高或直径</td><td>±5</td><td>符合《验评标准》</td></tr>
<tr><td>4</td><td colspan="3">弯起钢筋位置</td><td>±20</td><td>符合《验评标准》</td><td>尺量:每骨架抽查 30%</td></tr>
<tr><td rowspan="3">5△</td><td rowspan="3">保护层厚 度</td><td colspan="2">柱、梁、拱肋</td><td>±5</td><td>符合《验评标准》</td><td rowspan="3">尺量:每构件沿模板周边检查 8 处</td></tr>
<tr><td colspan="2">基础、锚碇、墩台</td><td>±10</td><td>符合《验评标准》</td></tr>
<tr><td colspan="2">板</td><td>±3</td><td>符合《验评标准》</td></tr>
<tr><td></td><td></td><td colspan="2"></td><td></td><td></td><td></td></tr>
<tr><td></td><td></td><td colspan="2"></td><td></td><td></td><td></td></tr>
<tr><td colspan="5">自检说明:

符合设计规范及《验评标准》的要求。

施工员:×××

××年×月×日</td><td colspan="2">监理评语:

符合设计规范及《验评标准》的要求。

监理员:×××

××年×月×日</td></tr>
</table>

施工负责人:××× 质量检查员:××× 监理工程师:×××

(2)钢筋网质量检验报告单。

表 4-2　　**钢筋网质量检验报告单**

承包单位:××**集团有限公司××公路工程 A2 标段项目经理部**　　合同号:**A2**

监理单位:××**工程咨询有限公司××公路工程 A2 标段监理部**　　编　号:

工程名称		**K11+000 大桥**	施工时间	××年×月×日
桩号及部位		**K11+000 大桥基础钢筋**	检验时间	××年×月×日
项次	检查项目	规定值或允许偏差/mm	检验结果	检验频率和方法
1	网的长、宽	±10	**符合《验评标准》**	**尺量:全部**
2	网眼尺寸	±10	**符合《验评标准》**	**尺量:抽查 3 个网眼**
3	对角线差	15	**符合《验评标准》**	**尺量:抽查 3 个网眼对角线**

自检说明:	监理评语:
符合设计规范及《验评标准》的要求。 施工员:××× ××年×月×日	**符合设计规范及《验评标准》的要求。** 监理员:××× ××年×月×日

施工负责人:×××　　质量检查员:×××　　监理工程师:×××

(3)预制桩钢筋安装质量检验报告单。

表 4-3 预制桩钢筋安装质量检验报告单

承包单位:××集团有限公司××公路工程 A2 标段项目经理部 合同号:A2

监理单位:××工程咨询有限公司××公路工程 A2 标段监理部 编 号:

工程名称		K11+000 大桥	施工时间	××年×月×日
桩号及部位		K11+000 大桥桩基	检验时间	××年×月×日
项次	检查项目	规定值或允许偏差/mm	检验结果	检验频率和方法
1△	纵向钢筋间距	±5	符合《验评标准》	尺量:抽查 3 个断面
2	箍筋、螺旋筋间距	±10	符合《验评标准》	尺量:抽查 5 个间距
3△	纵向钢筋保护层厚度	±5	符合《验评标准》	尺量:抽查 3 个断面,每个断面 4 处
4	柱顶钢筋网片位置	±5	符合《验评标准》	尺量:每桩
5	柱尖纵向钢筋位置	±5	符合《验评标准》	尺量:每桩
自检说明: 符合设计规范及《验评标准》的要求。 施工员:××× ××年×月×日			监理评语: 符合设计规范及《验评标准》的要求。 监理员:××× ××年×月×日	

施工负责人:××× 质量检查员:××× 监理工程师:×××

(4)钢丝、钢绞线先张法质量检验报告单。

表 4-4 钢丝、钢绞线先张法质量检验报告单

承包单位:××集团有限公司××公路工程 A2 标段项目经理部 合同号:A2

监理单位:××工程咨询有限公司××公路工程 A2 标段监理部 编 号:

<table>
<tr><td colspan="2">工程名称</td><td colspan="2">K11+000 大桥</td><td>施工时间</td><td>××年×月×日</td></tr>
<tr><td colspan="2">桩号及部位</td><td colspan="2">K11+000 大桥预应力筋
的加工和张拉</td><td>检验时间</td><td>××年×月×日</td></tr>
<tr><td>项次</td><td colspan="2">检查项目</td><td>规定值或允许偏差</td><td>检验结果</td><td>检验频率和方法</td></tr>
<tr><td rowspan="3">1</td><td rowspan="3">墩头钢丝
同束长度
相对差/mm</td><td>L>20m</td><td>L/5000 及 5</td><td>符合《验评标准》</td><td rowspan="3">尺量:每批抽查 2 束</td></tr>
<tr><td>6≤L≤20m</td><td>L/3000</td><td>符合《验评标准》</td></tr>
<tr><td>L<6m</td><td>2</td><td>符合《验评标准》</td></tr>
<tr><td>2△</td><td colspan="2">张拉应力值</td><td>符合设计要求</td><td>符合《验评标准》</td><td>查油压表读数,每束</td></tr>
<tr><td>3△</td><td colspan="2">张拉伸长率</td><td>符合设计规定,设计未规定时±6%</td><td>符合《验评标准》</td><td>尺量:每束</td></tr>
<tr><td>4</td><td colspan="2">同一构件内断丝根数
不超过钢丝总数的百分比</td><td>1%</td><td>符合《验评标准》</td><td>目测:每根(束)检查</td></tr>
<tr><td></td><td colspan="2"></td><td></td><td></td><td></td></tr>
<tr><td></td><td colspan="2"></td><td></td><td></td><td></td></tr>
<tr><td></td><td colspan="2"></td><td></td><td></td><td></td></tr>
<tr><td></td><td colspan="2"></td><td></td><td></td><td></td></tr>
<tr><td></td><td colspan="2"></td><td></td><td></td><td></td></tr>
<tr><td colspan="4">自检说明:
符合设计规范及《验评标准》的要求。
施工员:×××
××年×月×日</td><td colspan="2">监理评语:
符合设计规范及《验评标准》的要求。
监理员:×××
××年×月×日</td></tr>
</table>

施工负责人:××× 质量检查员:××× 监理工程师:×××

(5)粗钢筋先张法质量检验报告单。

表 4-5

粗钢筋先张法质量检验报告单

承包单位:××集团有限公司××公路工程 A2 标段项目经理部 合同号:A2

监理单位:××工程咨询有限公司××公路工程 A2 标段监理部 编 号:

工程名称		K11+000 大桥	施工时间	××年×月×日
桩号及部位		K11+000 大桥预应力筋的加工和张拉	检验时间	××年×月×日
项次	检查项目	规定值或允许偏差	检验结果	检验频率和方法
1	冷拉钢筋接头在同一平面内的轴线偏位/mm	2 及 1/10 直径	符合《验评标准》	拉线用尺量:抽查 30%
2	中心偏位/mm	4%短边及 5	符合《验评标准》	尺量:全部
3△	张拉应力值	符合设计要求	符合《验评标准》	查油压表读数:全部
4△	张拉伸长率	符合设计规定,设计未规定时±6%	符合《验评标准》	尺量:全部
自检说明: 符合设计规范及《验评标准》的要求。 施工员:××× ××年×月×日			监理评语: 符合设计规范及《验评标准》的要求。 监理员:××× ××年×月×日	

施工负责人:××× 质量检查员:××× 监理工程师:×××

(6)后张法质量检验报告单。

表 4-6　　**后张法质量检验报告单**

承包单位:××集团有限公司××公路工程 A2 标段项目经理部　　合同号:A2

监理单位:××工程咨询有限公司××公路工程 A2 标段监理部　　编　号:

工程名称	K11＋000 大桥	施工时间	××年×月×日
桩号及部位	K11＋000 大桥预应力筋的加工和张拉	检验时间	××年×月×日

项次	检查项目		规定值或允许偏差	检验结果	检验频率和方法
1	管道坐标/mm	梁长方向	±30	符合《验评标准》	尺量:抽查 30%,每根检查 10 个点
		梁高方向	±10	符合《验评标准》	
2	管道间距/mm	同　排	10	符合《验评标准》	尺量:抽查 30%,每根检查 5 个点
		上下层	10	符合《验评标准》	
3△	张拉应力值		符合设计要求	符合《验评标准》	查油压表读数:全部
4△	张拉伸长率		符合设计规定,设计未规定时±6%	符合《验评标准》	尺量:全部
5	断丝滑丝数	钢　束	每束 1 根,且每断面不超过钢丝总数的 1%	符合《验评标准》	目测:每根(束)
		钢　筋	不允许	符合《验评标准》	

自检说明:	监理评语:
符合设计规范及《验评标准》的要求。	符合设计规范及《验评标准》的要求。
施工员:×××	监理员:×××
××年×月×日	××年×月×日

施工负责人:×××　　质量检查员:×××　　监理工程师:×××

(7)基础砌体质量检验报告单。

表 4-7　　基础砌体质量检验报告单

承包单位:××集团有限公司××公路工程 A2 标段项目经理部　　合同号:A2

监理单位:××工程咨询有限公司××公路工程 A2 标段监理部　　编　号:

<table>
<tr><td colspan="3">工程名称</td><td>K11+000 大桥</td><td>施工时间</td><td>××年×月×日</td></tr>
<tr><td colspan="3">桩号及部位</td><td>K11+000 大桥扩大基础</td><td>检验时间</td><td>××年×月×日</td></tr>
<tr><td>项次</td><td colspan="2">检查项目</td><td>规定值或允许偏差</td><td>检验结果</td><td>检验频率和方法</td></tr>
<tr><td>1△</td><td colspan="2">砂浆强度/MPa</td><td>在合格标准内</td><td>符合《验评标准》</td><td>按 JTG F80/1—2004 附录 F 检查</td></tr>
<tr><td>2</td><td colspan="2">轴线偏位/mm</td><td>25</td><td>符合《验评标准》</td><td>经纬仪:纵、横各测量 2 点</td></tr>
<tr><td>3</td><td colspan="2">断面尺寸/mm</td><td>±50</td><td>符合《验评标准》</td><td>尺量:长、宽各 3 处</td></tr>
<tr><td>4</td><td colspan="2">顶面高程/mm</td><td>±30</td><td>符合《验评标准》</td><td>水准仪:测 5～8 点</td></tr>
<tr><td rowspan="2">5△</td><td rowspan="2">基础高程</td><td>土　质</td><td>±50</td><td>符合《验评标准》</td><td rowspan="2">水准仪:测 5～8 点</td></tr>
<tr><td>石　质</td><td>+50,−200</td><td>符合《验评标准》</td></tr>
<tr><td></td><td colspan="2"></td><td></td><td></td><td></td></tr>
<tr><td></td><td colspan="2"></td><td></td><td></td><td></td></tr>
<tr><td></td><td colspan="2"></td><td></td><td></td><td></td></tr>
<tr><td></td><td colspan="2"></td><td></td><td></td><td></td></tr>
<tr><td></td><td colspan="2"></td><td></td><td></td><td></td></tr>
<tr><td></td><td colspan="2"></td><td></td><td></td><td></td></tr>
<tr><td></td><td colspan="2"></td><td></td><td></td><td></td></tr>
<tr><td colspan="4">自检说明:

符合设计规范及《验评标准》的要求。

施工员:×××

××年×月×日</td><td colspan="2">监理评语:

符合设计规范及《验评标准》的要求。

监理员:×××

××年×月×日</td></tr>
</table>

施工负责人:×××　　质量检查员:×××　　监理工程师:×××

(8)墩、台身砌体质量检验报告单。

表 4-8 **墩、台身砌体质量检验报告单**

承包单位:××集团有限公司××公路工程 A2 标段项目经理部 合同号:A2

监理单位:××工程咨询有限公司××公路工程 A2 标段监理部 编 号:

<table>
<tr><td colspan="3">工程名称</td><td>K11+000 大桥</td><td>施工时间</td><td>××年×月×日</td></tr>
<tr><td colspan="3">桩号及部位</td><td>K11+000 大桥墩台身砌体</td><td>检验时间</td><td>××年×月×日</td></tr>
<tr><td>项次</td><td colspan="2">检查项目</td><td>规定值或允许偏差</td><td>检验结果</td><td>检验频率和方法</td></tr>
<tr><td>1△</td><td colspan="2">砂浆强度/MPa</td><td>在合格标准内</td><td>符合《验评标准》</td><td>按 JTG F80/1—2004 附录 F 检查</td></tr>
<tr><td>2</td><td colspan="2">轴线偏位/mm</td><td>20</td><td>符合《验评标准》</td><td>全站仪或经纬仪:纵、横各测量 2 处</td></tr>
<tr><td rowspan="3">3</td><td rowspan="3">墩 台
长、宽
/mm</td><td>料 石</td><td>+20,−10</td><td>符合《验评标准》</td><td rowspan="3">尺量:检查 3 个断面</td></tr>
<tr><td>块 石</td><td>+30,−10</td><td>符合《验评标准》</td></tr>
<tr><td>片 石</td><td>+40,−10</td><td>符合《验评标准》</td></tr>
<tr><td rowspan="2">4</td><td rowspan="2">竖直度或
坡度(%)</td><td>料石、块石</td><td>0.3</td><td>符合《验评标准》</td><td rowspan="2">垂线或经纬仪:纵、横各测量 2 处</td></tr>
<tr><td>片 石</td><td>0.5</td><td>符合《验评标准》</td></tr>
<tr><td>5△</td><td colspan="2">墩、台顶面高程/mm</td><td>±10</td><td>符合《验评标准》</td><td>水准仪:测量 3 点</td></tr>
<tr><td rowspan="3">6</td><td rowspan="3">大面积
平整度
/mm</td><td>料 石</td><td>10</td><td>符合《验评标准》</td><td rowspan="3">2m 直尺:检查竖直、水平两个方向,每 20m 测 1 处</td></tr>
<tr><td>块 石</td><td>20</td><td>符合《验评标准》</td></tr>
<tr><td>片 石</td><td>30</td><td>符合《验评标准》</td></tr>
<tr><td></td><td></td><td></td><td></td><td></td><td></td></tr>
<tr><td></td><td></td><td></td><td></td><td></td><td></td></tr>
<tr><td colspan="4">自检说明:

符合设计规范及《验评标准》的要求。

施工员:×××

××年×月×日</td><td colspan="2">监理评语:

符合设计规范及《验评标准》的要求。

监理员:×××

××年×月×日</td></tr>
</table>

施工负责人:××× 质量检查员:××× 监理工程师:×××

(9)拱圈砌体质量检验报告单。

表 4-9　　拱圈砌体质量检验报告单

承包单位:××集团有限公司××公路工程 A2 标段项目经理部　　合同号:A2

监理单位:××工程咨询有限公司××公路工程 A2 标段监理部　　编　号:

<table>
<tr><td colspan="2">工程名称</td><td colspan="2">K11+000 大桥</td><td>施工时间</td><td>××年×月×日</td></tr>
<tr><td colspan="2">桩号及部位</td><td colspan="2">K11+000 大桥墩台身砌体</td><td>检验时间</td><td>××年×月×日</td></tr>
<tr><td>项次</td><td colspan="2">检查项目</td><td>规定值或允许偏差</td><td>检验结果</td><td>检验频率和方法</td></tr>
<tr><td>1△</td><td colspan="2">砂浆强度/MPa</td><td>在合格标准内</td><td>符合《验评标准》</td><td>按 JTG F80/1—2004 附录 F 检查</td></tr>
<tr><td rowspan="2">2</td><td rowspan="2">砌体外侧平面偏位/mm</td><td>无镶面</td><td>+30,−10</td><td>符合《验评标准》</td><td rowspan="2">经纬仪:检查拱脚、拱顶、1/4 跨共 5 处</td></tr>
<tr><td>有镶面</td><td>+20,−10</td><td>符合《验评标准》</td></tr>
<tr><td>3△</td><td colspan="2">拱圈厚度/mm</td><td>+30,−0</td><td>符合《验评标准》</td><td>尺量:检查拱脚、拱顶、1/4 跨共 5 处</td></tr>
<tr><td rowspan="2">4</td><td rowspan="2">相邻镶面石砌块表层错位/mm</td><td>料石、混凝土预制块</td><td>3</td><td>符合《验评标准》</td><td rowspan="2">拉线用尺量:检查 3~5 处</td></tr>
<tr><td>块　石</td><td>5</td><td>符合《验评标准》</td></tr>
<tr><td rowspan="3">5△</td><td rowspan="3">内弧线偏离设计弧线/mm</td><td>跨径≤30m</td><td>±20</td><td>符合《验评标准》</td><td rowspan="3">水准仪或尺量:检查拱脚、拱顶、1/4 跨共 5 处高程</td></tr>
<tr><td>跨径>30m</td><td>±1/1500 跨径</td><td>符合《验评标准》</td></tr>
<tr><td>极　值</td><td>拱腹四分点:允许偏差的 2 倍且反向</td><td>符合《验评标准》</td></tr>
<tr><td></td><td colspan="2"></td><td></td><td></td><td></td></tr>
<tr><td></td><td colspan="2"></td><td></td><td></td><td></td></tr>
<tr><td></td><td colspan="2"></td><td></td><td></td><td></td></tr>
<tr><td colspan="3">自检说明:

符合设计规范及《验评标准》的要求。

施工员:×××

××年×月×日</td><td colspan="3">监理评语:

符合设计规范及《验评标准》的要求。

监理员:×××

××年×月×日</td></tr>
</table>

施工负责人:×××　　质量检查员:×××　　监理工程师:×××

(10)侧墙砌体质量检验报告单。

表 4-10　　**侧墙砌体质量检验报告单**

承包单位：××集团有限公司××公路工程 A2 标段项目经理部　　合同号：A2

监理单位：××工程咨询有限公司××公路工程 A2 标段监理部　　编　号：

工程名称		K11+000 大桥	施工时间	××年×月×日
桩号及部位		K11+000 大桥墩台身砌体	检验时间	××年×月×日

项次	检查项目		规定值或允许偏差	检验结果	检验频率和方法
1△	砂浆强度/MPa		在合格标准内	符合《验评标准》	按 JTG F80/1—2004 附录 F 检查
2	外侧平面偏位/mm	无镶面	+30，−10	符合《验评标准》	经纬仪：抽查 5 处
		有镶面	+20，−10	符合《验评标准》	
3△	宽　度/mm		+40，−10	符合《验评标准》	尺量：检查 5 处
4	顶面高程/mm		±10	符合《验评标准》	水准仪：检查 5 处
5	竖直度或坡度/mm	片石砌体	0.5	符合《验评标准》	吊垂线：每侧墙面检查 1～2 处
		块石、粗料石、混凝土块石镶面	0.3	符合《验评标准》	

自检说明：	监理评语：
符合设计规范及《验评标准》的要求。	符合设计规范及《验评标准》的要求。
施工员：×××	监理员：×××
××年×月×日	××年×月×日

施工负责人：×××　　质量检查员：×××　　监理工程师：×××

(11)扩大基础质量检验报告单。

表 4-11 **扩大基础质量检验报告单**

承包单位：××集团有限公司××公路工程 A2 标段项目经理部 合同号：A2

监理单位：××工程咨询有限公司××公路工程 A2 标段监理部 编 号：

<table>
<tr><td colspan="3">工程名称</td><td>K11＋000 大桥</td><td>施工时间</td><td>××年×月×日</td></tr>
<tr><td colspan="3">桩号及部位</td><td>K11＋000 大桥基础</td><td>检验时间</td><td>××年×月×日</td></tr>
<tr><td>项次</td><td colspan="2">检查项目</td><td>规定值或允许偏差</td><td>检验结果</td><td>检验频率和方法</td></tr>
<tr><td>1△</td><td colspan="2">混凝土强度/MPa</td><td>在合格标准内</td><td>符合《验评标准》</td><td>按 JTG F80/1—2004 附录 D 检查</td></tr>
<tr><td>2</td><td colspan="2">平面尺寸/mm</td><td>±50</td><td>符合《验评标准》</td><td>尺量：长、宽各检查 3 处</td></tr>
<tr><td rowspan="2">3△</td><td rowspan="2">基础底面高程/mm</td><td>土 质</td><td>±50</td><td>符合《验评标准》</td><td rowspan="2">水准仪：测量 5～8 点</td></tr>
<tr><td>石 质</td><td>＋50，－200</td><td>符合《验评标准》</td></tr>
<tr><td>4</td><td colspan="2">基础顶面高程/mm</td><td>±30</td><td>符合《验评标准》</td><td>水准仪：测量 5～8 点</td></tr>
<tr><td>5</td><td colspan="2">轴线偏位/mm</td><td>25</td><td>符合《验评标准》</td><td>全站仪或经纬仪：纵、横各检查 2 点</td></tr>
<tr><td></td><td colspan="2"></td><td></td><td></td><td></td></tr>
<tr><td></td><td colspan="2"></td><td></td><td></td><td></td></tr>
<tr><td></td><td colspan="2"></td><td></td><td></td><td></td></tr>
<tr><td></td><td colspan="2"></td><td></td><td></td><td></td></tr>
<tr><td></td><td colspan="2"></td><td></td><td></td><td></td></tr>
<tr><td></td><td colspan="2"></td><td></td><td></td><td></td></tr>
<tr><td colspan="4">自检说明：
符合设计规范及《验评标准》的要求。
施工员：×××
××年×月×日</td><td colspan="2">监理评语：
符合设计规范及《验评标准》的要求。
监理员：×××
××年×月×日</td></tr>
</table>

施工负责人：××× 质量检查员：××× 监理工程师：×××

(12)钻孔灌注桩质量检验报告单。

表 4-12

钻孔灌注桩质量检验报告单

承包单位:××集团有限公司××公路工程 A2 标段项目经理部

监理单位:××工程咨询有限公司××公路工程 A2 标段监理部

合同号:A2

编　号:

<table>
<tr><td colspan="2">工程名称</td><td colspan="2">K11+000 大桥</td><td>施工时间</td><td>××年×月×日</td></tr>
<tr><td colspan="2">桩号及部位</td><td colspan="2">K11+000 大桥桩基</td><td>检验时间</td><td>××年×月×日</td></tr>
<tr><td>项次</td><td colspan="3">检查项目</td><td>规定值或允许偏差</td><td>检验结果</td><td>检验频率和方法</td></tr>
<tr><td>1△</td><td colspan="3">混凝土强度/MPa</td><td>在合格标准内</td><td>符合《验评标准》</td><td>按 JTG F80/1—2004 附录 D 检查</td></tr>
<tr><td rowspan="3">2△</td><td rowspan="3">桩位/mm</td><td colspan="2">群　桩</td><td>100</td><td>符合《验评标准》</td><td rowspan="3">全站仪或经纬仪:每桩检查</td></tr>
<tr><td rowspan="2">排架桩</td><td>允许</td><td>50</td><td>符合《验评标准》</td></tr>
<tr><td>极值</td><td>100</td><td>符合《验评标准》</td></tr>
<tr><td>3△</td><td colspan="3">孔深/m</td><td>不小于设计</td><td>符合设计要求</td><td>测绳量:每桩测量</td></tr>
<tr><td>4△</td><td colspan="3">孔径/mm</td><td>不小于设计</td><td>符合设计要求</td><td>探孔器:每桩测量</td></tr>
<tr><td>5</td><td colspan="3">钻孔倾斜度/mm</td><td>1%桩长,
且不大于 500</td><td>符合《验评标准》</td><td>用测壁(斜)仪或钻杆垂线法:每桩检查</td></tr>
<tr><td rowspan="2">6△</td><td rowspan="2">沉淀厚度/mm</td><td colspan="2">摩擦桩</td><td>符合设计规定,
设计未规定时
按施工规范要求</td><td>符合设计及
施工规范要求</td><td rowspan="2">沉淀盒或标准测锤:每桩检查</td></tr>
<tr><td colspan="2">支承桩</td><td>不大于设计规定</td><td>符合设计要求</td></tr>
<tr><td>7</td><td colspan="3">钢筋骨架底面高程/mm</td><td>±50</td><td>符合《验评标准》</td><td>水准仪:测每桩骨架顶面高程后反算</td></tr>
<tr><td></td><td colspan="3"></td><td></td><td></td><td></td></tr>
<tr><td></td><td colspan="3"></td><td></td><td></td><td></td></tr>
<tr><td colspan="5">自检说明:

符合设计规范及《验评标准》的要求。

施工员:×××

××年×月×日</td><td colspan="2">监理评语:

符合设计规范及《验评标准》的要求。

监理员:×××

××年×月×日</td></tr>
</table>

施工负责人:×××　　质量检查员:×××　　监理工程师:×××

(13)挖孔桩质量检验报告单。

表 4-13 挖孔桩质量检验报告单

承包单位:××集团有限公司××公路工程 A2 标段项目经理部 合同号:A2

监理单位:××工程咨询有限公司××公路工程 A2 标段监理部 编 号:

<table>
<tr><td colspan="4">工程名称</td><td>K11+000 大桥</td><td>施工时间</td><td>××年×月×日</td></tr>
<tr><td colspan="4">桩号及部位</td><td>K11+000 大桥桩基</td><td>检验时间</td><td>××年×月×日</td></tr>
<tr><td>项次</td><td colspan="3">检查项目</td><td>规定值或允许偏差</td><td>检验结果</td><td>检验频率和方法</td></tr>
<tr><td>1△</td><td colspan="3">混凝土强度/MPa</td><td>在合格标准内</td><td>符合《验评标准》</td><td>按 JTG F80/1—2004 附录 D 检查</td></tr>
<tr><td rowspan="3">2△</td><td rowspan="3">桩位/mm</td><td colspan="2">群 桩</td><td>100</td><td>符合《验评标准》</td><td rowspan="3">全站仪或经纬仪:每桩检查</td></tr>
<tr><td rowspan="2">排架桩</td><td>允许</td><td>50</td><td>符合《验评标准》</td></tr>
<tr><td>极值</td><td>100</td><td>符合《验评标准》</td></tr>
<tr><td>3△</td><td colspan="3">孔深/mm</td><td>不小于设计值</td><td>符合设计要求</td><td>测绳量:每桩测量</td></tr>
<tr><td>4△</td><td colspan="3">孔径/mm</td><td>不小于设计值</td><td>符合设计要求</td><td>探孔器:每桩测量</td></tr>
<tr><td>5</td><td colspan="3">孔的倾斜度/mm</td><td>0.5%桩长,
且不大于 200</td><td>符合《验评标准》</td><td>垂线法:每桩检查</td></tr>
<tr><td>6</td><td colspan="3">钢筋骨架底面高程/mm</td><td>±50</td><td>符合《验评标准》</td><td>水准仪测骨架顶面高程后反算:每桩检查</td></tr>
<tr><td></td><td colspan="3"></td><td></td><td></td><td></td></tr>
<tr><td></td><td colspan="3"></td><td></td><td></td><td></td></tr>
<tr><td></td><td colspan="3"></td><td></td><td></td><td></td></tr>
<tr><td></td><td colspan="3"></td><td></td><td></td><td></td></tr>
<tr><td colspan="5">自检说明:

符合设计规范及《验评标准》的要求。

施工员:×××

××年×月×日</td><td colspan="2">监理评语:

符合设计规范及《验评标准》的要求。

监理员:×××

××年×月×日</td></tr>
</table>

施工负责人:××× 质量检查员:××× 监理工程师:×××

(14)预制桩质量检验报告单。

表 4-14

预制桩质量检验报告单

承包单位:××集团有限公司××公路工程 A2 标段项目经理部　　合同号:A2

监理单位:××工程咨询有限公司××公路工程 A2 标段监理部　　编　号:

<table>
<tr><td colspan="3">工程名称</td><td>K11+000 大桥</td><td>施工时间</td><td>××年×月×日</td></tr>
<tr><td colspan="3">桩号及部位</td><td>K11+000 大桥桩基</td><td>检验时间</td><td>××年×月×日</td></tr>
<tr><td>项次</td><td colspan="2">检查项目</td><td>规定值或允许偏差</td><td>检验结果</td><td>检验频率和方法</td></tr>
<tr><td>1△</td><td colspan="2">混凝土强度/MPa</td><td>在合格标准内</td><td>符合《验评标准》</td><td>按 JTG F80/1—2004 附录 D 检查</td></tr>
<tr><td>2</td><td colspan="2">长度/mm</td><td>±50</td><td>符合《验评标准》</td><td>尺量:每桩检查</td></tr>
<tr><td rowspan="3">3</td><td rowspan="3">横截面/mm</td><td>桩的边长</td><td>±5</td><td>符合《验评标准》</td><td rowspan="3">尺量:每预制件检查 2 个断面,检查 10%</td></tr>
<tr><td>空心桩空心(管芯)直径</td><td>±5</td><td>符合《验评标准》</td></tr>
<tr><td>空心中心与桩中心偏差</td><td>±5</td><td>符合《验评标准》</td></tr>
<tr><td>4</td><td colspan="2">桩尖对桩的纵轴线/mm</td><td>10</td><td>符合《验评标准》</td><td>尺量:抽查 10%</td></tr>
<tr><td>5</td><td colspan="2">桩纵轴线弯曲矢高/mm</td><td>0.1%桩长,且不大于 20</td><td>符合《验评标准》</td><td>沿桩长拉线量,取最大矢高:抽查 10%</td></tr>
<tr><td>6</td><td colspan="2">桩顶面与桩纵轴线倾斜偏差/mm</td><td>1%桩径或边长,且不大于 3</td><td>符合《验评标准》</td><td>角尺:抽检 10%</td></tr>
<tr><td>7</td><td colspan="2">接桩的接头平面与桩轴平面垂直度</td><td>0.5%</td><td>符合《验评标准》</td><td>角尺:抽检 20%</td></tr>
<tr><td></td><td colspan="2"></td><td></td><td></td><td></td></tr>
<tr><td></td><td colspan="2"></td><td></td><td></td><td></td></tr>
<tr><td></td><td colspan="2"></td><td></td><td></td><td></td></tr>
<tr><td colspan="4">自检说明:

符合设计规范及《验评标准》的要求。

施工员:×××

××年×月×日</td><td colspan="2">监理评语:

符合设计规范及《验评标准》的要求。

监理员:×××

××年×月×日</td></tr>
</table>

施工负责人:×××　　质量检查员:×××　　监理工程师:×××

(15)沉桩质量检验报告单。

表 4-15　　　　**沉桩质量检验报告单**

承包单位:××集团有限公司××公路工程 A2 标段项目经理部　　　　合同号:A2

监理单位:××工程咨询有限公司××公路工程 A2 标段监理部　　　　编　号:

<table>
<tr><td colspan="3">工程名称</td><td colspan="2">K11+000 大桥</td><td>施工时间</td><td>××年×月×日</td></tr>
<tr><td colspan="3">桩号及部位</td><td colspan="2">K11+000 大桥桩基</td><td>检验时间</td><td>××年×月×日</td></tr>
<tr><td>项次</td><td colspan="3">检查项目</td><td>规定值或允许偏差</td><td>检验结果</td><td>检验频率和方法</td></tr>
<tr><td rowspan="4">1</td><td rowspan="4">桩位
/mm</td><td rowspan="2">群桩</td><td>中间桩</td><td>$d/2$ 且不大于 250</td><td>符合《验评标准》</td><td rowspan="4">全站仪或经纬仪:检查 20%</td></tr>
<tr><td>外缘桩</td><td>$d/4$</td><td>符合《验评标准》</td></tr>
<tr><td rowspan="2">排架桩</td><td>顺桥方向</td><td>40</td><td>符合《验评标准》</td></tr>
<tr><td>垂直桥轴方向</td><td>50</td><td>符合《验评标准》</td></tr>
<tr><td rowspan="2">2△</td><td colspan="3">桩尖高程/mm</td><td>不高于设计规定</td><td>符合《验评标准》</td><td rowspan="2">水准仪测桩顶面高程后反算:每桩检查</td></tr>
<tr><td colspan="3">贯入度/mm</td><td>小于设计规定</td><td>符合《验评标准》</td></tr>
<tr><td rowspan="2">3</td><td colspan="2" rowspan="2">倾斜度</td><td>直　桩</td><td>1%</td><td>符合《验评标准》</td><td rowspan="2">垂线法:每桩检查</td></tr>
<tr><td>斜　桩</td><td>15%$\tan\theta$</td><td>符合《验评标准》</td></tr>
<tr><td></td><td colspan="2"></td><td></td><td></td><td></td><td></td></tr>
<tr><td></td><td colspan="2"></td><td></td><td></td><td></td><td></td></tr>
<tr><td></td><td colspan="2"></td><td></td><td></td><td></td><td></td></tr>
<tr><td></td><td colspan="2"></td><td></td><td></td><td></td><td></td></tr>
<tr><td></td><td colspan="2"></td><td></td><td></td><td></td><td></td></tr>
<tr><td colspan="5">自检说明:

符合设计规范及《验评标准》的要求。

施工员:×××

××年×月×日</td><td colspan="2">监理评语:

符合设计规范及《验评标准》的要求。

监理员:×××

××年×月×日</td></tr>
</table>

施工负责人:×××　　　　质量检查员:×××　　　　监理工程师:×××

(16)沉井质量检验报告单。

表 4-16　　**沉井质量检验报告单**

承包单位:××集团有限公司××公路工程 A2 标段项目经理部　　合同号:A2

监理单位:××工程咨询有限公司××公路工程 A2 标段监理部　　编　号:

工程名称		K11+000 大桥		施工时间	××年×月×日
桩号及部位		K11+000 大桥桩基		检验时间	××年×月×日
项次	检查项目		规定值或允许偏差	检验结果	检验频率和方法
1△	各节沉井混凝土强度/MPa		在合格标准内	符合《验评标准》	按 JTG F80/1—2004 附录 D 检查
2	沉井平面尺寸/mm	长、宽	±0.5%边长,大于 24m 时±120	符合《验评标准》	尺量:每节段
		半　径	±0.5%半径,大于 12m 时±60	符合《验评标准》	
3	井壁厚度/mm	混凝土	+40,−30	符合《验评标准》	尺量:每节段沿周边量 4 点
		钢壳和钢筋混凝土	±15	符合《验评标准》	
4	沉井刃脚高程/mm		符合设计要求	符合设计要求	水准仪:测 4～8 处顶面高程反算
5△	中心偏位(纵、横向)/mm	一　般	1/50 井高	符合《验评标准》	全站仪或经纬仪:测沉井两轴线交点
		浮　式	1/50 井高+250	符合《验评标准》	
6	沉井最大倾斜度(纵、横向)/mm		1/50 井高	符合《验评标准》	吊垂线:检查两轴线 1～2 处
7	平面扭转角(°)	一　般	1	符合《验评标准》	全站仪或经纬仪:测沉井两轴线
		浮　式	2	符合《验评标准》	

自检说明:	监理评语:
符合设计规范及《验评标准》的要求。	符合设计规范及《验评标准》的要求。
施工员:×××	监理员:×××
××年×月×日	××年×月×日

施工负责人:×××　　质量检查员:×××　　监理工程师:×××

(17)承台质量检验报告单。

表 4-17　**承台质量检验报告单**

承包单位:××集团有限公司××公路工程 A2 标段项目经理部　合同号:A2

监理单位:××工程咨询有限公司××公路工程 A2 标段监理部　编　号:

工程名称		K11+000 大桥	施工时间	××年×月×日
桩号及部位		K11+000 大桥承台	检验时间	××年×月×日
项次	检查项目	规定值或允许偏差	检验结果	检验频率和方法
1△	混凝土强度/MPa	在合格标准内	符合《验评标准》	按 JTG F80/1—2004 附录 D 检查
2	断面尺寸/mm	±30	符合《验评标准》	尺量:长、宽、高检查各 2 点
3	顶面高程/mm	±20	符合《验评标准》	水准仪:检查 5 处
4	轴线偏位/mm	15	符合《验评标准》	全站仪或经纬仪:纵、横各测 2 点
自检说明: 符合设计规范及《验评标准》的要求。 施工员:××× ××年×月×日			监理评语: 符合设计规范及《验评标准》的要求。 监理员:××× ××年×月×日	

施工负责人:×××　质量检查员:×××　监理工程师:×××

(18)柱或双壁墩身质量检验报告单。

表 4-18　　柱或双壁墩身质量检验报告单

承包单位:××集团有限公司××公路工程 A2 标段项目经理部　　合同号:A2
监理单位:××工程咨询有限公司××公路工程 A2 标段监理部　　编　号:

工程名称		K11+000 大桥	施工时间	××年×月×日
桩号及部位		K11+000 大桥墩台身浇筑	检验时间	××年×月×日
项次	检查项目	规定值或允许偏差	检验结果	检验频率和方法
1△	混凝土强度/MPa	在合格标准内	符合《验评标准》	按 JTG F80/1—2004 附录 D 检查
2	相邻间距/mm	±20	符合《验评标准》	尺或全站仪测量:检查顶、中、底 3 处
3	竖直度/mm	0.3%H 且不大于 20	符合《验评标准》	吊垂线或经纬仪:测量 2 处
4	柱(墩)顶高程/mm	±10	符合《验评标准》	水准仪:测量 3 处
5△	轴线偏位/mm	10	符合《验评标准》	全站仪或经纬仪:纵、横各测量 2 点
6	断面尺寸/mm	±15	符合《验评标准》	尺量:检查 3 个断面
7	节段间错台/mm	3	符合《验评标准》	尺量:每节检查 2~4 处

自检说明:	监理评语:
符合设计规范及《验评标准》的要求。	符合设计规范及《验评标准》的要求。
施工员:×××	监理员:×××
××年×月×日	××年×月×日

施工负责人:×××　　质量检查员:×××　　监理工程师:×××

(19)墩、台身质量检验报告单。

表 4-19　　墩、台身质量检验报告单

承包单位:××集团有限公司××公路工程 A2 标段项目经理部　　合同号:A2

监理单位:××工程咨询有限公司××公路工程 A2 标段监理部　　编　号:

工程名称		K11+000 大桥	施工时间	××年×月×日
桩号及部位		K11+000 大桥墩台身浇筑	检验时间	××年×月×日
项次	检查项目	规定值或允许偏差	检验结果	检验频率和方法
1△	混凝土强度/MPa	在合格标准内	符合《验评标准》	按 JTG F80/1—2004 附录 D 检查
2	断面尺寸/mm	±20	符合《验评标准》	尺量:检查 3 个断面
3	竖直度或斜度/mm	0.3%H 且不大于 20	符合《验评标准》	吊垂线或经纬仪:测量 2 点
4	顶面高程/mm	±10	符合《验评标准》	水准仪:测量 3 处
5△	轴线偏位/mm	10	符合《验评标准》	全站仪或经纬仪:纵、横各测量 2 点
6	节段间错台/mm	5	符合《验评标准》	尺量:每节检查 4 处
7	大面积平整度/mm	5	符合《验评标准》	2m 直尺:检查竖直、水平两个方向,每 20m 测 1 处
8	预埋件位置/mm	符合设计规定,设计未规定时:10	符合《验评标准》	尺量:每件

自检说明:	监理评语:
符合设计规范及《验评标准》的要求。 施工员:××× ××年×月×日	符合设计规范及《验评标准》的要求。 监理员:××× ××年×月×日

施工负责人:×××　　质量检查员:×××　　监理工程师:×××

(20)墩、台身安装质量检验报告单。

表 4-20 墩、台身安装质量检验报告单

承包单位:××集团有限公司××公路工程 A2 标段项目经理部 合同号:A2

监理单位:××工程咨询有限公司××公路工程 A2 标段监理部 编 号:

工程名称		K11+000 大桥	施工时间	××年×月×日
桩号及部位		K11+000 大桥墩台安装	检验时间	××年×月×日
项次	检查项目	规定值或允许偏差/mm	检验结果	检验频率和方法
1△	轴线偏位	10	符合《验评标准》	全站仪或经纬仪:纵、横各测量2点
2	顶面高程	±10	符合《验评标准》	水准仪:检查 4~8 处
3	倾斜度	0.3%墩、台高,且不大于 20	符合《验评标准》	吊垂线:检查 4~8 处
4	相邻墩、台柱间距	±15	符合《验评标准》	尺量或全站仪:检查 3 处
5	节段间错台	3	符合《验评标准》	尺量:每节检查 2~4 处
自检说明: 符合设计规范及《验评标准》的要求。 施工员:××× ××年×月×日			监理评语: 符合设计规范及《验评标准》的要求。 监理员:××× ××年×月×日	

施工负责人:××× 质量检查员:××× 监理工程师:×××

(21)墩、台帽或盖梁质量检验报告单。

表 4-21 墩、台帽或盖梁质量检验报告单

承包单位:××集团有限公司××公路工程 A2 标段项目经理部 合同号:A2

监理单位:××工程咨询有限公司××公路工程 A2 标段监理部 编 号:

工程名称		K11+000 大桥	施工时间	××年×月×日
桩号及部位		K11+000 大桥墩台帽	检验时间	××年×月×日
项次	检查项目	规定值或允许偏差	检验结果	检验频率和方法
1△	混凝土强度/MPa	在合格标准内	符合《验评标准》	按 JTG F80/1—2004 附录 D 检查
2	断面尺寸/mm	±20	符合《验评标准》	尺量:检查 3 个断面
3△	轴线偏位/mm	10	符合《验评标准》	全站仪或经纬仪:纵、横各测量2点
4△	顶面高程/mm	±10	符合《验评标准》	水准仪:检查 3~5 点
5	支座垫石预留位置/mm	10	符合《验评标准》	尺量:每个
自检说明: 符合设计规范及《验评标准》的要求。 施工员:××× ××年×月×日			监理评语: 符合设计规范及《验评标准》的要求。 监理员:××× ××年×月×日	

施工负责人:××× 质量检查员:××× 监理工程师:×××

三、桥梁基础及下部构造分项工程质量检验评定表

(1)钻孔灌注桩分项工程质量检验评定表。

表 4-22 **钻孔灌注桩分项工程质量检验评定表**

分项工程名称:**钻孔灌注桩** 所属分部工程名称:**基础及下部构造**

所属建设项目: 工程部位:**K11+000 大桥**

施工单位:**××集团有限公司** 监理单位:**××工程咨询有限公司**

××公路工程项目经理部 **××公路工程监理部**

基本要求	桩身混凝土所用材料的质量和规格符合规范要求;孔径、孔深、孔位和沉淀层厚度满足设计要求;水下混凝土连续灌注,无夹层和断桩。

	项次	检查项目	规定值或允许偏差	实测值或实测偏差值										质量评定			
				1	2	3	4	5	6	7	8	9	10	平均值、代表值	合格率(%)	权值	得分
实测项目	1△	混凝土强度/MPa	在合格标准内	√	√	√	√	√	√						**100**	**3**	**300**
	2	桩位/mm	100	**100**	**100**	**100**	**100**	**100**	**100**						**100**	**2**	**200**
	3△	孔深/m	不小于设计	√	√	√	√	√	√						**100**	**3**	**300**
	4△	孔径/mm	不小于设计	√	√	√	√	√	√						**100**	**3**	**300**
	5	钻孔倾斜度/mm	1%桩长,且不大于 500	√	√	√	√	√	√						**100**	**1**	**100**
	6△	沉淀厚度/mm	符合设计规定	√	√	√	√	√	√						**100**	**2**	**200**
	7	钢筋骨架底面高程/mm	±50	**50**	**50**	**40**	**40**	**40**	**51**						**83.3**	**1**	**83.3**
	合计															**15**	**1483.3**

外观鉴定	**桩顶面不够平整**	减分	**2**	监理意见	**同意施工单位的评定** 签字:××× ××年×月×日
质量保证资料	**资料齐全、完整、真实**	减分	**0**		
工程质量等级评定	评分:**96.89**			质量等级:**合格**	

检验负责人:××× 检测:××× 记录:×××

复核:××× ××年×月×日

(2)承台分项工程质量检验评定表。

表 4-23 **承台分项工程质量检验评定表**

分项工程名称:**承台** 所属分部工程名称:**基础及下部构造**

所属建设项目: 工程部位:**K11+000 大桥**

施工单位:**××集团有限公司** 监理单位:**××工程咨询有限公司**

××公路工程项目经理部 **××公路工程监理部**

基本要求	承台混凝土所用材料的质量和规格符合规范要求;无漏筋和空洞现象。															
实测项目	项次	检查项目	规定值或允许偏差	实测值或实测偏差值										质量评定			
				1	2	3	4	5	6	7	8	9	10	平均值、代表值	合格率(%)	权值	得分
	1△	混凝土强度/MPa	在合格标准内	√	√	√	√	√	√						**100**	**3**	**300**
	2	断面尺寸/mm	±30	**20**	**20**	**20**	**20**	**22**	**20**						**100**	**2**	**200**
	3	顶面高程/mm	±20	**17**	**15**	**14**	**16**	**13**	**15**						**100**	**2**	**200**
	4	轴线偏位/mm	15	**15**	**15**	**15**	**15**	**15**	**15**						**100**	**3**	**300**
	合计															**10**	**1000**

外观鉴定	**混凝土表面平整**	减分	**0**	监理意见	同意施工单位的评定 签字:××× ××年×月×日
质量保证资料	**资料齐全、完整、真实**	减分	**0**		
工程质量等级评定	评分:**100**			质量等级:**合格**	

检验负责人:××× 检测:××× 记录:×××

复核:××× ××年×月×日

(3)墩、台身分项工程质量检验评定表。

表 4-24　　**墩、台身分项工程质量检验评定表**

分项工程名称：**墩台身**　　所属分部工程名称：**基础及下部构造**

所属建设项目：　　工程部位：**K11＋000 大桥**

施工单位：**××集团有限公司**
××公路工程项目经理部　　监理单位：**××工程咨询有限公司**
××公路工程监理部

<table>
<tr><td>基本要求</td><td colspan="18">混凝土所用材料的质量和规格符合规范要求；无漏筋和空洞现象。</td></tr>
<tr><td rowspan="13">实测项目</td><td rowspan="2">项次</td><td rowspan="2">检查项目</td><td rowspan="2">规定值或允许偏差</td><td colspan="10">实测值或实测偏差值</td><td colspan="4">质量评定</td></tr>
<tr><td>1</td><td>2</td><td>3</td><td>4</td><td>5</td><td>6</td><td>7</td><td>8</td><td>9</td><td>10</td><td>平均值、代表值</td><td>合格率(%)</td><td>权值</td><td>得分</td></tr>
<tr><td>1△</td><td>混凝土强度/MPa</td><td>在合格标准内</td><td></td><td></td><td></td><td></td><td></td><td></td><td></td><td></td><td></td><td></td><td></td><td>100</td><td>3</td><td>300</td></tr>
<tr><td>2</td><td>断面尺寸/mm</td><td>±20</td><td>20</td><td>20</td><td>20</td><td>20</td><td>20</td><td>20</td><td></td><td></td><td></td><td></td><td></td><td>100</td><td>2</td><td>200</td></tr>
<tr><td>3</td><td>竖直度或斜度/mm</td><td>0.3%H且不大于20</td><td></td><td></td><td></td><td></td><td></td><td></td><td></td><td></td><td></td><td></td><td></td><td>100</td><td>2</td><td>200</td></tr>
<tr><td>4</td><td>顶面高程/mm</td><td>±10</td><td>10</td><td>10</td><td>9</td><td>9</td><td>9</td><td>8</td><td></td><td></td><td></td><td></td><td></td><td>100</td><td>2</td><td>200</td></tr>
<tr><td>5△</td><td>轴线偏位/mm</td><td>10</td><td>10</td><td>10</td><td>10</td><td>10</td><td>10</td><td></td><td></td><td></td><td></td><td></td><td></td><td>100</td><td>2</td><td>200</td></tr>
<tr><td>6</td><td>节段间错台/mm</td><td>5</td><td>5</td><td>5</td><td>5</td><td>5</td><td>5</td><td></td><td></td><td></td><td></td><td></td><td></td><td>100</td><td>1</td><td>100</td></tr>
<tr><td>7</td><td>大面积平整度/mm</td><td>5</td><td>5</td><td>5</td><td>5</td><td>5</td><td>5</td><td></td><td></td><td></td><td></td><td></td><td></td><td>100</td><td>1</td><td>100</td></tr>
<tr><td>8</td><td>预埋件位置/mm</td><td>符合设计规定，设计未规定时：10</td><td>10</td><td>10</td><td>10</td><td>10</td><td>10</td><td></td><td></td><td></td><td></td><td></td><td></td><td>100</td><td>1</td><td>100</td></tr>
<tr><td></td><td></td><td></td><td></td><td></td><td></td><td></td><td></td><td></td><td></td><td></td><td></td><td></td><td></td><td></td><td></td><td></td></tr>
<tr><td></td><td></td><td></td><td></td><td></td><td></td><td></td><td></td><td></td><td></td><td></td><td></td><td></td><td></td><td></td><td></td><td></td></tr>
<tr><td colspan="3">合　计</td><td colspan="12"></td><td>14</td><td>1400</td></tr>
<tr><td colspan="2">外观鉴定</td><td colspan="6">混凝土表面平整</td><td>减分</td><td>0</td><td rowspan="2" colspan="2">监理意见</td><td rowspan="2" colspan="7">同意施工单位的评定
签字：×××
××年×月×日</td></tr>
<tr><td colspan="2">质量保证资料</td><td colspan="6">资料齐全、完整、真实</td><td>减分</td><td>0</td></tr>
<tr><td colspan="2">工程质量等级评定</td><td colspan="17">评分：100　　质量等级：合格</td></tr>
</table>

检验负责人：×××　　检测：×××　　记录：×××

复核：×××　　日期：××年×月×日

(4)墩、台帽或盖梁分项工程质量检验评定表。

表 4-25　　墩、台帽或盖梁分项工程质量检验评定

分项工程名称:**墩台帽或盖梁**　　所属分部工程名称:**基础及下部构造**

所属建设项目:　　工程部位:**K11+000 大桥**

施工单位:**××集团有限公司**　　监理单位:**××工程咨询有限公司**

××公路工程项目经理部　　**××公路工程监理部**

基本要求	混凝土所用材料的质量和规格符合规范要求;无漏筋和空洞现象。																
实测项目	项次	检查项目	规定值或允许偏差	实测值或实测偏差值										质量评定			
				1	2	3	4	5	6	7	8	9	10	平均值、代表值	合格率(%)	权值	得分
	1△	混凝土强度/MPa	在合格标准内	√	√	√	√	√	√						**100**	**3**	**300**
	2	断面尺寸/mm	±20	**13**	**17**	**20**	**19**	**18**	**15**						**100**	**2**	**200**
	3△	轴线偏位/mm	10	**10**	**10**	**10**	**10**	**10**							**100**	**2**	**200**
	4△	顶面高程/mm	±10	**10**	**10**	**10**	**10**	**10**	**9**						**100**	**1**	**100**
	5	支座垫石预留位置/mm	10	**10**	**10**	**10**	**10**	**10**	**10**						**100**	**1**	**100**
	合　　计															**9**	**900**

外观鉴定	**混凝土表面不够平整**	减分	**2**	监理意见	**同意施工单位的评定** 签字:××× ××年×月×日
质量保证资料	**资料齐全、完整、真实**	减分	**0**		
工程质量等级评定	评分:**98**　　质量等级:**合格**				

检验负责人:×××　　检测:×××　　记录:×××

复核:×××　　××年×月×日

第二节　桥梁上部构造制作与安装

一、桥梁上部构造制作与安装资料收集流程

桥梁上部构造制作与安装资料收集流程见图 4-2。

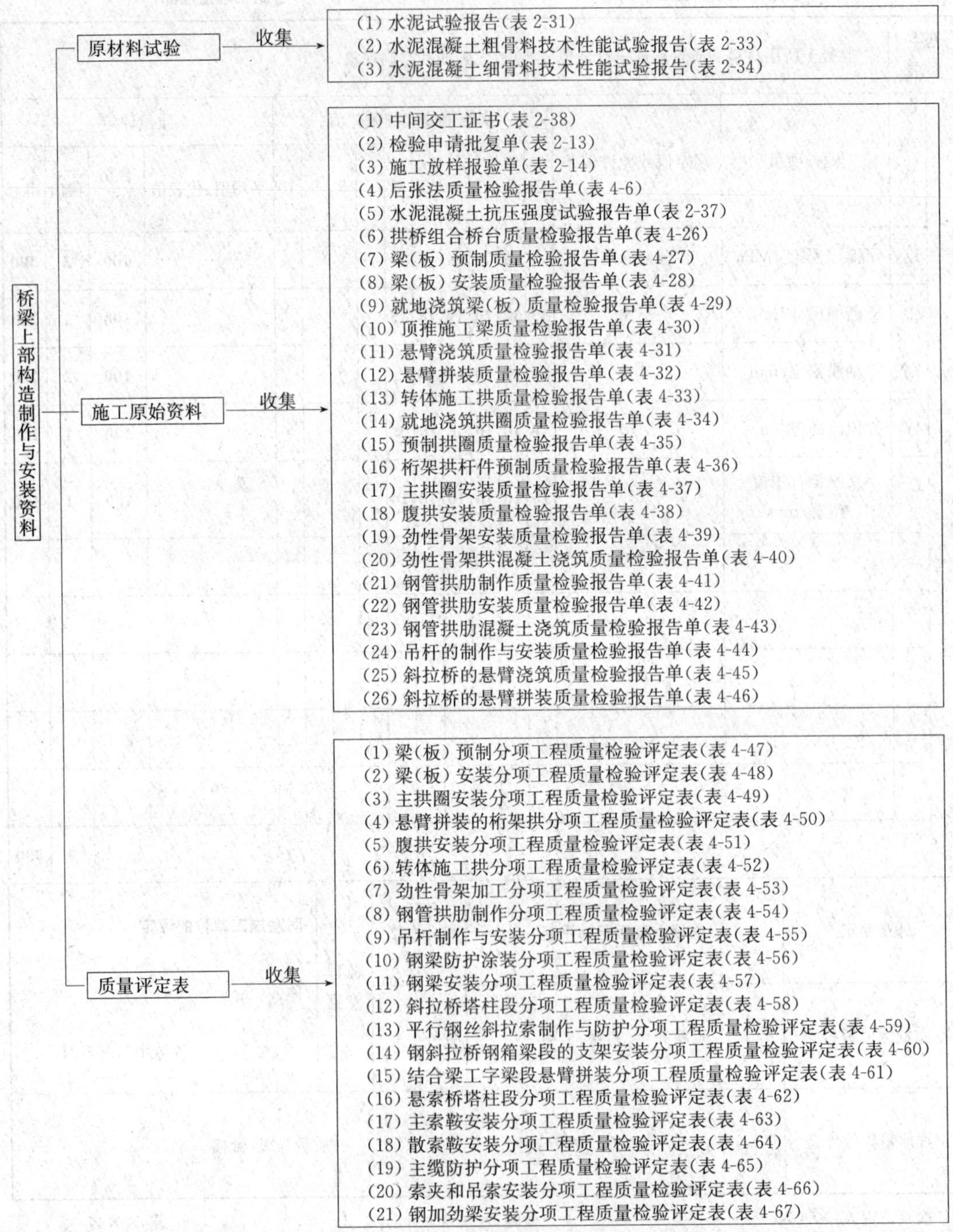

图 4-2　桥梁上部构造制作与安装资料收集流程

二、桥梁上部构造制作与安装原始资料表格填写范例

(1)拱桥组合桥台质量检验报告单。

表 4-26 拱桥组合桥台质量检验报告单

承包单位:××集团有限公司××公路工程 A2 标段项目经理部 合同号:A2

监理单位:××工程咨询有限公司××公路工程 A2 标段监理部 编 号:

工程名称		K11+000 大桥		施工时间	××年×月×日
桩号及部位		K11+000 大桥组合桥台		检验时间	××年×月×日
项次	检查项目	规定值或允许偏差	检验结果	检验频率和方法	
1	架设拱圈前,台后沉陷完成量	设计值的85%以上	符合《验评标准》	水准仪:测量台后上、下游两侧填土后至架设拱圈前高程差	
2	台身倾斜	1/250	符合《验评标准》	吊垂线:检查沉降缝分离值推算	
3△	架设拱圈前台后填土完成量	90%以上	符合《验评标准》	按填土状况推算:每台	
4△	拱建成后桥台水平位移	在设计允许值内	符合设计要求	全站仪或经纬仪:检查预埋测点	
自检说明: 符合设计规范及《验评标准》的要求。 施工员:××× ××年×月×日			监理评语: 符合设计规范及《验评标准》的要求。 监理员:××× ××年×月×日		

施工负责人:××× 质量检查员:××× 监理工程师:×××

(2)梁(板)预制质量检验报告单。

表 4-27 **梁(板)预制质量检验报告单**

承包单位:××集团有限公司××公路工程 A2 标段项目经理部 合同号:A2

监理单位:××工程咨询有限公司××公路工程 A2 标段监理部 编　号:

<table>
<tr><td colspan="2">工程名称</td><td colspan="3">K11+000 大桥</td><td>施工时间</td><td>××年×月×日</td></tr>
<tr><td colspan="2">桩号及部位</td><td colspan="3">K11+000 大桥梁(板)预制</td><td>检验时间</td><td>××年×月×日</td></tr>
<tr><td>项次</td><td colspan="3">检查项目</td><td>规定值或允许偏差</td><td>检验结果</td><td>检验频率和方法</td></tr>
<tr><td>1△</td><td colspan="3">混凝土强度/MPa</td><td>在合格标准内</td><td>符合《验评标准》</td><td>按 JTG F80/1—2004 附录 D 检查</td></tr>
<tr><td>2</td><td colspan="3">梁(板)长度/mm</td><td>+5,−10</td><td>符合《验评标准》</td><td>尺量:每梁(板)</td></tr>
<tr><td rowspan="4">3</td><td rowspan="4">宽度/mm</td><td colspan="2">干接缝(梁翼缘、板)</td><td>±10</td><td>符合《验评标准》</td><td rowspan="4">尺量:检查 3 处</td></tr>
<tr><td colspan="2">湿接缝(梁翼缘、板)</td><td>±20</td><td>符合《验评标准》</td></tr>
<tr><td rowspan="2">箱梁</td><td>顶宽</td><td>±30</td><td>符合《验评标准》</td></tr>
<tr><td>底宽</td><td>±20</td><td>符合《验评标准》</td></tr>
<tr><td rowspan="2">4△</td><td rowspan="2">高度/mm</td><td colspan="2">梁、板</td><td>±5</td><td>符合《验评标准》</td><td rowspan="2">尺量:检查 2 个断面</td></tr>
<tr><td colspan="2">箱　梁</td><td>+0,−5</td><td>符合《验评标准》</td></tr>
<tr><td rowspan="3">5△</td><td rowspan="3">断面尺寸/mm</td><td colspan="2">顶板厚</td><td rowspan="3">+5,−0</td><td>符合《验评标准》</td><td rowspan="3">尺量:检查 2 个断面</td></tr>
<tr><td colspan="2">底板厚</td><td>符合《验评标准》</td></tr>
<tr><td colspan="2">腹板或梁肋</td><td>符合《验评标准》</td></tr>
<tr><td>6</td><td colspan="3">平整度/mm</td><td>5</td><td>符合《验评标准》</td><td>2m 直尺:每侧面每 10m 梁长测 1 处</td></tr>
<tr><td>7</td><td colspan="3">横系梁及预埋件位置/mm</td><td>5</td><td>符合《验评标准》</td><td>尺量:每件</td></tr>
<tr><td colspan="5">自检说明:

符合设计规范及《验评标准》的要求。

施工员:×××

××年×月×日</td><td colspan="2">监理评语:

符合设计规范及《验评标准》的要求。

监理员:×××

××年×月×日</td></tr>
</table>

施工负责人:××× 质量检查员:××× 监理工程师:×××

(3)梁(板)安装质量检验报告单。

表 4-28 **梁(板)安装质量检验报告单**

承包单位:××集团有限公司××公路工程 A2 标段项目经理部 合同号:A2

监理单位:××工程咨询有限公司××公路工程 A2 标段监理部 编 号:

<table>
<tr><td colspan="3">工程名称</td><td colspan="2">K11+000 大桥</td><td>施工时间</td><td>××年×月×日</td></tr>
<tr><td colspan="3">桩号及部位</td><td colspan="2">K11+000 大桥梁板安装</td><td>检验时间</td><td>××年×月×日</td></tr>
<tr><td>项次</td><td colspan="3">检查项目</td><td>规定值或允许偏差</td><td>检验结果</td><td>检验频率和方法</td></tr>
<tr><td rowspan="2">1△</td><td colspan="2" rowspan="2">支承中心偏位/mm</td><td>梁</td><td>5</td><td>符合《验评标准》</td><td rowspan="2">尺量:每孔抽查 4~6 个支座</td></tr>
<tr><td>板</td><td>10</td><td>符合《验评标准》</td></tr>
<tr><td>2</td><td colspan="3">倾斜度(%)</td><td>1.2</td><td>符合《验评标准》</td><td>吊垂线:每孔检查 3 片梁</td></tr>
<tr><td>3</td><td colspan="3">梁(板)顶面纵向高程/mm</td><td>+8,-5</td><td>符合《验评标准》</td><td>水准仪:抽查每孔 2 片,每片3 点</td></tr>
<tr><td>4</td><td colspan="3">相邻梁(板)顶面高差/mm</td><td>8</td><td>符合《验评标准》</td><td>尺量:每相邻梁/板</td></tr>
<tr><td></td><td colspan="3"></td><td></td><td></td><td></td></tr>
<tr><td></td><td colspan="3"></td><td></td><td></td><td></td></tr>
<tr><td></td><td colspan="3"></td><td></td><td></td><td></td></tr>
<tr><td></td><td colspan="3"></td><td></td><td></td><td></td></tr>
<tr><td></td><td colspan="3"></td><td></td><td></td><td></td></tr>
<tr><td></td><td colspan="3"></td><td></td><td></td><td></td></tr>
<tr><td></td><td colspan="3"></td><td></td><td></td><td></td></tr>
<tr><td colspan="5">自检说明:

符合设计规范及《验评标准》的要求。

施工员:×××

××年×月×日</td><td colspan="2">监理评语:

符合设计规范及《验评标准》的要求。

监理员:×××

××年×月×日</td></tr>
</table>

施工负责人:××× 质量检查员:××× 监理工程师:×××

(4)就地浇筑梁(板)质量检验报告单。

表 4-29　　就地浇筑梁(板)质量检验报告单

承包单位:××集团有限公司××公路工程 A2 标段项目经理部　　合同号:A2

监理单位:××工程咨询有限公司××公路工程 A2 标段监理部　　编　号:

<table>
<tr><td colspan="2">工程名称</td><td colspan="2">K11+000 大桥</td><td>施工时间</td><td>××年×月×日</td></tr>
<tr><td colspan="2">桩号及部位</td><td colspan="2">K11+000 大桥梁(板)浇筑</td><td>检验时间</td><td>××年×月×日</td></tr>
<tr><td>项次</td><td colspan="2">检查项目</td><td>规定值或允许偏差</td><td>检验结果</td><td>检验频率和方法</td></tr>
<tr><td>1△</td><td colspan="2">混凝土强度/MPa</td><td>在合格标准内</td><td>符合《验评标准》</td><td>按 JTG F80/1—2004 附录 D 检查</td></tr>
<tr><td>2△</td><td colspan="2">轴线偏位/mm</td><td>10</td><td>符合《验评标准》</td><td>全站仪或经纬仪:测量 3 处</td></tr>
<tr><td>3</td><td colspan="2">梁(板)顶面高程/mm</td><td>±10</td><td>符合《验评标准》</td><td>水准仪:检查 3～5 处</td></tr>
<tr><td rowspan="4">4△</td><td rowspan="4">断面尺寸/mm</td><td>高　度</td><td>+5,−10</td><td>符合《验评标准》</td><td rowspan="4">尺量:每跨检查 1～3 个断面</td></tr>
<tr><td>顶　宽</td><td>±30</td><td>符合《验评标准》</td></tr>
<tr><td>箱梁底宽</td><td>±20</td><td>符合《验评标准》</td></tr>
<tr><td>顶、底、腹板或梁肋厚</td><td>+10,−0</td><td>符合《验评标准》</td></tr>
<tr><td>5</td><td colspan="2">长　度/mm</td><td>+5,−10</td><td>符合《验评标准》</td><td>尺量:每梁/板</td></tr>
<tr><td>6</td><td colspan="2">横坡(%)</td><td>±0.15</td><td>符合《验评标准》</td><td>水准仪:每跨检查 1～3 处</td></tr>
<tr><td>7</td><td colspan="2">平整度/mm</td><td>8</td><td>符合《验评标准》</td><td>2m 直尺:每侧面每 10m 梁长测 1 处</td></tr>
<tr><td></td><td colspan="2"></td><td></td><td></td><td></td></tr>
<tr><td></td><td colspan="2"></td><td></td><td></td><td></td></tr>
<tr><td colspan="4">自检说明:

符合设计规范及《验评标准》的要求。

施工员:×××

××年×月×日</td><td colspan="2">监理评语:

符合设计规范及《验评标准》的要求。

监理员:×××

××年×月×日</td></tr>
</table>

施工负责人:×××　　质量检查员:×××　　监理工程师:×××

(5)顶推施工梁质量检验报告单。

表 4-30 顶推施工梁质量检验报告单

承包单位:××集团有限公司××公路工程 A2 标段项目经理部 合同号:A2

监理单位:××工程咨询有限公司××公路工程 A2 标段监理部 编 号:

<table>
<tr><td colspan="2">工程名称</td><td colspan="2">K11+000 大桥</td><td>施工时间</td><td>××年×月×日</td></tr>
<tr><td colspan="2">桩号及部位</td><td colspan="2">K11+000 大桥顶推施工梁</td><td>检验时间</td><td>××年×月×日</td></tr>
<tr><td>项次</td><td colspan="2">检查项目</td><td>规定值或允许偏差</td><td>检验结果</td><td>检验频率和方法</td></tr>
<tr><td>1</td><td colspan="2">轴线偏位/mm</td><td>10</td><td>符合《验评标准》</td><td>全站仪或经纬仪:每段检查2处</td></tr>
<tr><td>2△</td><td colspan="2">落梁反力</td><td>符合设计规定,设计未规定时不大于1.1倍的设计反力</td><td>符合《验评标准》</td><td>用千斤顶油压计算:检查全部</td></tr>
<tr><td rowspan="2">3△</td><td rowspan="2">支座高差/mm</td><td>相邻纵向支点</td><td>符合设计规定;设计未规定时不大于5</td><td>符合《验评标准》</td><td rowspan="2">水准仪:检查全部</td></tr>
<tr><td>同墩两侧支点</td><td>符合设计规定;设计未规定时不大于2</td><td>符合《验评标准》</td></tr>
<tr><td></td><td colspan="2"></td><td></td><td></td><td></td></tr>
<tr><td></td><td colspan="2"></td><td></td><td></td><td></td></tr>
<tr><td></td><td colspan="2"></td><td></td><td></td><td></td></tr>
<tr><td></td><td colspan="2"></td><td></td><td></td><td></td></tr>
<tr><td></td><td colspan="2"></td><td></td><td></td><td></td></tr>
<tr><td></td><td colspan="2"></td><td></td><td></td><td></td></tr>
<tr><td></td><td colspan="2"></td><td></td><td></td><td></td></tr>
<tr><td colspan="4">自检说明:

符合设计规范及《验评标准》的要求。

施工员:×××

××年×月×日</td><td colspan="2">监理评语:

符合设计规范及《验评标准》的要求。

监理员:×××

××年×月×日</td></tr>
</table>

施工负责人:××× 质量检查员:××× 监理工程师:×××

(6)悬臂浇筑质量检验报告单。

表 4-31　　悬臂浇筑质量检验报告单

承包单位：××集团有限公司××公路工程 A2 标段项目经理部　　合同号：A2

监理单位：××工程咨询有限公司××公路工程 A2 标段监理部　　编　号：

<table>
<tr><td colspan="2">工程名称</td><td colspan="2">K11＋000 大桥</td><td>施工时间</td><td>××年×月×日</td></tr>
<tr><td colspan="2">桩号及部位</td><td colspan="2">K11＋000 大桥悬臂浇筑</td><td>检验时间</td><td>××年×月×日</td></tr>
<tr><td>项次</td><td colspan="2">检查项目</td><td>规定值或允许偏差</td><td>检验结果</td><td>检验频率和方法</td></tr>
<tr><td>1△</td><td colspan="2">混凝土强度/mm</td><td>在合格标准内</td><td>符合《验评标准》</td><td>按 JTG F80/1—2004 附录 D 检查</td></tr>
<tr><td rowspan="2">2△</td><td rowspan="2">轴线偏位/mm</td><td>L≤100m</td><td>10</td><td>符合《验评标准》</td><td rowspan="2">全站仪或经纬仪：每个节段检查 2 处</td></tr>
<tr><td>L>100m</td><td>L/10000</td><td>符合《验评标准》</td></tr>
<tr><td rowspan="3">3</td><td rowspan="3">顶面高程/mm</td><td>L≤100m</td><td>±20</td><td>符合《验评标准》</td><td rowspan="2">水准仪：每个节段检查 2 处</td></tr>
<tr><td>L>100m</td><td>±L/5000</td><td>符合《验评标准》</td></tr>
<tr><td>相邻节段高差</td><td>10</td><td>符合《验评标准》</td><td>尺量：检查 3～5 处</td></tr>
<tr><td rowspan="4">4△</td><td rowspan="4">断面尺寸/mm</td><td>高　度</td><td>＋5，－10</td><td>符合《验评标准》</td><td rowspan="4">尺量：每个节段检查 1 个断面</td></tr>
<tr><td>顶　宽</td><td>±30</td><td>符合《验评标准》</td></tr>
<tr><td>底　宽</td><td>±20</td><td>符合《验评标准》</td></tr>
<tr><td>顶底腹板厚</td><td>＋10，－0</td><td>符合《验评标准》</td></tr>
<tr><td rowspan="2">5</td><td rowspan="2">合龙后同跨对称点高程差/mm</td><td>L≤100m</td><td>20</td><td>符合《验评标准》</td><td rowspan="2">水准仪：每跨检查 5～7 处</td></tr>
<tr><td>L>100m</td><td>L/5000</td><td>符合《验评标准》</td></tr>
<tr><td>6</td><td colspan="2">横坡(%)</td><td>±0.15</td><td>符合《验评标准》</td><td>水准仪：每节段检查 1～2 处</td></tr>
<tr><td>7</td><td colspan="2">平整度/mm</td><td>8</td><td>符合《验评标准》</td><td>2m 直尺：检查竖直、水平两个方向，每侧面每 10m 梁长测 1 处</td></tr>
<tr><td colspan="4">自检说明：
符合设计规范及《验评标准》的要求。
施工员：×××
××年×月×日</td><td colspan="2">监理评语：
符合设计规范及《验评标准》的要求。
监理员：×××
××年×月×日</td></tr>
</table>

施工负责人：×××　　质量检查员：×××　　监理工程师：×××

(7)悬臂拼装质量检验报告单。

表 4-32　　**悬臂拼装质量检验报告单**

承包单位：××集团有限公司××公路工程 A2 标段项目经理部　　合同号：A2

监理单位：××工程咨询有限公司××公路工程 A2 标段监理部　　编　号：

工程名称		K11＋000 大桥		施工时间	××年×月×日
桩号及部位		K11＋000 大桥悬臂拼装		检验时间	××年×月×日
项次	检查项目		规定值或允许偏差	检验结果	检验频率和方法
1△	合龙段混凝土强度/MPa		在合格标准内	符合《验评标准》	按 JTG F80/1—2004 附录 D 检查
2△	轴线偏位/mm	$L \leqslant 100$m	10	符合《验评标准》	全站仪或经纬仪：每个节段检查 2 处
		$L > 100$m	$L/10000$	符合《验评标准》	
3	顶面高程/mm	$L \leqslant 100$m	± 20	符合《验评标准》	水准仪：每个节段检查 2 处
		$L > 100$m	$\pm L/5000$	符合《验评标准》	
		相邻节段高差	10	符合《验评标准》	尺量：检查 3～5 处
4	合龙后同跨对称点高程差/mm	$L \leqslant 100$m	20	符合《验评标准》	水准仪：每跨检查 5～7 处
		$L > 100$m	$L/5000$	符合《验评标准》	

自检说明：	监理评语：
符合设计规范及《验评标准》的要求。	符合设计规范及《验评标准》的要求。
施工员：×××	监理员：×××
××年×月×日	××年×月×日

施工负责人：×××　　质量检查员：×××　　监理工程师：×××

(8)转体施工拱质量检验报告单。

表 4-33 **转体施工拱质量检验报告单**

承包单位:××集团有限公司××公路工程 A2 标段项目经理部 合同号:A2

监理单位:××工程咨询有限公司××公路工程 A2 标段监理部 编 号:

工程名称		K11+000 大桥	施工时间	××年×月×日
桩号及部位		K11+000 大桥转体施工	检验时间	××年×月×日
项次	检查项目	规定值或允许偏差	检验结果	检验频率和方法
1△	封闭转盘和合龙段混凝土强度/MPa	在合格标准内	符合《验评标准》	按 JTG F80/1—2004 附录 D 检查
2	轴线偏位/mm	跨径/6000	符合《验评标准》	经纬仪:检查 5 处
3△	跨中拱顶面高程/mm	±20	符合《验评标准》	水准仪:检查拱顶 2~4 处
4	同一横截面两侧或相邻上部构件高差/mm	10	符合《验评标准》	水准仪:检查 5 处
自检说明: 符合设计规范及《验评标准》的要求。 施工员:××× ××年×月×日			监理评语: 符合设计规范及《验评标准》的要求。 监理员:××× ××年×月×日	

施工负责人:××× 质量检查员:××× 监理工程师:×××

(9)就地浇筑拱圈质量检验报告单。

表 4-34　　就地浇筑拱圈质量检验报告单

承包单位:××集团有限公司××公路工程 A2 标段项目经理部　　合同号:A2

监理单位:××工程咨询有限公司××公路工程 A2 标段监理部　　编　号:

工程名称		K11＋000 大桥		施工时间	××年×月×日
桩号及部位		K11＋000 大桥拱圈浇筑		检验时间	××年×月×日
项次	检查项目		规定值或允许偏差	检验结果	检验频率和方法
1△	混凝土强度/MPa		在合格标准内	符合《验评标准》	按 JTG F80/1—2004 附录 D 检查
2	轴线偏位/mm	板　拱	10	符合《验评标准》	经纬仪:测量 5 处
		肋　拱	5	符合《验评标准》	
3△	内弧偏离设计弧线/mm	跨径≤30m	±20	符合《验评标准》	水准仪:检查 5 处
		跨径＞30m	±跨径/1500	符合《验评标准》	
4△	断面尺寸/mm	高　度	±5	符合《验评标准》	尺量:拱脚、$L/4$,拱顶 5 个断面
		顶、底、腹板厚	＋10,－0	符合《验评标准》	
5	拱宽/mm	板　拱	±20	符合《验评标准》	尺量:拱脚、$L/4$,拱顶 5 个断面
		肋　拱	±10	符合《验评标准》	
6	拱肋间距/mm		5	符合《验评标准》	尺量:检查 5 处

自检说明:	监理评语:
符合设计规范及《验评标准》的要求。	符合设计规范及《验评标准》的要求。
施工员:×××	监理员:×××
××年×月×日	××年×月×日

施工负责人:×××　　质量检查员:×××　　监理工程师:×××

(10)预制拱圈质量检验报告单。

表 4-35　　预制拱圈质量检验报告单

承包单位:××集团有限公司××公路工程 A2 标段项目经理部　　合同号:A2

监理单位:××工程咨询有限公司××公路工程 A2 标段监理部　　编　号:

<table>
<tr><td colspan="2">工程名称</td><td colspan="2">K11+000 大桥</td><td>施工时间</td><td>××年×月×日</td></tr>
<tr><td colspan="2">桩号及部位</td><td colspan="2">K11+000 大桥预制拱圈</td><td>检验时间</td><td>××年×月×日</td></tr>
<tr><td>项次</td><td colspan="2">检查项目</td><td>规定值或允许偏差</td><td>检验结果</td><td>检验频率和方法</td></tr>
<tr><td>1△</td><td colspan="2">混凝土强度/MPa</td><td>在合格标准内</td><td>符合《验评标准》</td><td>按 JTG F80/1—2004 附录 D 检查</td></tr>
<tr><td>2</td><td colspan="2">每段拱箱内弧长/mm</td><td>+0,−10</td><td>符合《验评标准》</td><td>尺量:每段</td></tr>
<tr><td>3△</td><td colspan="2">内弧偏离设计弧线/mm</td><td>±5</td><td>符合《验评标准》</td><td>样板:每段测 1~3 点</td></tr>
<tr><td rowspan="2">4△</td><td rowspan="2">断面尺寸
/mm</td><td>顶底腹板厚</td><td>+10,−0</td><td>符合《验评标准》</td><td rowspan="2">尺量:检查 2 处</td></tr>
<tr><td>宽度及高度</td><td>+10,−5</td><td>符合《验评标准》</td></tr>
<tr><td rowspan="2">5</td><td rowspan="2">平面度
/mm</td><td>肋　拱</td><td>5</td><td>符合《验评标准》</td><td rowspan="2">拉线用尺量:每段测 1~3 点</td></tr>
<tr><td>箱　拱</td><td>10</td><td>符合《验评标准》</td></tr>
<tr><td>6</td><td colspan="2">拱箱接头倾斜/mm</td><td>±5</td><td>符合《验评标准》</td><td>角尺:每接头</td></tr>
<tr><td rowspan="2">7</td><td rowspan="2">预埋件位置
/mm</td><td>肋　拱</td><td>5</td><td>符合《验评标准》</td><td rowspan="2">尺量:每件</td></tr>
<tr><td>箱　拱</td><td>10</td><td>符合《验评标准》</td></tr>
<tr><td></td><td colspan="2"></td><td></td><td></td><td></td></tr>
<tr><td></td><td colspan="2"></td><td></td><td></td><td></td></tr>
<tr><td></td><td colspan="2"></td><td></td><td></td><td></td></tr>
<tr><td colspan="4">自检说明:

符合设计规范及《验评标准》的要求。

施工员:×××

××年×月×日</td><td colspan="2">监理评语:

符合设计规范及《验评标准》的要求。

监理员:×××

××年×月×日</td></tr>
</table>

施工负责人:×××　　质量检查员:×××　　监理工程师:×××

(11)桁架拱杆件预制质量检验报告单。

表 4-36　**桁架拱杆件预制质量检验报告单**

承包单位：××集团有限公司××公路工程 A2 标段项目经理部　　合同号：A2

监理单位：××工程咨询有限公司××公路工程 A2 标段监理部　　编　号：

工程名称		K11＋000 大桥	施工时间	××年×月×日
桩号及部位		K11＋000 大桥桁架拱杆件预制	检验时间	××年×月×日
项次	检查项目	规定值或允许偏差	检验结果	检验频率和方法
1△	混凝土强度/MPa	在合格标准内	符合《验评标准》	按 JTG F80/1—2004 附录 D 检查
2△	断面尺寸/mm	±5	符合《验评标准》	尺量：检查 2 处
3	杆件长度/mm	±10	符合《验评标准》	尺量：检查 2 处
4	杆件旁弯/mm	5	符合《验评标准》	拉线用尺量：每件
5	预埋件位置/mm	5	符合《验评标准》	尺量：每件
自检说明： 符合设计规范及《验评标准》的要求。 施工员：××× ××年×月×日			监理评语： 符合设计规范及《验评标准》的要求。 监理员：××× ××年×月×日	

施工负责人：×××　　质量检查员：×××　　监理工程师：×××

(12)主拱圈安装质量检验报告单。

表 4-37　　主拱圈安装质量检验报告单

承包单位：××集团有限公司××公路工程 A2 标段项目经理部　　合同号：A2

监理单位：××工程咨询有限公司××公路工程 A2 标段监理部　　编　号：

<table>
<tr><td colspan="2">工程名称</td><td colspan="3">K11＋000 大桥</td><td>施工时间</td><td>××年×月×日</td></tr>
<tr><td colspan="2">桩号及部位</td><td colspan="3">K11＋000 大桥主拱圈安装</td><td>检验时间</td><td>××年×月×日</td></tr>
<tr><td>项次</td><td colspan="3">检查项目</td><td>规定值或允许偏差/mm</td><td>检验结果</td><td>检验频率和方法</td></tr>
<tr><td rowspan="2">1△</td><td rowspan="2">轴线偏位</td><td colspan="2">L≤60m</td><td>10</td><td>符合《验评标准》</td><td rowspan="2">经纬仪：检查 5 处</td></tr>
<tr><td colspan="2">L>60m</td><td>L/6000</td><td>符合《验评标准》</td></tr>
<tr><td rowspan="2">2△</td><td rowspan="2">拱圈标高</td><td colspan="2">L≤60m</td><td>±20</td><td>符合《验评标准》</td><td rowspan="2">水准仪：检查 5～7 点</td></tr>
<tr><td colspan="2">L>60m</td><td>±L/3000</td><td>符合《验评标准》</td></tr>
<tr><td rowspan="3">3△</td><td rowspan="3">两对称接头点相对高差</td><td rowspan="2">允许</td><td>L≤60m</td><td>20</td><td>符合《验评标准》</td><td rowspan="3">水准仪：检查每段</td></tr>
<tr><td>L>60m</td><td>L/3000</td><td>符合《验评标准》</td></tr>
<tr><td colspan="2">极　值</td><td>允许偏差的2倍，且反向</td><td>符合《验评标准》</td></tr>
<tr><td rowspan="2">4</td><td rowspan="2">同跨各拱肋相对高差</td><td colspan="2">L≤60m</td><td>20</td><td>符合《验评标准》</td><td rowspan="2">水准仪：检查 5 处</td></tr>
<tr><td colspan="2">L>60m</td><td>L/3000</td><td>符合《验评标准》</td></tr>
<tr><td>5</td><td colspan="3">同跨各拱肋间距</td><td>30</td><td>符合《验评标准》</td><td>尺量：检查 5 处</td></tr>
<tr><td></td><td colspan="3"></td><td></td><td></td><td></td></tr>
<tr><td></td><td colspan="3"></td><td></td><td></td><td></td></tr>
<tr><td colspan="5">自检说明：

符合设计规范及《验评标准》的要求。

施工员：×××

××年×月×日</td><td colspan="2">监理评语：

符合设计规范及《验评标准》的要求。

监理员：×××

××年×月×日</td></tr>
</table>

施工负责人：×××　　质量检查员：×××　　监理工程师：×××

(13)腹拱安装质量检验报告单。

表 4-38　　**腹拱安装质量检验报告单**

承包单位:××集团有限公司××公路工程 A2 标段项目经理部　　合同号:A2

监理单位:××工程咨询有限公司××公路工程 A2 标段监理部　　编　号:

工程名称		K11+000 大桥	施工时间	××年×月×日
桩号及部位		K11+000 大桥腹拱安装	检验时间	××年×月×日
项次	检查项目	规定值或允许偏差/mm	检验结果	检验频率和方法
1	轴线偏位	10	符合《验评标准》	经纬仪:纵、横各检查 2 处
2	起拱线高程	±20	符合《验评标准》	水准仪:每起拱线测 2 点
3	相邻块件高差	5	符合《验评标准》	尺量:每相邻块件检查 1～3 处
自检说明: 符合设计规范及《验评标准》的要求。 施工员:××× ××年×月×日			监理评语: 符合设计规范及《验评标准》的要求。 监理员:××× ××年×月×日	

施工负责人:×××　　质量检查员:×××　　监理工程师:×××

(14)劲性骨架安装质量检验报告单。

表 4-39　　劲性骨架安装质量检验报告单

承包单位:××集团有限公司××公路工程 A2 标段项目经理部　　合同号:A2

监理单位:××工程咨询有限公司××公路工程 A2 标段监理部　　编　号:

<table>
<tr><td colspan="2">工程名称</td><td colspan="2">K11+000 大桥</td><td>施工时间</td><td>××年×月×日</td></tr>
<tr><td colspan="2">桩号及部位</td><td colspan="2">K11+000 大桥劲性骨架安装</td><td>检验时间</td><td>××年×月×日</td></tr>
<tr><td>项次</td><td colspan="2">检查项目</td><td>规定值或允许偏差</td><td>检验结果</td><td>检验频率和方法</td></tr>
<tr><td>1</td><td colspan="2">轴线偏位/mm</td><td>L/6000</td><td>符合《验评标准》</td><td>经纬仪:每肋检查 5 处</td></tr>
<tr><td>2△</td><td colspan="2">高　程/mm</td><td>±L/3000</td><td>符合《验评标准》</td><td>水准仪:检查拱顶、拱脚及各接头点</td></tr>
<tr><td rowspan="2">3△</td><td rowspan="2">对称点
相对高差/mm</td><td>允许</td><td>L/3000</td><td>符合《验评标准》</td><td rowspan="2">水准仪:检查各接头点</td></tr>
<tr><td>极值</td><td>L/1500,且反向</td><td>符合《验评标准》</td></tr>
<tr><td>4△</td><td colspan="2">焊　缝</td><td>符合设计要求</td><td>符合《验评标准》</td><td>超声:检查全部</td></tr>
<tr><td></td><td colspan="2"></td><td></td><td></td><td></td></tr>
<tr><td></td><td colspan="2"></td><td></td><td></td><td></td></tr>
<tr><td></td><td colspan="2"></td><td></td><td></td><td></td></tr>
<tr><td></td><td colspan="2"></td><td></td><td></td><td></td></tr>
<tr><td></td><td colspan="2"></td><td></td><td></td><td></td></tr>
<tr><td></td><td colspan="2"></td><td></td><td></td><td></td></tr>
<tr><td></td><td colspan="2"></td><td></td><td></td><td></td></tr>
<tr><td colspan="4">自检说明:
符合设计规范及《验评标准》的要求。
施工员:×××
××年×月×日</td><td colspan="2">监理评语:
符合设计规范及《验评标准》的要求。
监理员:×××
××年×月×日</td></tr>
</table>

施工负责人:×××　　质量检查员:×××　　监理工程师:×××

(15)劲性骨架拱混凝土浇筑质量检验报告单。

表 4-40 劲性骨架拱混凝土浇筑质量检验报告单

承包单位:××集团有限公司××公路工程 A2 标段项目经理部　　合同号:A2

监理单位:××工程咨询有限公司××公路工程 A2 标段监理部　　编　号:

工程名称		K11+000 大桥		施工时间	××年×月×日
桩号及部位		K11+000 大桥劲性骨架混凝土拱		检验时间	××年×月×日
项次	检查项目		规定值或允许偏差	检验结果	检验频率和方法
1△	混凝土强度/MPa		在合格标准内	符合《验评标准》	按 JTG F80/1—2004 附录 D 检查
2	轴线偏位/mm	$L \leqslant 60$m	10	符合《验评标准》	经纬仪:每肋检查 5 点
		$L=200$m	50	符合《验评标准》	
		$L>200$m	$L/4000$	符合《验评标准》	
3△	拱圈标高/mm		$\pm L/3000$	符合《验评标准》	水准仪:测量 5 处
4△	对称点相对高差/mm	允许	$L/3000$	符合《验评标准》	水准仪:测量 5 处
		极值	$L/1500$,且反向	符合《验评标准》	
5△	截面尺寸/mm		± 10	符合《验评标准》	尺量:测量 5 处

自检说明:	监理评语:
符合设计规范及《验评标准》的要求。	符合设计规范及《验评标准》的要求。
施工员:×××	监理员:×××
××年×月×日	××年×月×日

施工负责人:×××　　质量检查员:×××　　监理工程师:×××

(16)钢管拱肋制作质量检验报告单。

表 4-41 **钢管拱肋制作质量检验报告单**

承包单位:××集团有限公司××公路工程 A2 标段项目经理部 合同号:A2

监理单位:××工程咨询有限公司××公路工程 A2 标段监理部 编 号:

工程名称		K11+000 大桥	施工时间	××年×月×日
桩号及部位		K11+000 大桥钢管拱肋制作	检验时间	××年×月×日
项次	检查项目	规定值或允许偏差	检验结果	检验频率和方法
1△	钢管直径/mm	±D/500 及±5	符合《验评标准》	尺量:每管检查 1~3 处
2	钢管中距/mm	±5	符合《验评标准》	尺量:每段检查 2~3 处
3△	内弧偏离设计弧线/mm	8	符合《验评标准》	样板:每段测 1~3 点
4	拱肋内弧长/mm	+0,-10	符合《验评标准》	尺量:每段检查
5△	节段对接错边/mm	2	符合《验评标准》	尺量:检查各对接断面
6	节段平面度/mm	3	符合《验评标准》	拉线测量:每段检查 1 处
7	竖杆节间长度/mm	±2	符合《验评标准》	尺量:检查每个节间
8△	焊缝尺寸	符合设计要求	符合设计要求	量规:检查全部
	焊缝探伤			超声:检查全部 射线:符合设计规定,设计未规定时按 5%抽查

自检说明:	监理评语:
符合设计规范及《验评标准》的要求。	符合设计规范及《验评标准》的要求。
施工员:×××	监理员:×××
××年×月×日	××年×月×日

施工负责人:××× 质量检查员:××× 监理工程师:×××

(17)钢管拱肋安装质量检验报告单。

表 4-42　　**钢管拱肋安装质量检验报告单**

承包单位:××集团有限公司××公路工程 A2 标段项目经理部　　合同号:A2

监理单位:××工程咨询有限公司××公路工程 A2 标段监理部　　编　号:

<table>
<tr><td colspan="2">工程名称</td><td colspan="2">K11+000 大桥</td><td>施工时间</td><td>××年×月×日</td></tr>
<tr><td colspan="2">桩号及部位</td><td colspan="2">K11+000 大桥钢管拱肋安装</td><td>检验时间</td><td>××年×月×日</td></tr>
<tr><td>项次</td><td colspan="2">检查项目</td><td>规定值或允许偏差</td><td>检验结果</td><td>检验频率和方法</td></tr>
<tr><td>1</td><td colspan="2">轴线偏位/mm</td><td>L/6000</td><td>符合《验评标准》</td><td>经纬仪:检查 5 处</td></tr>
<tr><td>2△</td><td colspan="2">拱圈高程/mm</td><td>±L/3000</td><td>符合《验评标准》</td><td>水准仪:检查 5 处</td></tr>
<tr><td rowspan="2">3△</td><td rowspan="2">对称点
高差/mm</td><td>允许</td><td>L/3000</td><td>符合《验评标准》</td><td rowspan="2">水准仪:检查各接头点</td></tr>
<tr><td>极值</td><td>L/1500,且反向</td><td>符合《验评标准》</td></tr>
<tr><td>4</td><td colspan="2">拱肋接缝错边/mm</td><td>0.2 壁厚,且≤2</td><td>符合《验评标准》</td><td>尺量:每个接缝</td></tr>
<tr><td rowspan="2">5△</td><td colspan="2">焊缝尺寸</td><td rowspan="2">符合设计要求</td><td rowspan="2">符合设计要求</td><td>量规:检查全部</td></tr>
<tr><td colspan="2">焊缝探伤</td><td>超声:检查全部
射线:符合设计规定,设计未规定时按 5%抽查</td></tr>
<tr><td></td><td colspan="2"></td><td></td><td></td><td></td></tr>
<tr><td></td><td colspan="2"></td><td></td><td></td><td></td></tr>
<tr><td></td><td colspan="2"></td><td></td><td></td><td></td></tr>
<tr><td></td><td colspan="2"></td><td></td><td></td><td></td></tr>
<tr><td></td><td colspan="2"></td><td></td><td></td><td></td></tr>
<tr><td colspan="4">自检说明:

符合设计规范及《验评标准》的要求。

施工员:×××

××年×月×日</td><td colspan="2">监理评语:

符合设计规范及《验评标准》的要求。

监理员:×××

××年×月×日</td></tr>
</table>

施工负责人:×××　　质量检查员:×××　　监理工程师:×××

(18)钢管拱肋混凝土浇筑质量检验报告单。

表 4-43 **钢管拱肋混凝土浇筑质量检验报告单**

承包单位:××集团有限公司××公路工程 A2 标段项目经理部 合同号:A2

监理单位:××工程咨询有限公司××公路工程 A2 标段监理部 编 号:

<table>
<tr><td colspan="2">工程名称</td><td colspan="2">K11+000 大桥</td><td>施工时间</td><td>××年×月×日</td></tr>
<tr><td colspan="2">桩号及部位</td><td colspan="2">K11+000 大桥钢管混凝土拱肋</td><td>检验时间</td><td>××年×月×日</td></tr>
<tr><td>项次</td><td colspan="2">检查项目</td><td>规定值或允许偏差</td><td>检验结果</td><td>检验频率和方法</td></tr>
<tr><td>1△</td><td colspan="2">混凝土强度/MPa</td><td>在合格标准内</td><td>符合《验评标准》</td><td>按 JTG F80/1—2004 附录 D 检查</td></tr>
<tr><td rowspan="3">2</td><td rowspan="3">轴线偏位/mm</td><td>L≤60mm</td><td>10</td><td>符合《验评标准》</td><td rowspan="3">经纬仪:检查 5 处</td></tr>
<tr><td>L=200mm</td><td>50</td><td>符合《验评标准》</td></tr>
<tr><td>L>200mm</td><td>L/4000</td><td>符合《验评标准》</td></tr>
<tr><td>3△</td><td colspan="2">拱圈高程/mm</td><td>±L/3000</td><td>符合《验评标准》</td><td>水准仪:检查 5 处</td></tr>
<tr><td rowspan="2">4△</td><td rowspan="2">对称点高差/mm</td><td>允许</td><td>L/3000</td><td>符合《验评标准》</td><td rowspan="2">水准仪:检查各接头点</td></tr>
<tr><td>极值</td><td>L/1500,且反向</td><td>符合《验评标准》</td></tr>
<tr><td></td><td colspan="2"></td><td></td><td></td><td></td></tr>
<tr><td></td><td colspan="2"></td><td></td><td></td><td></td></tr>
<tr><td></td><td colspan="2"></td><td></td><td></td><td></td></tr>
<tr><td></td><td colspan="2"></td><td></td><td></td><td></td></tr>
<tr><td></td><td colspan="2"></td><td></td><td></td><td></td></tr>
<tr><td></td><td colspan="2"></td><td></td><td></td><td></td></tr>
<tr><td colspan="4">自检说明:
符合设计规范及《验评标准》的要求。
施工员:×××
××年×月×日</td><td colspan="2">监理评语:
符合设计规范及《验评标准》的要求。
监理员:×××
××年×月×日</td></tr>
</table>

施工负责人:××× 质量检查员:××× 监理工程师:×××

(19)吊杆的制作与安装质量检验报告单。

表 4-44　　吊杆的制作与安装质量检验报告单

承包单位:××集团有限公司××公路工程 A2 标段项目经理部　　合同号:A2

监理单位:××工程咨询有限公司××公路工程 A2 标段监理部　　编　号:

<table>
<tr><td colspan="2">工程名称</td><td colspan="2">K11+000 大桥</td><td>施工时间</td><td>××年×月×日</td></tr>
<tr><td colspan="2">桩号及部位</td><td colspan="2">K11+000 大桥吊杆制作和安装</td><td>检验时间</td><td>××年×月×日</td></tr>
<tr><td>项次</td><td colspan="2">检查项目</td><td>规定值或允许偏差</td><td>检验结果</td><td>检验频率和方法</td></tr>
<tr><td>1</td><td colspan="2">吊杆长度/mm</td><td>±0.001L 及±10</td><td>符合《验评标准》</td><td>用钢尺量</td></tr>
<tr><td rowspan="2">2△</td><td rowspan="2">吊杆的
拉力/kN</td><td>允许</td><td>符合设计要求</td><td>符合设计要求</td><td rowspan="2">测力仪:每吊杆检查</td></tr>
<tr><td>极值</td><td>下承式拱吊杆
拉力偏差 20%</td><td>符合《验评标准》</td></tr>
<tr><td>3</td><td colspan="2">吊点位置/mm</td><td>10</td><td>符合《验评标准》</td><td>经纬仪:每吊点检查</td></tr>
<tr><td rowspan="2">4△</td><td rowspan="2">吊点高程/mm</td><td>高　程</td><td>±10</td><td>符合《验评标准》</td><td rowspan="2">水准仪:每吊点检查</td></tr>
<tr><td>两侧高差</td><td>20</td><td>符合《验评标准》</td></tr>
<tr><td></td><td colspan="2"></td><td></td><td></td><td></td></tr>
<tr><td></td><td colspan="2"></td><td></td><td></td><td></td></tr>
<tr><td></td><td colspan="2"></td><td></td><td></td><td></td></tr>
<tr><td></td><td colspan="2"></td><td></td><td></td><td></td></tr>
<tr><td></td><td colspan="2"></td><td></td><td></td><td></td></tr>
<tr><td></td><td colspan="2"></td><td></td><td></td><td></td></tr>
<tr><td colspan="4">自检说明:

符合设计规范及《验评标准》的要求。

施工员:×××

××年×月×日</td><td colspan="2">监理评语:

符合设计规范及《验评标准》的要求。

监理员:×××

××年×月×日</td></tr>
</table>

施工负责人:×××　　质量检查员:×××　　监理工程师:×××

(20)斜拉桥的悬臂浇筑质量检验报告单。

表 4-45　　　　斜拉桥的悬臂浇筑质量检验报告单

承包单位:××集团有限公司××公路工程 A2 标段项目经理部　　　　合同号:A2

监理单位:××工程咨询有限公司××公路工程 A2 标段监理部　　　　编　号:

<table>
<tr><td colspan="2">工程名称</td><td colspan="3">K11+000 大桥</td><td>施工时间</td><td>××年×月×日</td></tr>
<tr><td colspan="2">桩号及部位</td><td colspan="3">K11+000 斜拉桥悬臂浇筑</td><td>检验时间</td><td>××年×月×日</td></tr>
<tr><td>项次</td><td colspan="3">检查项目</td><td>规定值或允许偏差</td><td>检验结果</td><td>检验频率和方法</td></tr>
<tr><td>1△</td><td colspan="3">混凝土强度/MPa</td><td>在合格标准内</td><td>符合《验评标准》</td><td>按 JTG F80/1—2004 附录 D 检查</td></tr>
<tr><td rowspan="2">2</td><td rowspan="2">轴线偏位/mm</td><td colspan="2">L≤100m</td><td>10</td><td>符合《验评标准》</td><td rowspan="2">经纬仪:每段检查 2 点</td></tr>
<tr><td colspan="2">L>100m</td><td>L/10000</td><td>符合《验评标准》</td></tr>
<tr><td rowspan="4">3△</td><td rowspan="4">断面尺寸/mm</td><td colspan="2">高度</td><td>+5,−10</td><td>符合《验评标准》</td><td rowspan="4">尺量:每段检查 2 个断面</td></tr>
<tr><td colspan="2">顶宽</td><td>±30</td><td>符合《验评标准》</td></tr>
<tr><td colspan="2">底宽或肋间宽</td><td>±20</td><td>符合《验评标准》</td></tr>
<tr><td colspan="2">顶、底、腹板厚或肋宽</td><td>+10,−0</td><td>符合《验评标准》</td></tr>
<tr><td rowspan="2">4△</td><td rowspan="2">索力/kN</td><td colspan="2">允许</td><td>满足设计和施工控制要求</td><td>符合《验评标准》</td><td rowspan="2">测力仪:测每索拉力</td></tr>
<tr><td colspan="2">极值</td><td>符合设计规定,设计未规定时设计值相差 10%</td><td>符合《验评标准》</td></tr>
<tr><td rowspan="3">5△</td><td rowspan="3">梁锚固点或梁顶高程/mm</td><td colspan="2">梁段</td><td>满足施工控制要求</td><td>符合《验评标准》</td><td rowspan="3">水准仪或全站仪:测量每个锚固点或每梁段中点</td></tr>
<tr><td rowspan="2">合龙后</td><td>L≤100m</td><td>±20</td><td>符合《验评标准》</td></tr>
<tr><td>L>100m</td><td>±L/5000</td><td>符合《验评标准》</td></tr>
<tr><td>6</td><td colspan="3">横坡(%)</td><td>±0.15</td><td>符合《验评标准》</td><td>水准仪:检查每梁段</td></tr>
<tr><td>7△</td><td colspan="3">锚具轴线与孔道轴线偏位/mm</td><td>5</td><td>符合《验评标准》</td><td>尺量:全部</td></tr>
<tr><td>8</td><td colspan="3">预埋件位置/mm</td><td>5</td><td>符合《验评标准》</td><td>尺量:每件</td></tr>
<tr><td>9</td><td colspan="3">平整度/mm</td><td>8</td><td>符合《验评标准》</td><td>2m 直尺:检查竖直、水平两个方向,每侧每 10m 梁长测 1 处</td></tr>
<tr><td colspan="5">自检说明:

符合设计规范及《验评标准》的要求。

施工员:×××

××年×月×日</td><td colspan="2">监理评语:

符合设计规范及《验评标准》的要求。

监理员:×××

××年×月×日</td></tr>
</table>

施工负责人:×××　　　　质量检查员:×××　　　　监理工程师:×××

(21)斜拉桥的悬臂拼装质量检验报告单。

表 4-46　**斜拉桥的悬臂拼装质量检验报告单**

承包单位：××集团有限公司××公路工程 A2 标段项目经理部　合同号：A2

监理单位：××工程咨询有限公司××公路工程 A2 标段监理部　编　号：

<table>
<tr><td colspan="4">工程名称</td><td>K11＋000 大桥</td><td>施工时间</td><td>××年×月×日</td></tr>
<tr><td colspan="4">桩号及部位</td><td>K11＋000 斜拉桥悬臂拼装</td><td>检验时间</td><td>××年×月×日</td></tr>
<tr><td>项次</td><td colspan="3">检查项目</td><td>规定值或允许偏差</td><td>检验结果</td><td>检验频率和方法</td></tr>
<tr><td>1△</td><td colspan="3">合龙段混凝土强度/MPa</td><td>在合格标准内</td><td>符合《验评标准》</td><td>按 JTG F80/1—2004 附录 D 检查</td></tr>
<tr><td rowspan="2">2</td><td rowspan="2">轴线偏位/mm</td><td colspan="2">L≤100m</td><td>10</td><td>符合《验评标准》</td><td rowspan="2">经纬仪：每段检查 2 点</td></tr>
<tr><td colspan="2">L>100m</td><td>L/10000</td><td>符合《验评标准》</td></tr>
<tr><td rowspan="2">3△</td><td rowspan="2">索力/kN</td><td colspan="2">允许</td><td>满足设计和施工控制要求</td><td>符合《验评标准》</td><td rowspan="2">测力仪：测每索拉力</td></tr>
<tr><td colspan="2">极值</td><td>符合设计规定，设计未规定时与设计值相差 10%</td><td>符合《验评标准》</td></tr>
<tr><td rowspan="3">4△</td><td rowspan="3">梁锚固点或梁顶高程/mm</td><td colspan="2">梁段</td><td>满足施工控制要求</td><td>符合《验评标准》</td><td rowspan="3">水准仪或全站仪：测量每个锚固点或每梁段中点</td></tr>
<tr><td rowspan="2">合龙后</td><td>L≤100m</td><td>±20</td><td>符合《验评标准》</td></tr>
<tr><td>L>100m</td><td>±L/5000</td><td>符合《验评标准》</td></tr>
<tr><td>5△</td><td colspan="3">锚具轴线与孔道轴线偏位/mm</td><td>5</td><td>符合《验评标准》</td><td>尺量：抽查 25%</td></tr>
<tr><td></td><td colspan="3"></td><td></td><td></td><td></td></tr>
<tr><td></td><td colspan="3"></td><td></td><td></td><td></td></tr>
<tr><td></td><td colspan="3"></td><td></td><td></td><td></td></tr>
<tr><td></td><td colspan="3"></td><td></td><td></td><td></td></tr>
<tr><td colspan="5">自检说明：
符合设计规范及《验评标准》的要求。
施工员：×××
××年×月×日</td><td colspan="2">监理评语：
符合设计规范及《验评标准》的要求。
监理员：×××
××年×月×日</td></tr>
</table>

施工负责人：×××　质量检查员：×××　监理工程师：×××

三、桥梁上部构造分项工程质量检验评定表

(1)梁(板)预制分项工程质量检验评定表。

表 4-47　　梁(板)预制分项工程质量检验评定表

分项工程名称:梁(板)预制　　所属分部工程名称:上部构造预制和安装

所属建设项目:　　工程部位:K11+000 大桥

施工单位:××集团有限公司
××公路工程项目经理部　　监理单位:××工程咨询有限公司
××公路工程监理部

基本要求	混凝土所用材料的质量和规格符合规范要求;无漏筋和空洞现象																
实测项目	项次	检查项目	规定值或允许偏差	实测值或实测偏差值										质量评定			
				1	2	3	4	5	6	7	8	9	10	平均值、代表值	合格率(%)	权值	得分
	1△	混凝土强度/MPa	在合格标准内	√	√	√	√	√	√						100	3	300
	2	梁(板)长度/mm	+5,−10	5	5	5	5	5	4						100	1	100
	3	宽度/mm	±20	20	15	17	19	18	16						100	1	100
	4△	高度/mm	±5	5	5	5	5	5	4						100	1	100
	5△	断面尺寸/mm	+5,−0	4	4	4	3	2	1						100	2	200
	6	平整度/mm	5	5	5	5	5	5	5						100	1	100
	7	横系梁及预埋件位置/mm	5	5	5	5	5	5	5						100	1	100
	合　计															10	1000

外观鉴定	混凝土表面平整	减分	0	监理意见	同意施工单位的评定 签字:××× ××年×月×日
质量保证资料	资料齐全、完整、真实	减分	0		
工程质量等级评定	评分:100			质量等级:合格	

检验负责人:×××　　检测:×××　　记录:×××

复核:×××　　××年×月×日

(2)梁(板)安装分项工程质量检验评定表。

表 4-48　　梁(板)安装分项工程质量检验评定表

分项工程名称:**梁(板)安装**　　所属分部工程名称:**上部构造预制和安装**

所属建设项目:　　工程部位:**K11+000 大桥**

施工单位:**××集团有限公司**

××公路工程项目经理部

监理单位:**××工程咨询有限公司**

××公路工程监理部

基本要求	梁在吊移出预制底座时,混凝土的强度满足设计所要求的吊装强度;梁在安装时,支撑结构的强度符合设计要求;两梁之间接缝填充材料的规格和强度符合设计要求																
实测项目	项次	检查项目	规定值或允许偏差	实测值或实测偏差值										质量评定			
				1	2	3	4	5	6	7	8	9	10	平均值、代表值	合格率(%)	权值	得分
	1△	支承中心偏位/mm	5	**5**	**5**	**5**	**5**	**5**	**5**						**100**	**3**	**300**
	2	倾斜度(%)	1.2	**1.2**	**1.2**	**1.2**	**1.2**	**1.2**	**1.2**						**100**	**2**	**200**
	3	梁(板)顶面纵向高程/mm	+8,-5	**7**	**7**	**7**	**7**	**6**	**5**						**100**	**2**	**200**
	4	相邻梁(板)顶面高差/mm	8	**8**	**8**	**8**	**8**	**8**							**100**	**1**	**100**
	合计															**8**	**800**

外观鉴定	**混凝土表面不够平整**	减分	**2**	监理意见	**同意施工单位的评定** 签字:××× ××年×月×日
质量保证资料	**资料齐全、完整、真实**	减分	**0**		
工程质量等级评定	评分:**98**　　质量等级:**合格**				

检验负责人:×××　　检测:×××　　记录:×××

复核:×××　　××年×月×日

(3)主拱圈安装分项工程质量检验评定表。

表 4-49　　主拱圈安装分项工程质量检验评定表

分项工程名称:**主拱圈安装**　　　　所属分部工程名称:**桥梁工程**

所属建设项目:　　　　工程部位:**K11+000 大桥**

施工单位:**××集团有限公司**　　　　监理单位:**××工程咨询有限公司**

××公路工程项目经理部　　　　**××公路工程监理部**

基本要求	
	(1)拱桥安装必须严格按设计规定的程序进行施工; (2)拱段接头采用现浇混凝土时,必须确保其强度和质量,并在达到设计规定强度后,方可进行拱上建筑的施工; (3)安装过程中,如杆件或节点出现开裂,应查明原因,采取措施后方可继续进行; (4)合龙段两侧高差必须在设计规定的允许范围内

实测项目	项次	检查项目		规定值或允许偏差	1	2	3	4	5	6	7	8	9	10	平均值、代表值	合格率(%)	权值	得分
	1△	轴线偏位/mm	$L\leqslant60$m	10												**100**	**2**	**200**
			$L>60$m	$L/6000$	√	√	√	√	√							**100**		
	2△	拱圈标高/mm	$L\leqslant60$m	±20												**100**	**3**	**300**
			$L>60$m	$\pm L/3000$	√	√	√	√	√							**100**		
	3△	对称接头点相对高差/mm	允许 $L\leqslant60$m	20												**100**	**2**	**200**
			允许 $L>60$m	$L/3000$	√	√	√	√	√							**100**		
			极值	允许偏差的2倍,且反向	√	√	√	√	√							**100**		
	4	同跨各拱肋相对高差/mm	$L\leqslant60$m	20												**100**	**1**	**100**
			$L>60$m	$L/3000$	√	√	√	√	√									
	5	同跨各拱肋间距/mm		30	**31**	**30**	**30**	**30**	**30**							**80**	**1**	**80**
	合　计																**9**	**880**

外观鉴定	**接头处无露筋**	减分	**0**	监理意见	**同意施工单位的评定** 签字:××× ××年×月×日
质量保证资料	**资料齐全、完整、真实**	减分	**0**		
工程质量等级评定	评分:**97.78**			质量等级:**合格**	

检验负责人:×××　　　　检测:×××　　　　记录:×××

复核:×××　　　　××年×月×日

(4)悬臂拼装的桁架拱分项工程质量检验评定表。

表 4-50　　悬臂拼装的桁架拱分项工程质量检验评定表

分项工程名称：**悬臂拼装的桁架拱**　　所属分部工程名称：**桥梁工程**

所属建设项目：　　工程部位：**K11＋000 大桥**

施工单位：**××集团有限公司**　　监理单位：**××工程咨询有限公司**

××公路工程项目经理部　　**××公路工程监理部**

基本要求	
	(1)拱桥安装必须严格按设计规定的程序进行施工； (2)拱段接头采用现浇混凝土时，必须确保其强度和质量，并在达到设计规定强度后，方可进行拱上建筑的施工； (3)安装过程中，如杆件或节点出现开裂，应查明原因，采取措施后方可继续进行； (4)合龙段两侧高差必须在设计规定的允许范围内

实测项目	项次	检查项目		规定值或允许偏差	实测值或实测偏差值										质量评定			
					1	2	3	4	5	6	7	8	9	10	平均值、代表值	合格率(%)	权值	得分
	1△	节点混凝土强度/MPa		在合格标准内	√	√	√	√	√							**100**	**3**	**300**
	2△	轴线偏位/mm	$L\leqslant60$m	10												**100**	**2**	**200**
			$L>60$m	$L/6000$	√	√	√	√	√									
	3△	拱圈标高/mm	$L\leqslant60$m	±20												**100**	**2**	**200**
			$L>60$m	$\pm L/3000$	√	√	√	√	√									
	4	相邻拱片高差/mm		20												**100**	**1**	**100**
	5△	对称接头点相对高差/mm	允许 $L\leqslant60$m	20												**100**	**2**	**200**
			允许 $L>60$m	$L/3000$	√	√	√	√	√									
			极值	允许偏差的2倍，且反向	√	√	√	√	√							**100**		
	6	拱片竖向垂直度/mm		1/300 高度，且不大于 20	√	√	√	√	√							**100**	**1**	**100**
	合　　计																**11**	**1100**

外观鉴定	**接头处露筋**	减分	**2**	监理意见	**同意施工单位的评定** 签字：××× ××年×月×日
质量保证资料	**资料齐全、完整、真实**	减分	**0**		
工程质量等级评定	评分：**98**		质量等级：**合格**		

检验负责人：×××　　检测：×××　　记录：×××

复核：×××　　××年×月×日

(5)腹拱安装分项工程质量检验评定表。

表 4-51 **腹拱安装分项工程质量检验评定表**

分项工程名称：**腹拱安装** 所属分部工程名称：**桥梁工程**

所属建设项目： 工程部位：**K11＋000 大桥**

施工单位：**××集团有限公司** 监理单位：**××工程咨询有限公司**

××公路工程项目经理部 **××公路工程监理部**

<table>
<tr><td>基本要求</td><td colspan="16">(1)拱桥安装必须严格按设计规定的程序进行施工；
(2)拱段接头采用现浇混凝土时，必须确保其强度和质量，并在达到设计规定强度后，方可进行拱上建筑的施工；
(3)安装过程中，如杆件或节点出现开裂，应查明原因，采取措施后方可继续进行；
(4)合龙段两侧高差必须在设计规定的允许范围内</td></tr>
<tr><td rowspan="11">实测项目</td><td rowspan="2">项次</td><td rowspan="2">检查项目</td><td rowspan="2">规定值或允许偏差</td><td colspan="10">实测值或实测偏差值</td><td colspan="4">质量评定</td></tr>
<tr><td>1</td><td>2</td><td>3</td><td>4</td><td>5</td><td>6</td><td>7</td><td>8</td><td>9</td><td>10</td><td>平均值、代表值</td><td>合格率(%)</td><td>权值</td><td>得分</td></tr>
<tr><td>1</td><td>轴线偏位/mm</td><td>10</td><td>10</td><td>10</td><td>10</td><td>10</td><td>10</td><td>10</td><td>10</td><td></td><td></td><td></td><td></td><td>100</td><td>1</td><td>100</td></tr>
<tr><td>2</td><td>起拱线高程/mm</td><td>±20</td><td>22</td><td>20</td><td>19</td><td>18</td><td>17</td><td>16</td><td>10</td><td></td><td></td><td></td><td></td><td>85.71</td><td>2</td><td>171.42</td></tr>
<tr><td>3</td><td>相邻块件高差/mm</td><td>5</td><td>5</td><td>5</td><td>5</td><td>5</td><td>5</td><td></td><td></td><td></td><td></td><td></td><td></td><td>100</td><td>2</td><td>200</td></tr>
<tr><td></td><td></td><td></td><td></td><td></td><td></td><td></td><td></td><td></td><td></td><td></td><td></td><td></td><td></td><td></td><td></td><td></td></tr>
<tr><td></td><td></td><td></td><td></td><td></td><td></td><td></td><td></td><td></td><td></td><td></td><td></td><td></td><td></td><td></td><td></td><td></td></tr>
<tr><td></td><td></td><td></td><td></td><td></td><td></td><td></td><td></td><td></td><td></td><td></td><td></td><td></td><td></td><td></td><td></td><td></td></tr>
<tr><td></td><td></td><td></td><td></td><td></td><td></td><td></td><td></td><td></td><td></td><td></td><td></td><td></td><td></td><td></td><td></td><td></td></tr>
<tr><td></td><td></td><td></td><td></td><td></td><td></td><td></td><td></td><td></td><td></td><td></td><td></td><td></td><td></td><td></td><td></td><td></td></tr>
<tr><td colspan="3">合　计</td><td colspan="12"></td><td>5</td><td>471.42</td></tr>
<tr><td colspan="2">外观鉴定</td><td colspan="6">节点平整</td><td>减分</td><td>0</td><td rowspan="2">监理意见</td><td colspan="6" rowspan="2">同意施工单位的评定
签字：×××
××年×月×日</td></tr>
<tr><td colspan="2">质量保证资料</td><td colspan="6">资料齐全、完整、真实</td><td>减分</td><td>0</td></tr>
<tr><td colspan="2">工程质量等级评定</td><td colspan="9">评分：94.28</td><td colspan="6">质量等级：合格</td></tr>
</table>

检验负责人：××× 检测：××× 记录：×××

复核：××× ××年×月×日

(6)转体施工拱分项工程质量检验评定表。

表 4-52　　**转体施工拱分项工程质量检验评定表**

分项工程名称:**转体施工拱**　　所属分部工程名称:**桥梁工程**

所属建设项目:　　工程部位:**K11＋000 大桥**

施工单位:**××集团有限公司**　　监理单位:**××工程咨询有限公司**

××公路工程项目经理部　　**××公路工程监理部**

基本要求	(1)转动设施和锚固体系必须经过严格检查,安全可靠; (2)采用双侧对称同步转体施工时,必须设位控制系,严格控制两侧同步,使误差控制在设计允许的范围内; (3)上部构件在转体施工中,如出现裂缝,应查明原因,采取措施后方可继续转体施工																
实测项目	项次	检查项目	规定值或允许偏差	实测值或实测偏差值										质量评定			
				1	2	3	4	5	6	7	8	9	10	平均值、代表值	合格率(%)	权值	得分
	1△	封闭转盘和合龙段混凝土强度/MPa	在合格标准内	√	√	√	√	√	√						**100**	**3**	**300**
	2	轴线偏位/mm	跨径/6000	√	√	√	√	√	√						**100**	**2**	**200**
	3△	跨中拱顶面高程/mm	±20	**20**	**21**	**10**	**18**	**19**	**15**						**83.33**	**2**	**166.66**
	4	同一横截面两侧或相邻上部构件高差/mm	10	**10**	**10**	**10**	**10**	**10**	**10**						**100**	**2**	**200**
	合　计															**9**	**866.66**
外观鉴定	**合龙段混凝土麻面**			减分	**2**	监理意见	**同意施工单位的评定** 签字:××× ××年×月×日										
质量保证资料	**资料齐全、完整、真实**			减分	**0**												
工程质量等级评定	评分:**94.30**						质量等级:**合格**										

检验负责人:×××　　检测:×××　　记录:×××

复核:×××　　××年×月×日

(7)劲性骨架加工分项工程质量检验评定表。

表 4-53　　劲性骨架加工分项工程质量检验评定表

分项工程名称:**劲性骨架加工**　　所属分部工程名称:**桥梁工程**

所属建设项目:　　工程部位:**K11+000 大桥**

施工单位:**××集团有限公司**　　监理单位:**××工程咨询有限公司**

××公路工程项目经理部　　**××公路工程监理部**

<table>
<tr><td>基本要求</td><td colspan="17">(1)混凝土所用的材料的质量和规格必须符合有关技术规范的要求,按规定的配合比施工;
(2)骨架应按设计要求的钢种、型号及线形精心加工,骨架接头在吊装以前应进行试拼,以便吊装后骨架迅速成拱;
(3)杆件在施工中,如出现开裂或局部构件失稳,应查明原因,采取措施后方或继续施工;
(4)吊装骨架应平衡下落,减少骨架变形;
(5)浇筑前应校核骨架,进行必须的调整;
(6)按设计规定的顺序,分层、对称地浇筑混凝土,无空洞和露筋现象,并严格按设计要求,采取措施以保证骨架的稳定;
(7)浇筑混凝土过程中应进行观测,严格控制轴线,累计误差应在允许范围内</td></tr>
<tr><td rowspan="11">实测项目</td><td rowspan="2">项次</td><td rowspan="2">检查项目</td><td rowspan="2">规定值或允许偏差</td><td colspan="10">实测值或实测偏差值</td><td colspan="4">质量评定</td></tr>
<tr><td>1</td><td>2</td><td>3</td><td>4</td><td>5</td><td>6</td><td>7</td><td>8</td><td>9</td><td>10</td><td>平均值、代表值</td><td>合格率(%)</td><td>权值</td><td>得分</td></tr>
<tr><td>1</td><td>杆件截面尺寸/mm</td><td>不小于设计</td><td>√</td><td>√</td><td>√</td><td>√</td><td>√</td><td>√</td><td>√</td><td>√</td><td></td><td></td><td></td><td>**100**</td><td>**2**</td><td>**200**</td></tr>
<tr><td>2</td><td>骨架高、宽/mm</td><td>±10</td><td>**11**</td><td>**10**</td><td>**9**</td><td>**8**</td><td>**7**</td><td>**6**</td><td>**−5**</td><td>**−3**</td><td></td><td></td><td></td><td>**87.5**</td><td>**2**</td><td>**175**</td></tr>
<tr><td>3△</td><td>内弧偏离设计弧线/mm</td><td>10</td><td>**10**</td><td>**10**</td><td>**10**</td><td>**10**</td><td>**10**</td><td>**10**</td><td></td><td></td><td></td><td></td><td></td><td>**100**</td><td>**3**</td><td>**300**</td></tr>
<tr><td>4</td><td>每段的弧长/mm</td><td>+10,−10</td><td>**10**</td><td>**9**</td><td>**8**</td><td>**7**</td><td>**6**</td><td>**5**</td><td>**−5**</td><td>**−6**</td><td></td><td></td><td></td><td>**100**</td><td>**2**</td><td>**200**</td></tr>
<tr><td>5△</td><td>焊缝</td><td>符合设计要求</td><td>√</td><td>√</td><td>√</td><td>√</td><td>√</td><td>√</td><td>√</td><td>√</td><td></td><td></td><td></td><td>**100**</td><td>**3**</td><td>**300**</td></tr>
<tr><td></td><td></td><td></td><td></td><td></td><td></td><td></td><td></td><td></td><td></td><td></td><td></td><td></td><td></td><td></td><td></td><td></td></tr>
<tr><td></td><td></td><td></td><td></td><td></td><td></td><td></td><td></td><td></td><td></td><td></td><td></td><td></td><td></td><td></td><td></td><td></td></tr>
<tr><td></td><td></td><td></td><td></td><td></td><td></td><td></td><td></td><td></td><td></td><td></td><td></td><td></td><td></td><td></td><td></td><td></td></tr>
<tr><td colspan="3">合　计</td><td colspan="12"></td><td>**12**</td><td>**1175**</td></tr>
<tr><td colspan="2">外观鉴定</td><td colspan="4">**骨架曲线圆滑**</td><td>减分</td><td>**0**</td><td rowspan="2" colspan="2">监理意见</td><td rowspan="2" colspan="8">**同意施工单位的评定**
签字:×××
××年×月×日</td></tr>
<tr><td colspan="2">质量保证资料</td><td colspan="4">**资料齐全、完整、真实**</td><td>减分</td><td>**0**</td></tr>
<tr><td colspan="2">工程质量等级评定</td><td colspan="8">评分:**97.92**</td><td colspan="8">质量等级:**合格**</td></tr>
</table>

检验负责人:×××　　检测:×××　　记录:×××

复核:×××　　××年×月×日

(8)钢管拱肋制作分项工程质量检验评定表。

表 4-54　　钢管拱肋制作分项工程质量检验评定表

分项工程名称:**钢管拱肋制作**　　所属分部工程名称:**桥梁工程**

所属建设项目:　　工程部位:**K11+000 大桥**

施工单位:**××集团有限公司**　　监理单位:**××工程咨询有限公司**

××公路工程项目经理部　　**××公路工程监理部**

基本要求	
基本要求	(1)钢管拱肋使用的钢材和焊接材料应符合规范和设计要求; (2)钢管拱肋的焊接应按施工规范有关规定进行焊接工艺评定施焊人员必须具有相应的焊接资格证和上岗证; (3)钢管拱肋元件合格后方可组焊,钢管拱肋节段合格后方可安装; (4)同一部位的焊缝返修不能超过两次,返修后的焊缝应按原质量标准进行复验,并且合格; (5)钢管拱在安装过程中,必须有加强横向稳定的措施,扣挂系统应符合设计和规范要求; (6)管内混凝土应采用泵送顶升压注施工,由拱脚至拱顶对称均衡地一次压注完成; (7)钢管混凝土应具有低泡、大流动、收缩补偿、延后初凝的性能,管内混凝土的浇筑应严格按设计要求进行,并对混凝土的质量进行检测; (8)钢管的防护应符合设计要求

	项次	检查项目	规定值或允许偏差	实测值或实测偏差值										质量评定			
				1	2	3	4	5	6	7	8	9	10	平均值、代表值	合格率(%)	权值	得分
实测项目	1△	钢管直径/mm	±D/500 及±5	√	√	√	√	√	√	√					**100**	**3**	**300**
	2	钢管中距/mm	±5	**6**	**5**	**4**	**3**	**2**	**1**	**−2**	**−4**				**87.5**	**1**	**87.5**
	3△	内弧偏离设计弧线/mm	8	**8**	**8**	**8**	**8**	**8**	**8**						**100**	**2**	**200**
	4	拱肋内弧长/mm	+0,−10	**−1**	**−2**	**−3**	**−4**	**−5**	**−6**	**−10**					**100**	**1**	**100**
	5△	节段对接错边/mm	2	**2**	**2**	**2**	**2**	**2**	**2**						**100**	**2**	**200**
	6	节段平面度/mm	3	**3**	**3**	**3**	**3**	**3**	**3**	**3**	**3**				**100**	**1**	**100**
	7	竖杆节间长度/mm	±2	**2**	**1**	**−1**	**−2**	**0**							**100**	**1**	**100**
	8△	焊缝尺寸	符合设计要求	√	√	√	√	√	√	√					**100**	**2**	**500**
		焊缝探伤		√	√	√	√	√	√	√					**100**	**3**	
	合　计															**16**	**1587.5**

外观鉴定	**焊缝不平滑**	减分	**2**	监理意见	**同意施工单位的评定** 签字:××× ××年×月×日
质量保证资料	**资料齐全、完整、真实**	减分	**0**		
工程质量等级评定	评分:**97.22**			质量等级:**合格**	

检验负责人:×××　　检测:×××　　记录:×××

复核:×××　　××年×月×日

(9)吊杆制作与安装分项工程质量检验评定表。

表 4-55 吊杆制作与安装分项工程质量检验评定表

分项工程名称：**吊杆制作与安装** 所属分部工程名称：**桥梁工程**

所属建设项目： 工程部位：**K11+000 大桥**

施工单位：**××集团有限公司**
××公路工程项目经理部

监理单位：**××工程咨询有限公司**
××公路工程监理部

<table>
<tr><td>基本要求</td><td colspan="18">(1)吊杆、系杆及锚具的材料、规格和各项技术性能必须符合国家现行标准规定和设计要求；
(2)锚垫板平面须与孔道轴线垂直；
(3)吊杆、系杆防护必须符合设计和规范要求；
(4)严格按设计规定程序进行施工</td></tr>
<tr><td rowspan="11">实测项目</td><td rowspan="2">项次</td><td colspan="2" rowspan="2">检查项目</td><td rowspan="2">规定值或允许偏差</td><td colspan="10">实测值或实测偏差值</td><td colspan="4">质量评定</td></tr>
<tr><td>1</td><td>2</td><td>3</td><td>4</td><td>5</td><td>6</td><td>7</td><td>8</td><td>9</td><td>10</td><td>平均值、代表值</td><td>合格率(%)</td><td>权值</td><td>得分</td></tr>
<tr><td>1</td><td colspan="2">吊轩长度/mm</td><td>±0.001L 及±10</td><td>√</td><td>√</td><td>√</td><td>√</td><td>√</td><td></td><td></td><td></td><td></td><td></td><td></td><td>**100**</td><td>**1**</td><td>**100**</td></tr>
<tr><td rowspan="2">2△</td><td rowspan="2">吊杆拉力</td><td>允许</td><td>符合设计要求</td><td>√</td><td>√</td><td>√</td><td>√</td><td>√</td><td></td><td></td><td></td><td></td><td></td><td></td><td>**100**</td><td rowspan="2">**3**</td><td rowspan="2">**300**</td></tr>
<tr><td>极值</td><td>下承式拱吊杆拉力偏差 20%</td><td>√</td><td>√</td><td>√</td><td>√</td><td>√</td><td></td><td></td><td></td><td></td><td></td><td></td><td>**100**</td></tr>
<tr><td>3</td><td colspan="2">吊点位置/mm</td><td>10</td><td>**10**</td><td>**10**</td><td>**10**</td><td>**10**</td><td>**10**</td><td></td><td></td><td></td><td></td><td></td><td></td><td>**100**</td><td>**1**</td><td>**100**</td></tr>
<tr><td rowspan="2">4△</td><td rowspan="2">吊点高程/mm</td><td>高程</td><td>±10</td><td>**10**</td><td>**9**</td><td>**8**</td><td>**7**</td><td>**6**</td><td></td><td></td><td></td><td></td><td></td><td></td><td>**100**</td><td rowspan="2">**2**</td><td rowspan="2">**200**</td></tr>
<tr><td>两侧高差</td><td>20</td><td>**20**</td><td>**20**</td><td>**20**</td><td>**20**</td><td>**20**</td><td></td><td></td><td></td><td></td><td></td><td></td><td>**100**</td></tr>
<tr><td></td><td colspan="2"></td><td></td><td></td><td></td><td></td><td></td><td></td><td></td><td></td><td></td><td></td><td></td><td></td><td></td><td></td><td></td></tr>
<tr><td></td><td colspan="2"></td><td></td><td></td><td></td><td></td><td></td><td></td><td></td><td></td><td></td><td></td><td></td><td></td><td></td><td></td><td></td></tr>
<tr><td></td><td colspan="2"></td><td></td><td></td><td></td><td></td><td></td><td></td><td></td><td></td><td></td><td></td><td></td><td></td><td></td><td></td><td></td></tr>
<tr><td></td><td colspan="4">合　计</td><td colspan="12"></td><td>**7**</td><td>**700**</td></tr>
<tr><td colspan="2">外观鉴定</td><td colspan="4">**防护层有污物**</td><td colspan="3">减分</td><td colspan="2">**2**</td><td colspan="2" rowspan="2">监理意见</td><td colspan="6" rowspan="2">**同意施工单位的评定**

签字：×××

××年×月×日</td></tr>
<tr><td colspan="2">质量保证资料</td><td colspan="4">**资料齐全、完整、真实**</td><td colspan="3">减分</td><td colspan="2">**0**</td></tr>
<tr><td colspan="2">工程质量等级评定</td><td colspan="9">评分：**98**</td><td colspan="8">质量等级：**合格**</td></tr>
</table>

检验负责人：××× 检测：××× 记录：×××

复核：××× ××年×月×日

(10)钢梁防护涂装分项工程质量检验评定表。

表 4-56　　钢梁防护涂装分项工程质量检验评定表

分项工程名称:**钢梁防护涂装**　　　　所属分部工程名称:**桥梁工程**

所属建设项目:　　　　工程部位:**K11+000 大桥**

施工单位:**××集团有限公司**
××公路工程项目经理部

监理单位:**××工程咨询有限公司**
××公路工程监理部

基本要求	(1)防护涂装材料的品种、规格、技术性能指标必须符合设计和技术规范的要求,具有完整的出厂质量合格证明书,并经防护涂装施工单位和监理工程师复检合格后方可使用; (2)施工采用的涂敷系统应进行车间和现场的工艺试验,其结果须得到监理工程师签字认可后方可施工; (3)涂装干膜厚度应达到规定值,检测点的漆膜厚度合格须符合设计要求

实测项目

项次	检查项目		规定值或允许偏差	1	2	3	4	5	6	7	8	9	10	平均值、代表值	合格率(%)	权值	得分
1△	除锈清洁度		符合设计规定,设计未规定时,Sa2.5(St3)	√	√	√	√	√	√						**100**	**3**	**300**
2△	粗糙度/μm	外表面	70～100	**85**	**70**	**80**	**90**	**95**	**93**						**100**	**2**	**200**
		内表面	40～80	**65**	**40**	**50**	**60**	**70**	**75**						**100**		
3	总干膜厚度/μm		符合设计要求	√	√	√	√	√	√						**100**	**1**	**100**
4	附着力/MPa		符合设计要求	√	√	√	√	√	√						**100**	**1**	**100**
合　计																**7**	**700**

外观鉴定	**漆膜颜色不一致**	减分	**2**	监理意见	**同意施工单位的评定** 签字:××× ××年×月×日
质量保证资料	**资料齐全、完整、真实**	减分	**0**		
工程质量等级评定	评分:**98**		质量等级:**合格**		

检验负责人:×××　　检测:×××　　记录:×××

复核:×××　　××年×月×日

(11)钢梁安装分项工程质量检验评定表。

表 4-57 **钢梁安装分项工程质量检验评定表**

分项工程名称：**钢梁安装** 所属分部工程名称：**桥梁工程**

所属建设项目： 工程部位：**K11+000 大桥**

施工单位：**××集团有限公司** 监理单位：**××工程咨询有限公司**

××公路工程项目经理部 **××公路工程监理部**

基本要求	(1)所使用的焊接材料和紧固件必须符合设计和技术规范的要求； (2)应按设计规定的程序进行安装； (3)工地安装焊缝应事先进行焊接工艺评定试验； (4)同一部位的焊缝返修不能超过两次； (5)高强螺栓连接摩擦面的抗滑移系数应对随梁发送的试板进行检验，检验结果须符合设计要求

	项次	检查项目		规定值或允许偏差	实测值或实测偏差值										质量评定			
					1	2	3	4	5	6	7	8	9	10	平均值、代表值	合格率(%)	权值	得分
实测项目	1	轴线偏位/mm	钢梁中线	10	**10**	**10**	**10**	**10**	**10**							**100**	**2**	**200**
			两孔相邻横梁中线相对偏位	5	**10**	**10**	**10**	**10**	**10**							**100**		
	2	梁底高程/mm	墩台处梁底	±10	**9**	**10**	**11**	**8**	**7**							**100**	**2**	**200**
			两孔相邻横梁相对高差	5	**5**	**5**	**5**	**5**	**5**							**100**		
	3△	连接	焊缝尺寸	符合设计要求	√	√	√	√	√							**100**	**2**	**200**
			焊缝探伤		√	√	√	√	√							**100**		
			高强螺栓扭矩(%)	±10	**4**	**5**	**7**	**6**	**8**							**100**	**3**	**300**
	合计																**9**	**900**

外观鉴定	**线形无折变**	减分	**0**	监理意见	**同意施工单位的评定** 签字：**×××** ××年×月×日
质量保证资料	**资料齐全、完整、真实**	减分	**0**		
工程质量等级评定	评分：**100**		质量等级：**合格**		

检验负责人：××× 检测：××× 记录：×××

复核：××× ××年×月×日

(12)斜拉桥塔柱段分项工程质量检验评定表。

表 4-58　斜拉桥塔柱段分项工程质量检验评定表

分项工程名称:**斜拉桥塔柱段**　　所属分部工程名称:**桥梁工程**

所属建设项目:　　工程部位:**K11+000 大桥**

施工单位:**××集团有限公司**　　监理单位:**××工程咨询有限公司**

××公路工程项目经理部　　**××公路工程监理部**

基本要求	(1)所用的材料质量和规格必须符合有关规范要求,按规定的配合比施工; (2)索塔的索道孔、锚箱位置及锚箱锚固面与水平面的交角均应控制准确,锚垫板与孔道必须互相垂直; (3)分段浇筑时,段与段间不得有错台; (4)不得出现露筋和空洞现象

	项次	检查项目	规定值或允许偏差	实测值或实测偏差值										质量评定			
				1	2	3	4	5	6	7	8	9	10	平均值、代表值	合格率(%)	权值	得分
实测项目	1△	混凝土强度/MPa	在合格标准内	√	√	√	√	√	√						**100**	**3**	**300**
	2	塔柱底偏位/mm	10	**10**	**10**	**10**	**10**	**10**	**10**						**100**	**1**	**100**
	3△	倾斜度/mm	符合设计规定,设计未规定时按 1/3000 塔高,且不大于 30	√	√	√	√	√	√						**100**	**2**	**200**
	4	外轮廓尺寸/mm	±20	**21**	**20**	**19**	**18**	**17**	**16**	**15**					**85.71**	**1**	**85.71**
	5	壁厚/mm	±5	**5**	**4**	**3**	**2**	**−1**	**−2**	**−4**					**100**	**1**	**100**
	6	锚固点高程/mm	±10	**10**	**9**	**8**	**7**	**6**	**5**	**4**					**100**	**1**	**100**
	7△	孔道位置/mm	10,且两端同向	√	√	√	√	√	√	√					**100**	**2**	**200**
	8	预埋件位置/mm	5	**5**	**5**	**5**	**5**	**5**	**5**	**5**					**100**	**1**	**100**
	合　计															**12**	**1185.71**

外观鉴定	**混凝土表面不平**	减分	**2**	监理意见	**同意施工单位的评定** 签字:××× ××年×月×日
质量保证资料	**资料齐全、完整、真实**	减分	**0**		
工程质量等级评定	评分:**96.81**		质量等级:**合格**		

检验负责人:×××　　检测:×××　　记录:×××

复核:×××　　××年×月×日

(13)平行钢丝斜拉索制作与防护分项工程质量检验评定表。

表 4-59　　平行钢丝斜拉索制作与防护分项工程质量检验评定表

分项工程名称：**平行钢丝斜拉索制作与防护**　　所属分部工程名称：**桥梁工程**

所属建设项目：　　工程部位：**K11＋000 大桥**

施工单位：**××集团有限公司**　　监理单位：**××工程咨询有限公司**

××公路工程项目经理部　　**××公路工程监理部**

基本要求	(1)镀锌钢丝、锚头锻钢材料的各项技术性能必须符合设计要求； (2)钢丝必须梳理顺直，热挤时平行钢丝束的扭转角度应满足技术规范要求，不得松散； (3)斜拉索安装前，均应作 1.3～1.5 倍设计荷载的预张拉试验，锚板回缩量不大于 6mm，试验后锚具完好； (4)斜拉索成品在出厂前须做放索试验

	项次	检查项目		规定值或允许偏差	实测值或实测偏差值										质量评定			
					1	2	3	4	5	6	7	8	9	10	平均值、代表值	合格率(%)	权值	得分
实测项目	1△	斜拉索长度/mm	≤100m	±20	**20**	**10**	**9**	**8**	**7**	**—5**	**—6**	**—10**				**100**	**2**	**200**
			＞100m	±1/5000 索长												**100**		
	2△	PE 防护厚度/mm		＋1.0，—0.5	**1.1**	**0.9**	**0.8**	**0.7**	**0.6**	**0.1**	**—0.2**	**—0.3**				**87.5**	**1**	**87.5**
	3	锚板孔眼直径 *D*/mm		*d*＜*D*＜1.1*d*	√	√	√	√	√	√	√	√				**100**	**1**	**100**
	4	镦头尺寸/mm		镦头直径≥1.4*d* 镦头高度≥*d*	√	√	√	√	√	√	√	√				**100**	**1**	**100**
	5△	冷铸填料强度	允许	不小于设计	√	√	√	√	√	√	√	√				**100**	**2**	**200**
			极植	小于设计 10%	√	√	√	√	√	√	√	√				**100**		
	6△	锚具附近密封处理		符合设计要求	√	√	√	√	√	√	√	√				**100**	**2**	**200**
	合计																**9**	**887.5**

外观鉴定	**锚头锈蚀**	减分	**2**	监理意见	**同意施工单位的评定** 签字：××× ××年×月×日
质量保证资料	**资料齐全、完整、真实**	减分	**0**		
工程质量等级评定	评分：**96.61**		质量等级：**合格**		

检验负责人：×××　　检测：×××　　记录：×××

复核：×××　　××年×月×日

(14)钢斜拉桥钢箱梁段的支架安装分项工程质量检验评定表。

表 4-60　　**钢斜拉桥钢箱梁段的支架安装分项工程质量检验评定表**

分项工程名称:**钢斜拉桥钢箱梁段的支架安装**　　所属分部工程名称:**桥梁工程**

所属建设项目:　　工程部位:**K11+000 大桥**

施工单位:**××集团有限公司**　　监理单位:**××工程咨询有限公司**

××公路工程项目经理部　　**××公路工程监理部**

<table>
<tr><td>基本要求</td><td colspan="17">钢箱梁拼装架设时采用的高强螺栓、焊接材料的品种、规格、化学成分及力学性能必须符合设计和有关技术规范的要求;
在工厂制作的斜拉索成品必须有经监理工程师签认的产品质量合格证,方能在工地使用;
钢箱梁段必须验收合格后方能在工地拼装;
悬臂施工必须按照设计对称进行</td></tr>
<tr><td rowspan="15">实测项目</td><td rowspan="2">项次</td><td rowspan="2" colspan="2">检查项目</td><td rowspan="2">规定值或允许偏差</td><td colspan="10">实测值或实测偏差值</td><td colspan="4">质量评定</td></tr>
<tr><td>1</td><td>2</td><td>3</td><td>4</td><td>5</td><td>6</td><td>7</td><td>8</td><td>9</td><td>10</td><td>平均值、代表值</td><td>合格率(%)</td><td>权值</td><td>得分</td></tr>
<tr><td>1</td><td colspan="2">轴线偏位/mm</td><td>10</td><td>10</td><td>10</td><td>10</td><td>10</td><td>10</td><td>10</td><td>10</td><td></td><td></td><td></td><td></td><td>100</td><td>1</td><td>100</td></tr>
<tr><td>2</td><td colspan="2">梁段的纵向位置/mm</td><td>10</td><td>10</td><td>10</td><td>10</td><td>10</td><td>10</td><td>10</td><td></td><td></td><td></td><td></td><td></td><td>100</td><td>2</td><td>200</td></tr>
<tr><td>3△</td><td colspan="2">梁顶标高/mm</td><td>±10</td><td>11</td><td>10</td><td>9</td><td>8</td><td>7</td><td>6</td><td>5</td><td></td><td></td><td></td><td></td><td>85.7</td><td>2</td><td>171.4</td></tr>
<tr><td>4</td><td colspan="2">梁顶水平度/mm</td><td>10</td><td>10</td><td>10</td><td>10</td><td>10</td><td>10</td><td>10</td><td>10</td><td></td><td></td><td></td><td></td><td>100</td><td>1</td><td>100</td></tr>
<tr><td rowspan="3">5△</td><td rowspan="3">连接</td><td>焊缝尺寸</td><td rowspan="2">符合设计要求</td><td>√</td><td>√</td><td>√</td><td>√</td><td>√</td><td>√</td><td>√</td><td></td><td></td><td></td><td></td><td>100</td><td>2</td><td>200</td></tr>
<tr><td>焊缝探伤</td><td>√</td><td>√</td><td>√</td><td>√</td><td>√</td><td>√</td><td>√</td><td></td><td></td><td></td><td></td><td>100</td><td rowspan="2">3</td><td rowspan="2">300</td></tr>
<tr><td>高强螺栓扭矩(%)</td><td>±10</td><td>4</td><td>5</td><td>7</td><td>6</td><td>8</td><td>9</td><td>3</td><td></td><td></td><td></td><td></td><td>100</td></tr>
<tr><td></td><td colspan="2"></td><td></td><td></td><td></td><td></td><td></td><td></td><td></td><td></td><td></td><td></td><td></td><td></td><td></td><td></td><td></td></tr>
<tr><td></td><td colspan="2"></td><td></td><td></td><td></td><td></td><td></td><td></td><td></td><td></td><td></td><td></td><td></td><td></td><td></td><td></td><td></td></tr>
<tr><td></td><td colspan="2"></td><td></td><td></td><td></td><td></td><td></td><td></td><td></td><td></td><td></td><td></td><td></td><td></td><td></td><td></td><td></td></tr>
<tr><td></td><td colspan="2"></td><td></td><td></td><td></td><td></td><td></td><td></td><td></td><td></td><td></td><td></td><td></td><td></td><td></td><td></td><td></td></tr>
<tr><td colspan="3">合　计</td><td colspan="13"></td><td>11</td><td>1071.4</td></tr>
<tr><td colspan="2">外观鉴定</td><td colspan="2">焊缝不平滑</td><td>减分</td><td colspan="4">2</td><td rowspan="2" colspan="2">监理意见</td><td rowspan="2" colspan="7">同意施工单位的评定
签字:×××
××年×月×日</td></tr>
<tr><td colspan="2">质量保证资料</td><td colspan="2">资料齐全、完整、真实</td><td>减分</td><td colspan="4">0</td></tr>
<tr><td colspan="2">工程质量等级评定</td><td colspan="9">评分:95.4</td><td colspan="7">质量等级:合格</td></tr>
</table>

检验负责人:×××　　检测:×××　　记录:×××

复核:×××　　××年×月×日

(15)结合梁工字梁段悬臂拼装分项工程质量检验评定表。

表 4-61　　结合梁工字梁段悬臂拼装分项工程质量检验评定表

分项工程名称:**结合梁工字梁段悬臂拼装**　　所属分部工程名称:**桥梁工程**

所属建设项目:　　工程部位:**K11+000 大桥**

施工单位:**××集团有限公司**　　监理单位:**××工程咨询有限公司**

××公路工程项目经理部　　**××公路工程监理部**

基本要求	钢箱梁拼装架设时采用的高强螺栓、焊接材料的品种、规格、化学成分及力学性能必须符合设计和有关技术规范的要求; 在工厂制作的斜拉索成品必须有经监理工程师签认的产品质量合格证,方能在工地使用; 钢箱梁段必须验收合格后方能在工地拼装; 悬臂施工必须按照设计对称进行

	项次	检查项目		规定值或允许偏差	实测值或实测偏差值										质量评定			
					1	2	3	4	5	6	7	8	9	10	平均值、代表值	合格率(%)	权值	得分
实测项目	1	轴线偏位	$L\leqslant200$m	10												100	1	100
			$L>200$m	$L/20000$	√	√	√	√	√	√						100		
	2△	索力/kN		满足设计和施工控制要求	√	√	√	√	√	√						100	3	300
	3△	梁锚固点高程或梁顶高程/mm	梁段	满足施工控制要求	√	√	√	√	√	√						100	2	200
			两主梁高差	10	**10**	**10**	**10**	**10**	**10**	**10**						100		
	4△	连接	焊缝尺寸	符合设计要求	√	√	√	√	√	√						100	2	200
			焊缝探伤		√	√	√	√	√	√						100	3	300
			高强螺栓扭矩(%)	±10	**4**	**5**	**7**	**6**	**8**	**9**						100		
	合　计																11	1100

外观鉴定	**焊缝不平滑**	减分	2	监理意见	**同意施工单位的评定** 签字:××× ××年×月×日
质量保证资料	**资料齐全、完整、真实**	减分	0		
工程质量等级评定	评分:**98**		质量等级:**合格**		

检验负责人:×××　　检测:×××　　记录:×××

复核:×××　　××年×月×日

(16)悬索桥塔柱段分项工程质量检验评定表。

表 4-62　**悬索桥塔柱段分项工程质量检验评定表**

分项工程名称：**悬索桥塔柱段**　所属分部工程名称：**桥梁工程**

所属建设项目：　工程部位：**K11＋000 大桥**

施工单位：**××集团有限公司**　监理单位：**××工程咨询有限公司**

××公路工程项目经理部　**××公路工程监理部**

基本要求	混凝土所用的水泥、砂、石、水、外掺剂及混和材料的质量和规格必须符合有关规范的要求，按规定的配合比施工； 分段浇筑时，段与段间不得有错台； 不得出现露筋和空洞现象； 横系梁施工中，不得因支架变形、温度或预应力而出现裂缝

实测项目	项次	检查项目	规定值或允许偏差	实测值或实测偏差值										质量评定			
				1	2	3	4	5	6	7	8	9	10	平均值、代表值	合格率(%)	权值	得分
	1△	混凝土强度/MPa	在合格标准内	√	√	√	√	√							**100**	**3**	**300**
	2	塔柱底水平偏位/mm	10	**10**	**10**	**10**	**10**	**10**							**100**	**1**	**100**
	3△	倾斜度/mm	符合设计规定，设计未规定时按塔高的 1/3000，且不大于 30	√	√	√	√	√							**100**	**2**	**200**
	4	外轮廓尺寸/mm	±20	**16**	**20**	**19**	**18**	**17**							**100**	**1**	**100**
	5	壁厚/mm	±5	**5**	**4**	**3**	**2**	**1**							**100**	**1**	**100**
	6	预埋件位置/mm	5	**5**	**5**	**5**	**5**	**5**							**100**	**1**	**100**
	7	索鞍底板面高程/mm	＋10，－0	**10**	**9**	**8**	**7**	**6**							**100**	**1**	**100**
	合　计															**10**	**1000**

外观鉴定	**混凝土表面不平**	减分	**2**	监理意见	**同意施工单位的评定** 签字：××× ××年×月×日
质量保证资料	**资料齐全、完整、真实**	减分	**0**		
工程质量等级评定	评分：**98**		质量等级：**合格**		

检验负责人：×××　检测：×××　记录：×××

复核：×××　××年×月×日

(17)主索鞍安装分项工程质量检验评定表。

表 4-63　　**主索鞍安装分项工程质量检验评定表**

分项工程名称:**主索鞍安装**　　所属分部工程名称:**桥梁工程**

所属建设项目:　　工程部位:**K11+000 大桥**

施工单位:**××集团有限公司**　　监理单位:**××工程咨询有限公司**

××公路工程项目经理部　　**××公路工程监理部**

<table>
<tr><td>基本要求</td><td colspan="19">(1)索鞍成品必须按设计和有关技术规范要求验收合格,并有产品合格证;
(2)必须按设计和有关技术规范要求放置底板或格栅,并与底座混凝土连成整体;
(3)底座混凝土应振捣密实,强度符合设计要求;
(4)安装前应进行全面检查,如有损伤,须做处理;
(5)索槽内部应清洁,不应沾土减少缆索和索鞍之间摩擦的油或油漆等材料;
(6)索鞍就位后应锁定牢靠</td></tr>
<tr><td rowspan="10">实测项目</td><td rowspan="2">项次</td><td colspan="2" rowspan="2">检查项目</td><td rowspan="2">规定值或允许偏差</td><td colspan="10">实测值或实测偏差值</td><td colspan="4">质量评定</td></tr>
<tr><td>1</td><td>2</td><td>3</td><td>4</td><td>5</td><td>6</td><td>7</td><td>8</td><td>9</td><td>10</td><td>平均值、代表值</td><td>合格率(%)</td><td>权值</td><td>得分</td></tr>
<tr><td rowspan="2">1△</td><td rowspan="2">最终偏位/mm</td><td>顺桥向</td><td>符合设计要求</td><td>√</td><td>√</td><td>√</td><td>√</td><td>√</td><td>√</td><td>√</td><td></td><td></td><td></td><td></td><td>100</td><td>3</td><td>300</td></tr>
<tr><td>横桥向</td><td>10</td><td>10</td><td>10</td><td>10</td><td>10</td><td>10</td><td>10</td><td>10</td><td></td><td></td><td></td><td></td><td>100</td><td>2</td><td>200</td></tr>
<tr><td>2△</td><td colspan="2">高程/mm</td><td>+20,−0</td><td>16</td><td>20</td><td>19</td><td>18</td><td>17</td><td>10</td><td>5</td><td></td><td></td><td></td><td></td><td>100</td><td>3</td><td>300</td></tr>
<tr><td>3</td><td colspan="2">四角高差/mm</td><td>2</td><td>2</td><td>2</td><td>2</td><td>2</td><td>2</td><td>2</td><td></td><td></td><td></td><td></td><td></td><td>100</td><td>2</td><td>200</td></tr>
<tr><td></td><td colspan="2"></td><td></td><td></td><td></td><td></td><td></td><td></td><td></td><td></td><td></td><td></td><td></td><td></td><td></td><td></td><td></td></tr>
<tr><td></td><td colspan="2"></td><td></td><td></td><td></td><td></td><td></td><td></td><td></td><td></td><td></td><td></td><td></td><td></td><td></td><td></td><td></td></tr>
<tr><td></td><td colspan="2"></td><td></td><td></td><td></td><td></td><td></td><td></td><td></td><td></td><td></td><td></td><td></td><td></td><td></td><td></td><td></td></tr>
<tr><td colspan="4">合　计</td><td colspan="12"></td><td>10</td><td>1000</td></tr>
<tr><td colspan="3">外观鉴定</td><td colspan="8">索鞍表面欠清洁</td><td>减分</td><td>2</td><td rowspan="2">监理意见</td><td colspan="5" rowspan="2">同意施工单位的评定
签字:×××
××年×月×日</td></tr>
<tr><td colspan="3">质量保证资料</td><td colspan="8">资料齐全、完整、真实</td><td>减分</td><td>0</td></tr>
<tr><td colspan="3">工程质量等级评定</td><td colspan="8">评分:98</td><td colspan="8">质量等级:合格</td></tr>
</table>

检验负责人:×××　　检测:×××　　记录:×××

复核:×××　　××年×月×日

(18)散索鞍安装分项工程质量检验评定表。

表 4-64　　散索鞍安装分项工程质量检验评定表

分项工程名称:**散索鞍安装**　　所属分部工程名称:**桥梁工程**

所属建设项目:　　工程部位:**K11+000 大桥**

施工单位:**××集团有限公司 ××公路工程项目经理部**　　监理单位:**××工程咨询有限公司 ××公路工程监理部**

<table>
<tr><td>基本要求</td><td colspan="17">(1)索鞍成品必须按设计和有关技术规范要求验收合格,并有产品合格证;
(2)必须按设计和有关技术规范要求放置底板或格栅,并与座混凝土连成整体;
(3)底座混凝土应振捣密实,强度符合设计要求;
(4)安装前应进行全面检查,如有损伤,须做处理;
(5)索槽内部应清洁,不应沾土减少缆索和索鞍之间摩擦的油或油漆等材料;
(6)索鞍就位后应锁定牢靠</td></tr>
<tr><td rowspan="10">实测项目</td><td rowspan="2">项次</td><td rowspan="2">检查项目</td><td rowspan="2">规定值或允许偏差</td><td colspan="10">实测值或实测偏差值</td><td colspan="4">质量评定</td></tr>
<tr><td>1</td><td>2</td><td>3</td><td>4</td><td>5</td><td>6</td><td>7</td><td>8</td><td>9</td><td>10</td><td>平均值、代表值</td><td>合格率(%)</td><td>权值</td><td>得分</td></tr>
<tr><td>1△</td><td>底板轴线纵、横向偏位/mm</td><td>5</td><td>5</td><td>5</td><td>5</td><td>5</td><td>5</td><td>5</td><td>5</td><td></td><td></td><td></td><td></td><td>100</td><td>3</td><td>300</td></tr>
<tr><td>2</td><td>底板中心高程/mm</td><td>±5</td><td>6</td><td>5</td><td>4</td><td>3</td><td>2</td><td>−3</td><td>−4</td><td>−5</td><td></td><td></td><td></td><td>87.5</td><td>2</td><td>175</td></tr>
<tr><td>3</td><td>底板扭转/mm</td><td>2</td><td>2</td><td>2</td><td>2</td><td>2</td><td>2</td><td>2</td><td></td><td></td><td></td><td></td><td></td><td>100</td><td>2</td><td>200</td></tr>
<tr><td>4</td><td>安装基线扭转/mm</td><td>1</td><td>1</td><td>1</td><td>1</td><td>1</td><td>1</td><td>1</td><td>1</td><td>1</td><td></td><td></td><td></td><td>100</td><td>1</td><td>100</td></tr>
<tr><td>5△</td><td>散索鞍竖向倾斜角</td><td>符合设计要求</td><td>√</td><td>√</td><td>√</td><td>√</td><td>√</td><td>√</td><td>√</td><td>√</td><td>√</td><td>√</td><td></td><td>100</td><td>2</td><td>200</td></tr>
<tr><td></td><td></td><td></td><td></td><td></td><td></td><td></td><td></td><td></td><td></td><td></td><td></td><td></td><td></td><td></td><td></td><td></td></tr>
<tr><td></td><td></td><td></td><td></td><td></td><td></td><td></td><td></td><td></td><td></td><td></td><td></td><td></td><td></td><td></td><td></td><td></td></tr>
<tr><td colspan="3">合　计</td><td colspan="12"></td><td>10</td><td>975</td></tr>
</table>

<table>
<tr><td>外观鉴定</td><td>**索鞍表面欠清洁**</td><td>减分</td><td>**2**</td><td rowspan="2">监理意见</td><td rowspan="2">**同意施工单位的评定**
签字:×××
××年×月×日</td></tr>
<tr><td>质量保证资料</td><td>**资料齐全、完整、真实**</td><td>减分</td><td>**0**</td></tr>
<tr><td>工程质量等级评定</td><td colspan="5">评分:**95.5**　　质量等级:**合格**</td></tr>
</table>

检验负责人:×××　　检测:×××　　记录:×××

复核:×××　　××年×月×日

(19)主缆防护分项工程质量检验评定表。

表 4-65　　主缆防护分项工程质量检验评定表

分项工程名称：**主缆防护**　　所属分部工程名称：**桥梁工程**

所属建设项目：　　工程部位：**K11＋000 大桥**

施工单位：**××集团有限公司**　　监理单位：**××工程咨询有限公司**

××公路工程项目经理部　　**××公路工程监理部**

基本要求	(1)防护前必须清除主缆钢丝表面的灰尘、油污和水分，保持干燥、干净； (2)涂膏应均匀地填满主缆外侧钢丝与缠丝之间的间隙，涂膏性能必须符合设计要求； (3)缠丝前应对缠丝机进行标定； (4)缠绕钢丝应嵌进索夹端部留出的凹槽内不少于 3 圈，绕丝端部必须牢固地嵌入索夹端部槽内并予焊接固定，不得松动； (5)主缆防护的缆套安装，其各处密封性能必须良好

	项次	检查项目	规定值或允许偏差	实测值或实测偏差值										质量评定			
				1	2	3	4	5	6	7	8	9	10	平均值、代表值	合格率(%)	权值	得分
实测项目	1	缠丝间距/mm	1	**1**	**1**	**1**	**1**	**1**	**1**	**1**					**100**	**2**	**200**
	2△	缠丝张力/kN	±0.3	**0.3**	**0.2**	**0.2**	**0.1**	**−0.1**	**−0.2**						**100**	**2**	**200**
	3△	防护涂层厚度/μm	符合设计要求	√	√	√	√	√	√	√	√	√	√		**100**	**3**	**300**
	合　计															**7**	**700**

外观鉴定	**索胶交叉**	减分	**3**	监理意见	**同意施工单位的评定** 签字：**×××** ××年×月×日
质量保证资料	**资料齐全、完整、真实**	减分	**0**		
工程质量等级评定	评分：**97**		质量等级：**合格**		

检验负责人：×××　　检测：×××　　记录：×××

复核：×××　　××年×月×日

(20)索夹和吊索安装分项工程质量检验评定表。

表 4-66　　索夹和吊索安装分项工程质量检验评定表

分项工程名称：**索夹和吊索安装**　　所属分部工程名称：**桥梁工程**

所属建设项目：　　工程部位：**K11＋000 大桥**

施工单位：**××集团有限公司**　　监理单位：**××工程咨询有限公司**

××公路工程项目经理部　　**××公路工程监理部**

基本要求	(1)螺栓坚固设备应事先标定，按设计和有关技术规范要求分阶段检查螺杆中的拉力，并予补紧； (2)螺杆孔、上下索夹缝隙及其端部结合处和主缆缠丝处必须用合格的密封材料填实，确保螺杆被密封材料环绕并与主缆钢丝隔开； (3)密封前螺杆孔里须清除水分，保持干燥； (4)锚头锁定装置须牢固； (5)工地涂装用防护材料必须符合设计和有关技术要求，涂装前索夹和锚头表面应按设计要求进行处理，达到要求后方可进行涂装防护施工																	
实测项目	项次	检查项目		规定值或允许偏差	实测值或实测偏差值										质量评定			
					1	2	3	4	5	6	7	8	9	10	平均值、代表值	合格率(%)	权值	得分
	1	夹索偏位/mm	纵向	10	**10**	**10**	**10**	**10**	**10**	**10**	**10**					**100**	**2**	**200**
			横向	3	**3**	**3**	**3**	**3**	**3**	**3**	**3**					**100**	**2**	**200**
	2△	上、下游吊点高差/mm		20	**20**	**20**	**20**	**20**	**20**	**20**	**20**					**100**	**3**	**300**
	3△	螺杆紧固力/kN		符合设计要求	√	√	√	√	√	√	√	√	√	√		**100**	**3**	**300**
	合　计																**10**	**1000**

外观鉴定	**吊索划缝**	减分	**2**	监理意见	**同意施工单位的评定** 签字：××× ××年×月×日
质量保证资料	**资料齐全、完整、真实**	减分	**0**		
工程质量等级评定	评分：**98**		质量等级：**合格**		

检验负责人：×××　　检测：×××　　记录：×××

复核：×××　　××年×月×日

(21)钢加劲梁安装分项工程质量检验评定表。

表 4-67　　**钢加劲梁安装分项工程质量检验评定表**

分项工程名称：**钢加劲梁安装**　　所属分部工程名称：**桥梁工程**

所属建设项目：　　工程部位：**K11＋000 大桥**

施工单位：**××集团有限公司**　　监理单位：**××工程咨询有限公司**

××公路工程项目经理部　　**××公路工程监理部**

基本要求	(1)所使用的焊接材料和紧固件必须符合设计和技术规范的要求； (2)应按设计规定的程序进行安装； (3)工地安装焊缝应事先进行焊接工艺评定试验； (4)同一部位的焊缝返修不能超过两次； (5)高强螺栓连接摩擦面的抗滑移系数应进行检验，检验结果须符合设计要求

	项次	检查项目		规定值或允许偏差	实测值或实测偏差值										质量评定			
					1	2	3	4	5	6	7	8	9	10	平均值、代表值	合格率(%)	权值	得分
实测项目	1	吊点偏位/mm		20	**20**	**20**	**20**	**20**	**20**	**20**	**20**					**100**	**1**	**100**
	2	同一梁段两侧对称吊点处梁顶高差/mm		20	**20**	**20**	**20**	**20**	**20**	**20**	**20**					**100**	**1**	**100**
	3△	相邻节段匹配高差/mm		2	**2**	**2**	**2**	**2**	**2**	**2**	**2**					**100**	**2**	**200**
	4△	连接	焊缝尺寸	符合设计要求	√	√	√	√	√	√	√	√	√	√		**100**	**2**	**500**
			焊缝探伤		√	√	√	√	√	√	√	√	√	√		**100**	**3**	
			高强螺栓扭矩	10%	√	√	√	√	√	√	√	√	√	√		**100**		
	合　计																**9**	**900**

外观鉴定	**焊缝不平滑**	减分	**2**	监理意见	**同意施工单位的评定** 签字：××× ××年×月×日
质量保证资料	**资料齐全、完整、真实**	减分	**0**		
工程质量等级评定	评分：**98**		质量等级：**合格**		

检验负责人：×××　　检测：×××　　记录：×××

复核：×××　　××年×月×日

第三节 总体、桥面系和附属工程

一、总体、桥面系和附属工程资料收集流程

总体、桥面系和附属工程资料收集流程见图 4-3。

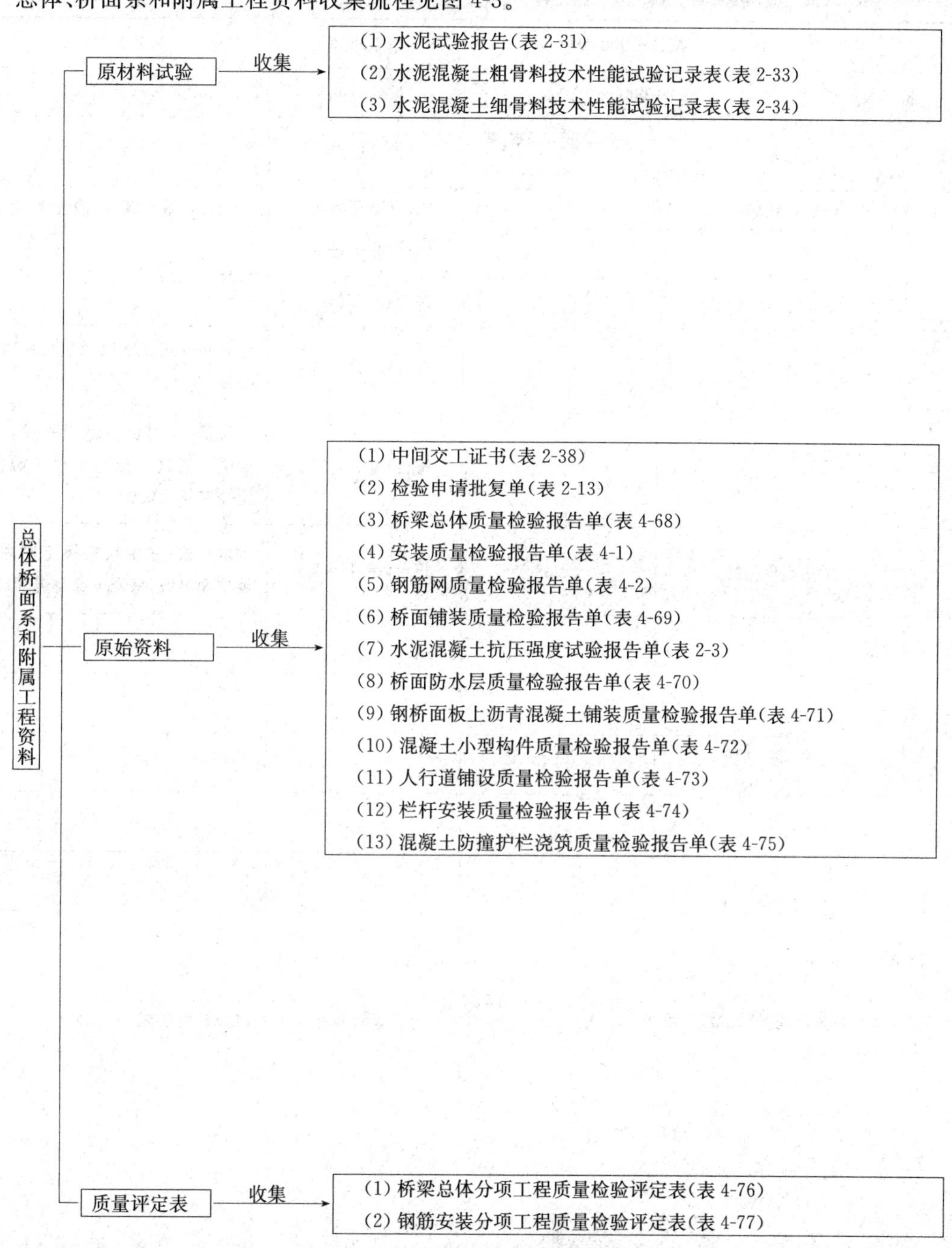

图 4-3 总体、桥面系和附属工程资料收集流程

二、总体、桥面系和附属工程原始资料表格填写范例

(1)桥梁总体质量检验报告单。

表 4-68　　　　桥梁总体质量检验报告单

承包单位:××集团有限公司××公路工程 A2 标段项目经理部　　　　合同号:A2

监理单位:××工程咨询有限公司××公路工程 A2 标段监理部　　　　编　号:

工程名称		K11+000 大桥		施工时间	××年×月×日
桩号及部位		K11+000 大桥总体		检验时间	××年×月×日
项次	检查项目		规定值或允许偏差/mm	检验结果	检验频率和方法
1	桥面中线偏位		20	符合《验评标准》	全站仪或经纬仪:检查 3~8 处
2	桥宽	行车道	±10	符合《验评标准》	尺量:每孔 3~5 处
		人行道	±10	符合《验评标准》	
3	桥长		+300,−100	符合《验评标准》	全站仪或经纬仪,钢尺:检查中心线
4	引道中心线与桥梁中心线的衔接		20	符合《验评标准》	尺量:分别将引道中心线和桥梁中心线延长至两岸桥长端部,比较其平面位置
5	桥头高程衔接		±3	符合《验评标准》	水准仪:在桥头搭板范围内顺延桥面纵坡,每米 1 点测量标高

自检说明:	监理评语:
符合设计规范及《验评标准》的要求。	符合设计规范及《验评标准》的要求。
施工员:×××	监理员:×××
××年×月×日	××年×月×日

施工负责人:×××　　　　质量检查员:×××　　　　监理工程师:×××

(2)桥面铺装质量检验报告单。

表 4-69　　　　桥面铺装质量检验报告单

承包单位:××集团有限公司××公路工程 A2 标段项目经理部　　　　合同号:A2

监理单位:××工程咨询有限公司××公路工程 A2 标段监理部　　　　编　号:

<table>
<tr><td colspan="3">工程名称</td><td colspan="3">K11+000 大桥</td><td>施工时间</td><td>××年×月×日</td></tr>
<tr><td colspan="3">桩号及部位</td><td colspan="3">K11+000 大桥桥面铺装</td><td>检验时间</td><td>××年×月×日</td></tr>
<tr><td>项次</td><td colspan="3">检查项目</td><td colspan="2">规定值或允许偏差</td><td>检验结果</td><td>检验频率和方法</td></tr>
<tr><td>1△</td><td colspan="3">强度或压实度</td><td colspan="2">在合格标准内</td><td>符合《验评标准》</td><td>按 JTG F80/1—2004 附录 B 或 D 检查</td></tr>
<tr><td>2△</td><td colspan="3">厚度/mm</td><td colspan="2">+10,−5</td><td>符合《验评标准》</td><td>以同梁体产生相同下挠变形的点为基准点,测量桥面浇筑前后相对高差:每 100m 测 5 处</td></tr>
<tr><td rowspan="6">3△</td><td rowspan="6">平整度</td><td rowspan="3">高速、一级公路</td><td></td><td>沥青混凝土</td><td>水泥混凝土</td><td></td><td rowspan="5">平整度仪:全桥每车道连续检测,每 100m 计算 IRI 或 σ</td></tr>
<tr><td>IRI/(m/km)</td><td>2.5</td><td>3.0</td><td>符合《验评标准》</td></tr>
<tr><td>σ/mm</td><td>1.5</td><td>1.8</td><td>符合《验评标准》</td></tr>
<tr><td rowspan="3">其他公路</td><td>IRI/(m/km)</td><td colspan="2">4.2</td><td>符合《验评标准》</td></tr>
<tr><td>σ/mm</td><td colspan="2">2.5</td><td>符合《验评标准》</td></tr>
<tr><td>最大间隙 h/mm</td><td colspan="2">5</td><td>符合《验评标准》</td><td>3m 直尺:每 100m 测 3 处×3 尺</td></tr>
<tr><td rowspan="2">4</td><td rowspan="2">横坡(%)</td><td colspan="2">水泥混凝土</td><td colspan="2">±0.15</td><td>符合《验评标准》</td><td rowspan="2">水准仪:每 100m 检查 3 个断面</td></tr>
<tr><td colspan="2">沥青面层</td><td colspan="2">±0.3</td><td>符合《验评标准》</td></tr>
<tr><td>5</td><td colspan="3">抗滑构造深度</td><td colspan="2">符合设计要求</td><td>符合设计要求</td><td>砂铺法:每 200m 查 3 处</td></tr>
<tr><td></td><td colspan="3"></td><td colspan="2"></td><td></td><td></td></tr>
<tr><td colspan="6">自检说明:
符合设计规范及《验评标准》的要求。
施工员:×××
××年×月×日</td><td colspan="2">监理评语:
符合设计规范及《验评标准》的要求。
监理员:×××
××年×月×日</td></tr>
</table>

施工负责人:×××　　　　质量检查员:×××　　　　监理工程师:×××

(3)桥面防水层质量检验报告单。

表 4-70　　桥面防水层质量检验报告单

承包单位:××集团有限公司××公路工程 A2 标段项目经理部　　合同号:A2

监理单位:××工程咨询有限公司××公路工程 A2 标段监理部　　编　号:

工程名称		K11+000 大桥	施工时间	××年×月×日
桩号及部位		K11+000 大桥桥面防水层	检验时间	××年×月×日
项次	检查项目	规定值或允许偏差	检验结果	检验频率和方法
1△	防水涂膜厚度/mm	符合设计规定, 设计未规定时,±0.1	符合设计要求	测厚仪:每 200m² 测 4 点或按材料用量推算
2△	粘结强度/MPa	不小于设计要求, 且≥0.3(常温), ≥0.2(气温≥35°)	符合设计要求	拉拔仪:每 200m² 测 4 点(拉拔速度:10mm/min)
3△	抗剪强度/MPa	不小于设计要求, 且≥0.4(常温), ≥0.3(气温≥35°)	符合设计要求	剪切仪:1 组 3 个(剪切速度:10mm/mim)
4△	剥离强度/(N/mm)	不小于设计要求, 且≥0.3(常温), ≥0.2(气温≥35°)	符合设计要求	90°剥离仪:1 组 3 个(剥离速度:100mm/min)
自检说明: 符合设计规范及《验评标准》的要求。 施工员:××× ××年×月×日			监理评语: 符合设计规范及《验评标准》的要求。 监理员:××× ××年×月×日	

施工负责人:×××　　质量检查员:×××　　监理工程师:×××

(4)钢桥面板上沥青混凝土铺装质量检验报告单。

表 4-71　　钢桥面板上沥青混凝土铺装质量检验报告单

承包单位:××集团有限公司××公路工程 A2 标段项目经理部　　　　合同号:A2

监理单位:××工程咨询有限公司××公路工程 A2 标段监理部　　　　编　号:

<table>
<tr><td colspan="3">工程名称</td><td colspan="2">K11＋000 大桥</td><td>施工时间</td><td>××年×月×日</td></tr>
<tr><td colspan="3">桩号及部位</td><td colspan="2">K11＋000 大桥钢桥面铺装</td><td>检验时间</td><td>××年×月×日</td></tr>
<tr><td>项次</td><td colspan="3">检查项目</td><td>规定值或允许偏差</td><td>检验结果</td><td>检验频率和方法</td></tr>
<tr><td>1△</td><td colspan="3">压实度</td><td>符合设计要求</td><td>符合《验评标准》</td><td>按碾压吨位与遍数检查</td></tr>
<tr><td rowspan="5">2△</td><td rowspan="5">平整度</td><td rowspan="2">高速、一级公路</td><td>IRI/(m/km)</td><td>2.5</td><td>符合《验评标准》</td><td rowspan="4">平整度仪:全桥每车道连续检测,每 100m 计算 IRI 或 σ</td></tr>
<tr><td>σ/mm</td><td>1.5</td><td>符合《验评标准》</td></tr>
<tr><td rowspan="3">其他公路</td><td>IRI/(m/km)</td><td>4.2</td><td>符合《验评标准》</td></tr>
<tr><td>σ/mm</td><td>2.5</td><td>符合《验评标准》</td></tr>
<tr><td>最大间隙 h/mm</td><td>5</td><td>符合《验评标准》</td><td>3m 直尺:每 100m 测 3 处×3 尺</td></tr>
<tr><td>3△</td><td colspan="3">平均厚度/mm</td><td>＋0,－5</td><td>符合《验评标准》</td><td>按沥青混凝土实际用量推算</td></tr>
<tr><td>4</td><td colspan="3">抗滑构造深度/mm</td><td>符合设计要求</td><td>符合设计要求</td><td>砂铺法:每 200m 查 3 处</td></tr>
<tr><td>5</td><td colspan="3">横坡(%)</td><td>±0.3</td><td>符合《验评标准》</td><td>水准仪:每 200m 测 4 个断面</td></tr>
<tr><td></td><td colspan="3"></td><td></td><td></td><td></td></tr>
<tr><td></td><td colspan="3"></td><td></td><td></td><td></td></tr>
<tr><td></td><td colspan="3"></td><td></td><td></td><td></td></tr>
<tr><td colspan="5">自检说明:

符合设计规范及《验评标准》的要求。

施工员:×××

××年×月×日</td><td colspan="2">监理评语:

符合设计规范及《验评标准》的要求。

监理员:×××

××年×月×日</td></tr>
</table>

施工负责人:×××　　　　质量检查员:×××　　　　监理工程师:×××

(5)混凝土小型构件质量检验报告单。

表 4-72　　混凝土小型构件质量检验报告单

承包单位:××集团有限公司××公路工程 A2 标段项目经理部　　合同号:A2

监理单位:××工程咨询有限公司××公路工程 A2 标段监理部　　编　号:

<table>
<tr><td colspan="2">工程名称</td><td colspan="2">K11+000 大桥</td><td>施工时间</td><td colspan="2">××年×月×日</td></tr>
<tr><td colspan="2">桩号及部位</td><td colspan="2">K11+000 大桥混凝土小型构件</td><td>检验时间</td><td colspan="2">××年×月×日</td></tr>
<tr><td>项次</td><td colspan="2">检查项目</td><td>规定值或允许偏差</td><td>检验结果</td><td colspan="2">检验频率和方法</td></tr>
<tr><td>1△</td><td colspan="2">混凝土强度/MPa</td><td>在合格标准内</td><td>符合《验评标准》</td><td colspan="2">按 JTG F80/1—2004 附录 D 检查</td></tr>
<tr><td rowspan="2">2△</td><td rowspan="2">断面尺寸/mm</td><td>≤80</td><td>±5</td><td>符合《验评标准》</td><td rowspan="2">尺量:2 处</td><td rowspan="3">按构件总数的 30%</td></tr>
<tr><td>>80</td><td>±10</td><td>符合《验评标准》</td></tr>
<tr><td>3</td><td colspan="2">长度/mm</td><td>+5,−10</td><td>符合《验评标准》</td><td>尺　量</td></tr>
<tr><td></td><td colspan="2"></td><td></td><td></td><td colspan="2"></td></tr>
<tr><td></td><td colspan="2"></td><td></td><td></td><td colspan="2"></td></tr>
<tr><td></td><td colspan="2"></td><td></td><td></td><td colspan="2"></td></tr>
<tr><td></td><td colspan="2"></td><td></td><td></td><td colspan="2"></td></tr>
<tr><td></td><td colspan="2"></td><td></td><td></td><td colspan="2"></td></tr>
<tr><td></td><td colspan="2"></td><td></td><td></td><td colspan="2"></td></tr>
<tr><td></td><td colspan="2"></td><td></td><td></td><td colspan="2"></td></tr>
<tr><td></td><td colspan="2"></td><td></td><td></td><td colspan="2"></td></tr>
<tr><td colspan="4">自检说明:

符合设计规范及《验评标准》的要求。

施工员:×××

××年×月×日</td><td colspan="3">监理评语:

符合设计规范及《验评标准》的要求。

监理员:×××

××年×月×日</td></tr>
</table>

施工负责人:×××　　质量检查员:×××　　监理工程师:×××

(6)人行道铺设质量检验报告单。

表 4-73　人行道铺设质量检验报告单

承包单位:××集团有限公司××公路工程 A2 标段项目经理部　　合同号:A2

监理单位:××工程咨询有限公司××公路工程 A2 标段监理部　　编　号:

工程名称		K11+000 大桥	施工时间	××年×月×日
桩号及部位		K11+000 大桥人行道铺设	检验时间	××年×月×日
项次	检查项目	规定值或允许偏差	检验结果	检验频率和方法
1	人行道边缘平面偏差/mm	5	符合《验评标准》	经纬仪、钢尺拉线检查:每 30m 检查 1 处
2	纵向高程/mm	+10,−0	符合《验评标准》	水准仪:每 100m 检查 3 处
3	接缝两侧高差/mm	2	符合《验评标准》	水准仪:抽查 10%
4	横坡(%)	±0.3	符合《验评标准》	水准仪:每 100m 检查 3 处
5	平整度/mm	5	符合《验评标准》	3m 直尺:每 100m 检查 3 处

自检说明:	监理评语:
符合设计规范及《验评标准》的要求。	符合设计规范及《验评标准》的要求。
施工员:×××	监理员:×××
××年×月×日	××年×月×日

施工负责人:×××　　质量检查员:×××　　监理工程师:×××

(7)栏杆安装质量检验报告单。

表 4-74 **栏杆安装质量检验报告单**

承包单位:××集团有限公司××公路工程 A2 标段项目经理部 合同号:A2

监理单位:××工程咨询有限公司××公路工程 A2 标段监理部 编 号:

工程名称	K11＋000 大桥	施工时间	××年×月×日
桩号及部位	K11＋000 大桥栏杆安装	检验时间	××年×月×日

项次	检查项目	规定值或允许偏差/mm	检验结果	检验频率和方法
1	栏杆平面偏差	4	符合《验评标准》	经纬仪、钢尺拉线检查:每 30m 检查 1 处
2	扶手高度	±10	符合《验评标准》	水准仪:抽查 20%
	柱顶高差	4	符合《验评标准》	
3	接缝两侧扶手高差	3	符合《验评标准》	尺量:抽查 20%
4	竖杆或柱纵横向竖直度	4	符合《验评标准》	吊垂线:抽查 20%

自检说明:	监理评语:
符合设计规范及《验评标准》的要求。	符合设计规范及《验评标准》的要求。
施工员:×××	监理员:×××
××年×月×日	××年×月×日

施工负责人:××× 质量检查员:××× 监理工程师:×××

(8)混凝土防撞护栏浇筑质量检验报告单。

表 4-75 **混凝土防撞护栏浇筑质量检验报告单**

承包单位:××集团有限公司××公路工程 A2 标段项目经理部 合同号:A2

监理单位:××工程咨询有限公司××公路工程 A2 标段监理部 编 号:

工程名称		K11+000 大桥	施工时间	××年×月×日
桩号及部位		K11+000 大桥混凝土护栏	检验时间	××年×月×日
项次	检查项目	规定值或允许偏差	检验结果	检验频率和方法
1△	混凝土强度/MPa	在合格标准内	符合《验评标准》	按 JTG F80/1—2004 附录 D 检查
2	平面偏位/mm	4	符合《验评标准》	经纬仪、钢尺拉线检查:每 100m 检查 3 处
3△	断面尺寸/mm	±5	符合《验评标准》	尺量:每 100m 每侧检查 3 处
4	竖直度/mm	4	符合《验评标准》	吊垂线:每 100m 每侧检查 3 处
5	预埋件位置/mm	5	符合《验评标准》	尺量:每件
自检说明: 符合设计规范及《验评标准》的要求。 施工员:××× ××年×月×日			监理评语: 符合设计规范及《验评标准》的要求。 监理员:××× ××年×月×日	

施工负责人:××× 质量检查员:××× 监理工程师:×××

三、总体、桥面系和附属工程质量检验评定表

(1)桥梁总体分项工程质量检验评定表。

表 4-76 **桥梁总体分项工程质量检验评定表**

分项工程名称：**桥梁总体** 所属分部工程名称：**总体、桥面系和附属工程**

所属建设项目： 工程部位：**K11＋000 大桥**

施工单位：**××集团有限公司** 监理单位：**××工程咨询有限公司**

××公路工程项目经理部 **××公路工程监理部**

基本要求	桥梁施工严格按照设计图纸、施工技术规范和有关技术操作规程要求进行；桥下净空不小于设计要求。																
实测项目	项次	检查项目	规定值或允许偏差/mm	实测值或实测偏差值										质量评定			
				1	2	3	4	5	6	7	8	9	10	平均值、代表值	合格率(%)	权值	得分
	1	桥面中线偏位	20	**20**	**20**	**20**	**20**	**20**							**100**	**2**	**200**
	2	桥宽 行车道 人行道	±10	**10**	**10**	**10**	**10**	**10**	**9**	**8**					**100**	**2**	**200**
	3	桥长	＋300，－100	**300**	**200**	**100**	**−50**	**−30**	**−10**						**100**	**1**	**100**
	4	引道中心线与桥梁中心线的衔接	20	**20**	**20**	**20**	**20**	**20**							**100**	**2**	**200**
	5	桥头高程衔接	±3	**−3**	**4**	**3**	**2**	**1**	**−1**	**−2**					**85.7**	**2**	**171.4**
		合　计														**9**	**871.4**

外观鉴定	**踏步不够顺直**	减分	**2**	监理意见	**同意施工单位的评定** 签字：××× ××年×月×日
质量保证资料	**资料齐全、完整、真实**	减分	**0**		
工程质量等级评定	评分：**94.82**			质量等级：**合格**	

检验负责人：××× 检测：××× 记录：×××

复核：××× ××年×月×日

(2)钢筋安装分项工程质量检验评定表。

表 4-77 **钢筋安装分项工程质量检验评定表**

分项工程名称:**钢筋安装** 所属分部工程名称:**总体桥面系和附属工程**

所属建设项目: 工程部位:**K11+000 大桥**

施工单位:**××集团有限公司** 监理单位:**××工程咨询有限公司**

××公路工程项目经理部 **××公路工程监理部**

基本要求	钢筋、机械连接器、焊条等的品种、规格和技术性能符合国家现行标准规定和设计要求;钢筋根数满足设计要求。																
实测项目	项次	检查项目	规定值或允许偏差/mm	实测值或实测偏差值										质量评定			
				1	2	3	4	5	6	7	8	9	10	平均值、代表值	合格率(%)	权值	得分
	1△	受力钢筋间距	±5	**5**	**5**	**5**	**5**	**5**	**3**	**4**					**100**	**3**	**300**
	2	横向水平钢筋间距	±10	**10**	**10**	**10**	**10**	**10**	**9**	**8**					**100**	**2**	**200**
	3	钢筋骨架尺寸	长±10,宽±5	√	√	√	√	√	√	√					**100**	**1**	**100**
	4	弯起钢筋位置	±20	**20**	**20**	**20**	**20**	**20**	**19**	**18**					**100**	**2**	**200**
	5△	保护层厚度	±3	**3**	**−1**	**0**	**2**	**1**	**−2**	**−3**					**100**	**3**	**300**
	合计															**11**	**1100**

外观鉴定	**钢筋表面局部有铁锈和焊渣**	减分	**2**	监理意见	**同意施工单位的评定** 签字:××× ××年×月×日
质量保证资料	**资料齐全、完整、真实**	减分	**0**		
工程质量等级评定	评分:**98**		质量等级:**合格**		

检验负责人:××× 检测:××× 记录:×××

复核:××× ××年×月×日

第五章　公路隧道工程资料

第一节　明洞工程

一、明洞工程资料收集流程

明洞工程资料收集流程见图 5-1。

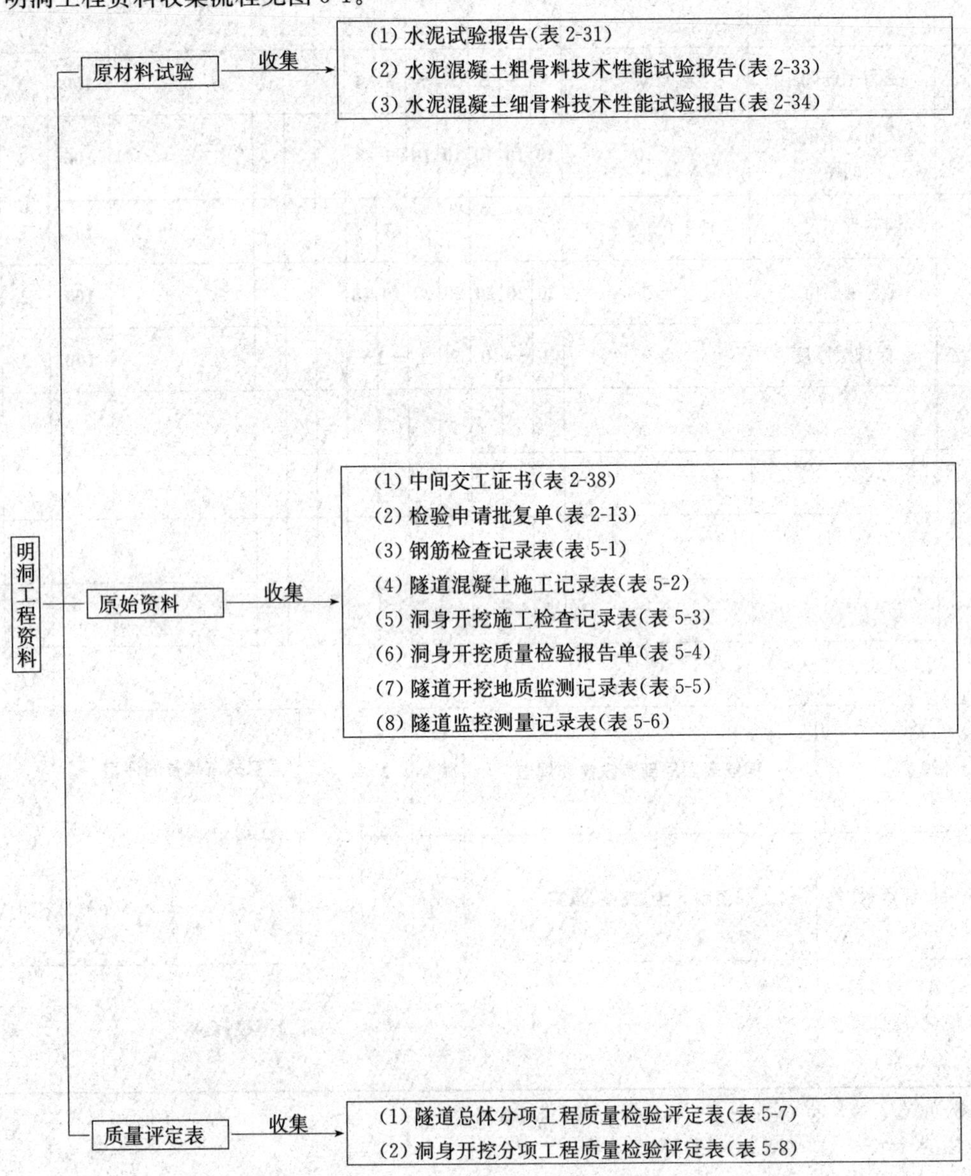

图 5-1　明洞工程资料收集流程

二、明洞工程原始资料表格填写范例

(1)钢筋检查记录表。

表 5-1 **钢筋检查记录表**

承包单位:××集团有限公司××公路工程 A2 标段项目经理部 合同号:A2

监理单位:××工程咨询有限公司××公路工程 A2 标段监理部 编 号:

<table>
<tr><td colspan="2">工程名称</td><td>×××隧道左线</td><td colspan="2">施工时间</td><td colspan="3">××年×月×日</td></tr>
<tr><td colspan="2">里程及部位</td><td>ZK7+000～ZK7+020 洞口</td><td colspan="2">检查时间</td><td colspan="3">××年×月×日</td></tr>
<tr><td colspan="3" rowspan="2">检查项目</td><td rowspan="2">规定值或允许偏差</td><td colspan="5">实测值</td></tr>
<tr><td>1</td><td>2</td><td>3</td><td>4</td><td>5</td></tr>
<tr><td colspan="3">焊接质量</td><td colspan="6">焊接接头长度、宽度、高度及外观质量符合规定</td></tr>
<tr><td rowspan="18">安装偏差/mm</td><td rowspan="4">双排钢筋上下排间距/mm</td><td rowspan="2">拱墙</td><td rowspan="2">400</td><td></td><td></td><td></td><td></td><td></td></tr>
<tr><td></td><td></td><td></td><td></td><td></td></tr>
<tr><td rowspan="2">抑拱</td><td rowspan="2">500</td><td>498</td><td>501</td><td>500</td><td>502</td><td>502</td></tr>
<tr><td>497</td><td>496</td><td>495</td><td>498</td><td>504</td></tr>
<tr><td rowspan="6">同排受力筋水平间距/mm</td><td rowspan="2">拱部</td><td rowspan="2">200</td><td></td><td></td><td></td><td></td><td></td></tr>
<tr><td></td><td></td><td></td><td></td><td></td></tr>
<tr><td rowspan="2">边墙</td><td rowspan="2">200</td><td></td><td></td><td></td><td></td><td></td></tr>
<tr><td></td><td></td><td></td><td></td><td></td></tr>
<tr><td rowspan="2">仰拱</td><td rowspan="2">200</td><td>207</td><td>195</td><td>202</td><td>203</td><td>196</td></tr>
<tr><td>207</td><td>195</td><td>202</td><td>203</td><td>196</td></tr>
<tr><td colspan="2" rowspan="2">分布钢筋间距/mm</td><td rowspan="2">250</td><td>256</td><td>257</td><td>247</td><td>264</td><td>245</td></tr>
<tr><td>239</td><td>245</td><td>261</td><td>264</td><td>237</td></tr>
<tr><td colspan="2" rowspan="2">箍筋间距/mm</td><td rowspan="2">±20</td><td>−5</td><td>+7</td><td>+4</td><td>−7</td><td>+11</td></tr>
<tr><td>−5</td><td>+7</td><td>+4</td><td>−7</td><td>+11</td></tr>
<tr><td colspan="2" rowspan="2">钢筋保护层厚度/mm</td><td rowspan="2">50</td><td>64</td><td>65</td><td>66</td><td>55</td><td>57</td></tr>
<tr><td>56</td><td>58</td><td>68</td><td>55</td><td>67</td></tr>
<tr><td colspan="2" rowspan="2"></td><td rowspan="2"></td><td></td><td></td><td></td><td></td><td></td></tr>
<tr><td></td><td></td><td></td><td></td><td></td></tr>
<tr><td rowspan="6">加工允许偏差/mm</td><td colspan="2" rowspan="2">受力钢筋全长/mm</td><td rowspan="2">±10</td><td>+5</td><td>−7</td><td>+2</td><td>+4</td><td>−3</td></tr>
<tr><td>+5</td><td>−7</td><td>+2</td><td>+4</td><td>−3</td></tr>
<tr><td colspan="2" rowspan="2">弯起钢筋弯折位置</td><td rowspan="2">20</td><td>9</td><td>10</td><td>11</td><td>15</td><td>14</td></tr>
<tr><td>9</td><td>10</td><td>11</td><td>15</td><td>14</td></tr>
<tr><td colspan="2" rowspan="2">箍筋内净尺寸</td><td rowspan="2">±3</td><td>+1</td><td>−2</td><td>+3</td><td>−3</td><td>+2</td></tr>
<tr><td>+1</td><td>−1</td><td>+3</td><td>−3</td><td>+2</td></tr>
</table>

记录员:××× 质检员:××× 施工负责人:×××

监理工程师:××× ××年×月×日

(2)隧道混凝土施工记录表。

表 5-2 **隧道混凝土施工记录表**

承包单位：××集团有限公司××公路工程 **A2** 标段项目经理部 合同号：**A2**

监理单位：××工程咨询有限公司××公路工程 **A2** 标段监理部 编 号：

<table>
<tr><td>工程名称</td><td colspan="4">×××隧道左线</td><td colspan="3">施工时间</td><td colspan="4">××年×月×日</td></tr>
<tr><td>里程及部位</td><td colspan="4">ZK7＋000～ZK7＋020 洞口</td><td colspan="3">检验时间</td><td colspan="4">××年×月×日</td></tr>
<tr><td>施工时间</td><td colspan="2">开始</td><td colspan="2">×时×分</td><td colspan="3">结束</td><td colspan="4">×时×分</td></tr>
<tr><td>施工气温</td><td colspan="2">最高</td><td colspan="2">26℃</td><td colspan="3">最低</td><td colspan="4">20℃</td></tr>
<tr><td colspan="12">原材料质量情况</td></tr>
<tr><td>报告编号</td><td colspan="2">×××</td><td colspan="2">×××</td><td colspan="2">×××</td><td colspan="2">×××</td><td>×××</td><td>×××</td><td>×××</td></tr>
<tr><td>材料名称</td><td colspan="2">水泥</td><td colspan="2">砂</td><td colspan="2">碎石</td><td colspan="2">水</td><td>高效减水剂</td><td>粉煤灰</td><td>防水剂</td></tr>
<tr><td>材料规格</td><td colspan="2">散装
P. O 42. 5</td><td colspan="2">河砂中砂</td><td colspan="2">5～31. 5mm</td><td colspan="2">饮用水</td><td>HT－HPL
液体</td><td>Ⅰ级</td><td>粉状</td></tr>
<tr><td>生产厂家名称</td><td colspan="2">×××</td><td colspan="2">×××</td><td colspan="2">×××</td><td colspan="2">×××</td><td>×××</td><td>×××</td><td>×××</td></tr>
<tr><td rowspan="2">配合比</td><td colspan="2">理论配合比</td><td colspan="9">水泥：砂：碎石：水：减水剂：粉煤灰：防水剂＝1：2. 61：4. 09：0. 56：0. 017：0. 44：0. 05</td></tr>
<tr><td colspan="2">施工配合比</td><td colspan="9">水泥：砂：碎石：水：减水剂：粉煤灰：防水剂＝1：2. 76：4. 14：0. 40：0. 017：0. 44：0. 05</td></tr>
<tr><td>混凝土强度等级</td><td colspan="2">30MPa</td><td colspan="2">拌和方式</td><td colspan="2">机械</td><td colspan="3">运输方式</td><td colspan="2">混凝土罐车</td></tr>
<tr><td>振捣方式</td><td colspan="2">机械</td><td colspan="2">水胶比</td><td colspan="2">0. 278</td><td colspan="3">混凝土方量/m³</td><td colspan="2">146</td></tr>
<tr><td rowspan="2">实测坍落度
/mm</td><td>1</td><td>2</td><td>3</td><td>4</td><td>5</td><td>6</td><td>7</td><td>8</td><td>9</td><td>10</td><td>平均</td></tr>
<tr><td>140</td><td>130</td><td>155</td><td>/</td><td>/</td><td>/</td><td>/</td><td>/</td><td>/</td><td>/</td><td>141. 67</td></tr>
<tr><td>施工间断
记 录</td><td colspan="4">未出现施工间断</td><td>混凝土浇筑示意图</td><td colspan="6">隧道中线
内轨顶面
道床板底面</td></tr>
<tr><td>备 注</td><td colspan="11">(1)挖部分采用同等级混凝土回填；
(2)施工缝留设和处理符合技术方案要求。</td></tr>
</table>

记录员：××× 质检员：××× 施工负责人：×××

监理工程师：××× ××年×月×日

(3)洞身开挖施工检查记录表。

表 5-3 **洞身开挖施工检查记录表**

承包单位:××集团有限公司××公路工程 A2 标段项目经理部 合同号:A2

监理单位:××工程咨询有限公司××公路工程 A2 标段监理部 编 号:

<table>
<tr><td>隧道名称</td><td colspan="2">×××隧道左线</td><td>工序名称</td><td colspan="4">洞身开挖</td><td colspan="3">里程桩号</td><td colspan="4">ZK7+000~ZK7+020</td></tr>
<tr><td>施工部位</td><td colspan="2">全断面</td><td>施工日期</td><td colspan="11">××年×月×日</td></tr>
<tr><td colspan="2">检查部位及项目</td><td>设计</td><td>允许偏差</td><td colspan="10">检查情况</td><td>备注</td></tr>
<tr><td colspan="2">拱顶/底板高程/m</td><td>38.55</td><td>0,+25cm</td><td colspan="10">38.60</td><td></td></tr>
<tr><td rowspan="2">开挖中线</td><td>距左/m</td><td>6.49</td><td>0,+10cm</td><td colspan="10">6.48</td><td></td></tr>
<tr><td>距右/m</td><td>6.49</td><td>0,+10cm</td><td colspan="10">6.50</td><td></td></tr>
<tr><td rowspan="2">掏槽眼</td><td>眼口间距/cm</td><td>35</td><td>5cm</td><td>32</td><td>35</td><td>33</td><td>34</td><td>35</td><td>32</td><td>32</td><td>35</td><td>35</td><td>34</td><td></td></tr>
<tr><td>深度/m</td><td>4.5</td><td>5cm</td><td>4.51</td><td>4.53</td><td>4.55</td><td>4.52</td><td>5.49</td><td>4.55</td><td>4.53</td><td>4.57</td><td>4.52</td><td>4.50</td><td></td></tr>
<tr><td rowspan="2">周边眼</td><td>眼口间距(cm)</td><td>50</td><td>5cm</td><td>48</td><td>49</td><td>49</td><td>50</td><td>48</td><td>49</td><td>49</td><td>50</td><td>50</td><td>49</td><td></td></tr>
<tr><td>眼底深度/m</td><td>3.7</td><td>15cm</td><td>3.71</td><td>3.75</td><td>3.74</td><td>3.74</td><td>3.78</td><td>3.76</td><td>3.75</td><td>3.76</td><td>3.71</td><td>3.77</td><td></td></tr>
<tr><td colspan="2">欠挖</td><td></td><td>无欠挖</td><td colspan="10">无欠挖</td><td></td></tr>
<tr><td rowspan="2">炮眼痕迹保存率</td><td>硬岩</td><td></td><td>≥80%</td><td colspan="10">88%</td><td></td></tr>
<tr><td>中硬岩</td><td></td><td>≥60%</td><td colspan="10">68%</td><td></td></tr>
<tr><td>施工方法及设备</td><td colspan="14">隧道中线
注:有炮眼痕迹的用√表示
炮眼痕迹保存率计算式:50/57=88%</td></tr>
</table>

记录员:××× 质检员:××× 施工负责人:×××

监理工程师:××× ××年×月×日

(4)洞身开挖质量检验报告单。

表 5-4 **洞身开挖质量检验报告单**

承包单位：**××集团有限公司××公路工程 A2 标段项目经理部** 合同号：**A2**

监理单位：**××工程咨询有限公司××公路工程 A2 标段监理部** 编 号：

<table>
<tr><td colspan="3">工程名称</td><td>×××隧道左线</td><td>施工时间</td><td>××年×月×日</td></tr>
<tr><td colspan="3">桩号及部位</td><td>ZK7＋000～ZK7＋020 洞身开挖</td><td>检验时间</td><td>××年×月×日</td></tr>
<tr><td>项次</td><td colspan="2">检查项目</td><td>规定值或允许偏差/mm</td><td>检验结果</td><td>检验频率和方法</td></tr>
<tr><td rowspan="3">1△</td><td rowspan="3">拱部超挖</td><td>破碎岩、土（Ⅰ、Ⅱ类围岩）</td><td>平均 100，最大 150</td><td>符合《验评标准》</td><td rowspan="3">水准仪或断面仪：每 20m1 个断面</td></tr>
<tr><td>中硬岩、软岩（Ⅲ、Ⅳ、Ⅴ类围岩）</td><td>平均 150，最大 250</td><td>符合《验评标准》</td></tr>
<tr><td>硬岩（Ⅵ类围岩）</td><td>平均 100，最大 200</td><td>符合《验评标准》</td></tr>
<tr><td rowspan="2">2</td><td rowspan="2">边墙超挖</td><td>每 侧</td><td>＋100，－0</td><td>符合《验评标准》</td><td rowspan="2">尺量：每 20m 检查 1 处</td></tr>
<tr><td>全 宽</td><td>＋200，－0</td><td>符合《验评标准》</td></tr>
<tr><td>3</td><td colspan="2">仰拱、隧底超挖</td><td>平均 100，最大 250</td><td>符合《验评标准》</td><td>水准仪：每 20m 检查 3 处</td></tr>
<tr><td></td><td colspan="2"></td><td></td><td></td><td></td></tr>
<tr><td></td><td colspan="2"></td><td></td><td></td><td></td></tr>
<tr><td></td><td colspan="2"></td><td></td><td></td><td></td></tr>
<tr><td></td><td colspan="2"></td><td></td><td></td><td></td></tr>
<tr><td></td><td colspan="2"></td><td></td><td></td><td></td></tr>
<tr><td></td><td colspan="2"></td><td></td><td></td><td></td></tr>
<tr><td colspan="4">自检说明：

符合设计规范及《验评标准》的要求。

施工员：×××

××年×月×日</td><td colspan="2">监理评语：

符合设计规范及《验评标准》的要求。

监理员：×××

××年×月×日</td></tr>
</table>

施工负责人：××× 质量检查员：××× 监理工程师：×××

(5)隧道开挖地质监测记录表。

表5-5 **隧道开挖地质监测记录表**

承包单位:××集团有限公司××公路工程A2标段项目经理部 合同号:A2

监理单位:××工程咨询有限公司××公路工程A2标段监理部 编 号:

<table>
<tr><td colspan="2">隧道名称、桩号</td><td colspan="3">×××隧道左线ZK7+000~ZK7+020</td></tr>
<tr><td colspan="2">断面桩号、编号</td><td>ZK7+020</td><td>调查日期</td><td>××年×月×日</td></tr>
<tr><td colspan="2">断面尺寸</td><td>20m²</td><td>埋 深</td><td>220m</td></tr>
<tr><td rowspan="5">监测断面围岩状况</td><td>岩层的岩性及状态</td><td colspan="3">花岗岩</td></tr>
<tr><td>结构特征及完整状况</td><td colspan="3">完 整</td></tr>
<tr><td>开挖后的稳定状况</td><td colspan="3">稳 定</td></tr>
<tr><td>地下水量和水质</td><td colspan="3">无</td></tr>
<tr><td>不良地质及特殊地质</td><td colspan="3">无</td></tr>
<tr><td colspan="2">设计围岩类别</td><td colspan="3">Ⅴ</td></tr>
<tr><td colspan="2">超前探测情况</td><td colspan="3">超前探孔长6.0m,未发现异常</td></tr>
<tr><td colspan="2">施工采用围岩类别</td><td colspan="3">Ⅴ</td></tr>
<tr><td colspan="2">工程措施</td><td colspan="3">严格按施工方案施工</td></tr>
<tr><td colspan="3">自检说明:
符合设计规范及《验评标准》的要求。
施工员:×××
××年×月×日</td><td colspan="2">监理评语:
符合设计规范及《验评标准》的要求。
监理员:×××
××年×月×日</td></tr>
</table>

施工负责人:××× 质量检查员:××× 监理工程师:×××

(6)隧道监控测量记录表。

表 5-6 **隧道监控测量记录表**

承包单位：××集团有限公司××公路工程 A2 标段项目经理部 合同号：A2

监理单位：××工程咨询有限公司××公路工程 A2 标段监理部 编 号：

隧道名称、桩号	×××隧道左线 ZK7＋000～ZK7＋020				测点桩号		ZK7＋020				备 注
开挖日期	××年×月×日				初读日期		××年×月×日				
测 点 号	1		2		3		4		5		
日期时间	测 值	计算值	测 值	计算值	测 值	计算值	测 值	计算值	测 值	计算值	
8:00AM	12498mm	12500mm	12498mm	12498mm							
12:00AM	12496mm	12500mm	12498mm	12498mm							
16:00PM	12498mm	12500mm	12496mm	12498mm							
20:00PM	12496mm	12500mm	12496mm	12498mm							

自检说明：	监理评语：
符合设计规范及《验评标准》的要求。	符合设计规范及《验评标准》的要求。
施工员：×××	监理员：×××
××年×月×日	××年×月×日

施工负责人：××× 质量检查员：××× 监理工程师：×××

三、明洞工程质量检验评定表

(1)隧道总体分项工程质量检验评定表。

表 5-7 **隧道总体分项工程质量检验评定表**

分项工程名称:**隧道总体** 所属分部工程名称:

所属建设项目: 工程部位:

施工单位:**××集团有限公司** 监理单位:**××工程咨询有限公司**

××公路工程项目经理部 **××公路工程监理部**

基本要求	洞口设置符合设计要求;洞内外排水系统符合设计要求,无淤积、堵塞。																
实测项目	项次	检查项目	规定值或允许偏差/mm	实测值或实测偏差值										质量评定			
				1	2	3	4	5	6	7	8	9	10	平均值、代表值	合格率(%)	权值	得分
	1	车行道	±10	**12**	**6**	**10**	**9**	**8**	**7**	**-3**					**85.7**	**2**	**171.4**
	2	净总宽	不小于设计	√	√	√	√	√	√	√					**100**	**2**	**200**
	3△	隧道净高	不小于设计	√	√	√	√	√	√	√					**100**	**3**	**300**
	4	隧道偏位	20	**20**	**20**	**20**	**20**	**20**	**20**	**20**					**100**	**2**	**200**
	5	路线中心线与隧道中心线的衔接	20	**20**	**20**	**20**	**20**	**20**	**20**	**20**					**100**	**2**	**200**
	6	边坡、仰坡	不大于设计	√	√	√	√	√	√	√					**100**	**1**	**100**
	合 计															**12**	**1171.4**

外观鉴定	**洞内无渗水现象**	减分	**0**	监理意见	**同意施工单位的评定** 签字:××× ××年×月×日
质量保证资料	**资料齐全、完整、真实**	减分	**0**		
工程质量等级评定	评分:**97.62**		质量等级:**合格**		

检验负责人:××× 检测:××× 记录:×××

复核:××× ××年×月×日

(2)洞身开挖分项工程质量检验评定表。

表 5-8　　洞身开挖分项工程质量检验评定表

分项工程名称:**洞身开挖**　　　　所属分部工程名称:**洞身开挖**

所属建设项目:　　　　工程部位:

施工单位:**××集团有限公司**　　　　监理单位:**××工程咨询有限公司**

××公路工程项目经理部　　　　**××公路工程监理部**

基本要求	不良地质段开挖前,已按要求做好预加固、预支护																	
实测项目	项次	检查项目		规定值或允许偏差/mm	实测值或实测偏差值										质量评定			
					1	2	3	4	5	6	7	8	9	10	平均值、代表值	合格率(%)	权值	得分
	1△	拱部超挖	破碎岩、土(Ⅰ、Ⅱ类围岩)	平均100,最大150	**100**	**110**	**120**	**130**	**125**							**100**	**3**	**300**
			中硬岩、软岩(Ⅲ、Ⅳ、Ⅴ类围岩)	平均150,最大250														
			硬岩(Ⅵ类围岩)	平均100,最大200														
	2	边墙超挖	每　侧	+100,−0	**100**	**100**	**100**	**100**	**100**	**60**	**80**					**100**	**2**	**200**
			全　宽	+200,−0														
	3	仰拱、隧底超挖		平均100,最大250	**100**	**100**	**100**	**100**	**100**							**100**	**1**	**100**
	合　计																**6**	**600**

外观鉴定	**外观无缺陷**	减分	**0**	监理意见	**同意施工单位的评定** 签字:××× ××年×月×日
质量保证资料	**资料齐全、完整、真实**	减分	**0**		
工程质量等级评定	评分:**100**　　　　质量等级:**合格**				

检验负责人:×××　　　　检测:×××　　　　记录:×××

复核:×××　　　　××年×月×日

第二节 支护工程

一、支护工程资料收集流程

支护工程资料收集流程见图5-2。

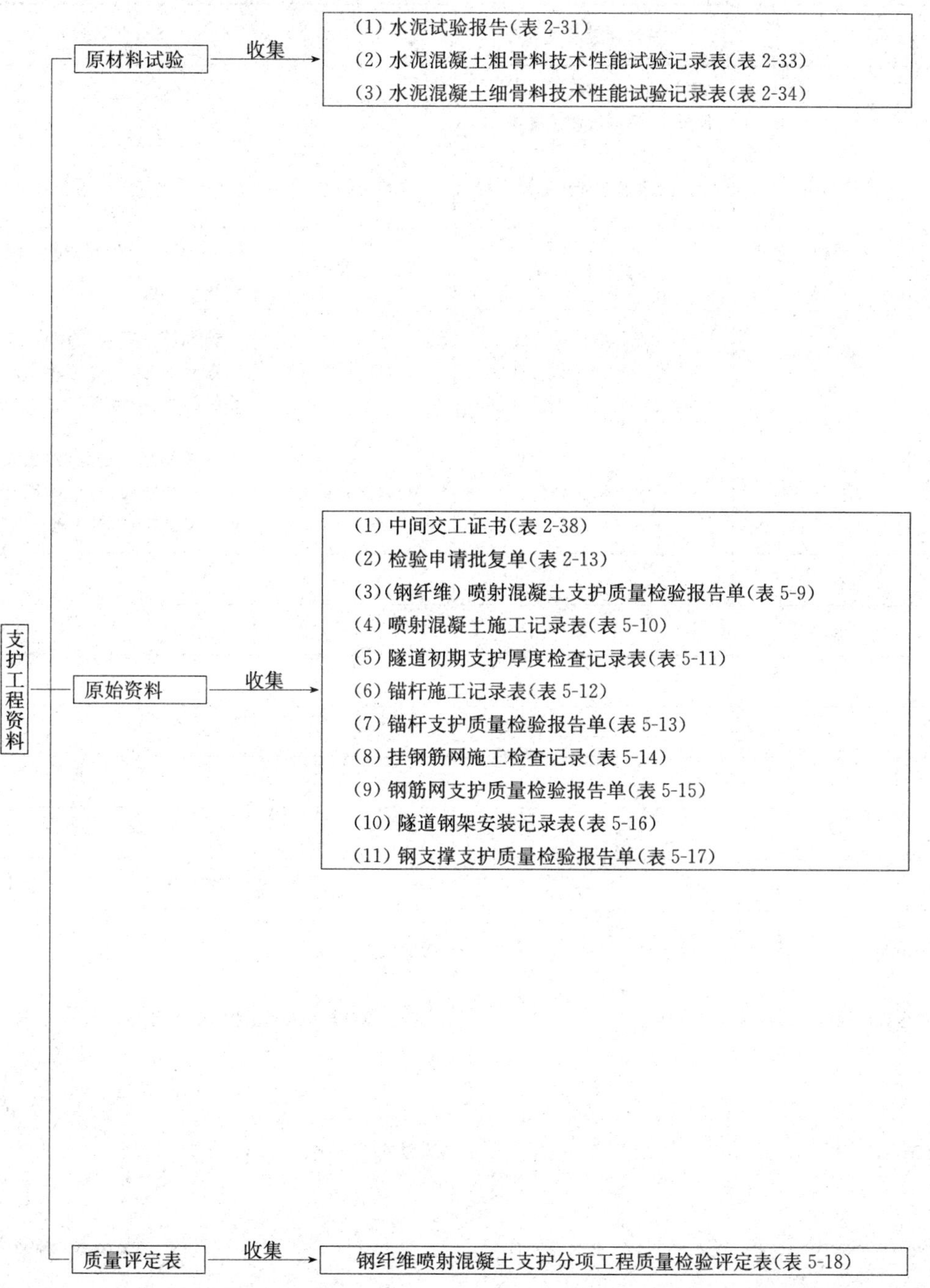

图5-2 支护工程资料收集流程

二、支护工程原始资料表格填写范例

(1)(钢纤维)喷射混凝土支护质量检验报告单。

表 5-9　　(钢纤维)喷射混凝土支护质量检验报告单

承包单位:××集团有限公司××公路工程 A2 标段项目经理部　　合同号:A2

监理单位:××工程咨询有限公司××公路工程 A2 标段监理部　　编　号:

工程名称		×××隧道左线	施工时间	××年×月×日
桩号及部位		ZK7+000~ZK7+020 (钢纤维)喷射混凝土支护	检验时间	××年×月×日
项次	检查项目	规定值或允许偏差	检验结果	检验频率和方法
1△	喷射混凝土强度/MPa	在合格标准内	符合《验评标准》	按 JTG F80/1—2004 附录 E 检查
2△	喷层厚度/mm	平均厚度≥设计厚度; 检查点的 60%≥设计厚度; 最小厚度≥0.5 设计厚度,且≥50	符合《验评标准》	凿孔法或雷达检测仪:每 10m 检查一个断面,每个断面从拱顶中线起每 3m 检查 1 点
3△	空洞检测	无空洞,无杂物	符合《验评标准》	凿孔法或雷达检测仪:每 10m 检查一个断面,每个断面从拱顶中线起每 3m 检查 1 点
自检说明: 符合设计规范及《验评标准》的要求。 施工员:××× ××年×月×日			监理评语: 符合设计规范及《验评标准》的要求。 监理员:××× ××年×月×日	

施工负责人:×××　　质量检查员:×××　　监理工程师:×××

(2)喷射混凝土施工记录表。

表 5-10 喷射混凝土施工记录表

承包单位:××集团有限公司××公路工程 A2 标段项目经理部 合同号:A2

监理单位:××工程咨询有限公司××公路工程 A2 标段监理部 编 号:

<table>
<tr><td>工程名称</td><td colspan="3">×××隧道左线</td><td colspan="2">施工时间</td><td colspan="2">××年×月×日</td></tr>
<tr><td>桩号及部位</td><td colspan="3">ZK7+000~ZK7+020
喷射混凝土支护</td><td colspan="2">混凝土标号</td><td colspan="2">E25</td></tr>
<tr><td>材料名称</td><td>水泥</td><td colspan="2">砂</td><td>石</td><td colspan="2">速凝剂</td><td>水</td></tr>
<tr><td>材料规格</td><td>P. O 42. 5</td><td colspan="2">中砂、河砂</td><td>5~10mm</td><td colspan="2">液体</td><td>饮用水</td></tr>
<tr><td>生产厂家名称</td><td>×××</td><td colspan="2">×××</td><td>×××</td><td colspan="2">×××</td><td>×××</td></tr>
<tr><td rowspan="2">配合比</td><td>理论配合比</td><td colspan="6">水泥∶砂∶碎石∶水∶速凝剂∶减水剂∶外掺料=1∶2. 36∶1. 938∶0. 45∶0. 025∶0. 012∶0. 003</td></tr>
<tr><td>施工配合比</td><td colspan="6">水泥∶砂∶碎石∶水∶速凝剂∶减水剂∶外掺料=1∶2. 44∶2. 03∶0. 33∶0. 025∶0. 012∶0. 003</td></tr>
<tr><td>搅拌盘数</td><td>水泥/kg</td><td>砂/kg</td><td>石/kg</td><td>水/kg</td><td>速凝剂/kg</td><td>减水剂</td><td>外掺料/kg</td></tr>
<tr><td>1</td><td>150</td><td>366</td><td>304. 5</td><td>49. 5</td><td>3. 75</td><td>1. 8</td><td>0. 45</td></tr>
<tr><td>2</td><td></td><td></td><td></td><td></td><td></td><td></td><td></td></tr>
<tr><td>3</td><td></td><td></td><td></td><td></td><td></td><td></td><td></td></tr>
<tr><td>4</td><td></td><td></td><td></td><td></td><td></td><td></td><td></td></tr>
<tr><td>5</td><td></td><td></td><td></td><td></td><td></td><td></td><td></td></tr>
<tr><td>6</td><td></td><td></td><td></td><td></td><td></td><td></td><td></td></tr>
<tr><td>7</td><td></td><td></td><td></td><td></td><td></td><td></td><td></td></tr>
<tr><td>8</td><td></td><td></td><td></td><td></td><td></td><td></td><td></td></tr>
<tr><td>9</td><td></td><td></td><td></td><td></td><td></td><td></td><td></td></tr>
<tr><td>10</td><td></td><td></td><td></td><td></td><td></td><td></td><td></td></tr>
<tr><td>11</td><td>……</td><td></td><td></td><td></td><td></td><td></td><td></td></tr>
<tr><td>12</td><td></td><td></td><td></td><td></td><td></td><td></td><td></td></tr>
<tr><td>13</td><td></td><td></td><td></td><td></td><td></td><td></td><td></td></tr>
<tr><td>14</td><td></td><td></td><td></td><td></td><td></td><td></td><td></td></tr>
<tr><td>15</td><td></td><td></td><td></td><td></td><td></td><td></td><td></td></tr>
<tr><td>16</td><td></td><td></td><td></td><td></td><td></td><td></td><td></td></tr>
<tr><td>17</td><td></td><td></td><td></td><td></td><td></td><td></td><td></td></tr>
<tr><td>18</td><td></td><td></td><td></td><td></td><td></td><td></td><td></td></tr>
<tr><td>19</td><td></td><td></td><td></td><td></td><td></td><td></td><td></td></tr>
<tr><td>20</td><td></td><td></td><td></td><td></td><td></td><td></td><td></td></tr>
</table>

记录员:××× 质检员:××× 施工负责人:×××

监理工程师:××× ××年×月×日

(3)隧道初期支护厚度检查记录表。

表 5-11

隧道初期支护厚度检查记录表

承包单位:××集团有限公司××公路工程 A2 标段项目经理部　　合同号:A2

监理单位:××工程咨询有限公司××公路工程 A2 标段监理部　　编　号:

<table>
<tr><td colspan="2">工程名称</td><td colspan="8">×××隧道左线</td><td colspan="5">检验时间</td><td colspan="9">××年×月×日</td></tr>
<tr><td colspan="2">桩号及部位</td><td colspan="22">ZK7+000～ZK7+020 拱墙</td></tr>
<tr><td rowspan="2">序号</td><td rowspan="2">里　程</td><td colspan="22">实　测　厚　度/cm</td></tr>
<tr><td>1</td><td>2</td><td>3</td><td>4</td><td>5</td><td>6</td><td>7</td><td>8</td><td>9</td><td>10</td><td>11</td><td>12</td><td>13</td><td>14</td><td>15</td><td>16</td><td>17</td><td>18</td><td>19</td><td>20</td><td>21</td><td>22</td></tr>
<tr><td>1</td><td>ZK7+020</td><td>8.4</td><td>9.1</td><td>8.2</td><td>10.3</td><td>9.5</td><td>13.2</td><td>18.1</td><td>9.9</td><td>8.2</td><td>10.3</td><td>9.5</td><td>8.7</td><td>12.1</td><td>16.4</td><td>10.9</td><td>9.5</td><td>8.8</td><td></td><td></td><td></td><td></td><td></td></tr>
<tr><td>2</td><td></td><td></td><td></td><td></td><td></td><td></td><td></td><td></td><td></td><td></td><td></td><td></td><td></td><td></td><td></td><td></td><td></td><td></td><td></td><td></td><td></td><td></td><td></td></tr>
<tr><td>3</td><td></td><td></td><td></td><td></td><td></td><td></td><td></td><td></td><td></td><td></td><td></td><td></td><td></td><td></td><td></td><td></td><td></td><td></td><td></td><td></td><td></td><td></td><td></td></tr>
<tr><td>4</td><td></td><td></td><td></td><td></td><td></td><td></td><td></td><td></td><td></td><td></td><td></td><td></td><td></td><td></td><td></td><td></td><td></td><td></td><td></td><td></td><td></td><td></td><td></td></tr>
<tr><td>5</td><td></td><td></td><td></td><td></td><td></td><td></td><td></td><td></td><td></td><td></td><td></td><td></td><td></td><td></td><td></td><td></td><td></td><td></td><td></td><td></td><td></td><td></td><td></td></tr>
<tr><td>6</td><td></td><td></td><td></td><td></td><td></td><td></td><td></td><td></td><td></td><td></td><td></td><td></td><td></td><td></td><td></td><td></td><td></td><td></td><td></td><td></td><td></td><td></td><td></td></tr>
<tr><td colspan="2">厚度测点示意图</td><td colspan="22">1 2 3 4 5 6 7 8 9 10 11 12 13 14 15 16 17</td></tr>
</table>

记录员:×××　　质检员:×××　　施工负责人:×××　　监理工程师:×××　　××年×月×日

(4)锚杆施工记录表。

表 5-12

锚杆施工记录表

承包单位：××**集团有限公司××公路工程 A2 标段项目经理部**　　合同号：**A2**

监理单位：××**工程咨询有限公司××公路工程 A2 标段监理部**　　编　号：

工程名称	×××隧道左线		施工时间	××年×月×日	
桩号及部位	**ZK7＋000～ZK7＋020**		施工图号		
锚杆类型	**ϕ25 中空注浆锚杆**		锚杆布置形式	**1.2×4.8m，梅花形**	
锚杆单根长/m	**2.5**	锚杆数量(根)	**18**	锚杆直径/mm	**25**
注浆材料	**水泥砂浆**		注浆液配比	**1∶1.4∶0.6**	

编号	孔位间距/cm	孔深/cm	外露长度/cm	注浆压力/MPa	注浆量/m^3
1	**4.81**	**2.62**	**9**	**0.2**	**0.006**
2	……				
3					
4					
5					
6					
7					
8					
9					
10					
11					
12					
13					
14					
15					
16					
17	……				
18	**4.79**	**2.64**	**10**	**0.2**	**0.007**
布置草图	系统锚杆：带排气装置的ϕ25中空注浆锚杆L=2.5m、间距(环2.37m×纵1.2m)梅花型布置；隧道中线；160；内轨顶面；75；0.02 0.02				

记录员：×××　　质检员：×××　　施工负责人：×××

监理工程师：×××　　××年×月×日

(5)锚杆支护质量检验报告单。

表 5-13 **锚杆支护质量检验报告单**

承包单位:××集团有限公司××公路工程 A2 标段项目经理部 合同号:A2

监理单位:××工程咨询有限公司××公路工程 A2 标段监理部 编 号:

工程名称		×××隧道左线	施工时间	××年×月×日
桩号及部位		ZK7+000~ZK7+020 锚杆支护	检验时间	××年×月×日
项次	检查项目	规定值或允许偏差	检验结果	检验频率和方法
1△	锚杆数量/根	不少于设计	符合《验评标准》	按分项工程统计
2	锚杆拔力/kN	28d 拔力平均值≥设计值,最小拔力≥0.9 设计值	符合《验评标准》	按锚杆数 1%且不小于 3 根做拔力试验
3	孔位/mm	±50	符合《验评标准》	尺量:检查锚杆数的 10%
4	钻孔深度/mm	±50	符合《验评标准》	尺量:检查锚杆数的 10%
5	孔径/mm	砂浆锚杆:大于杆体直径+15;其他锚杆:符合设计要求	符合《验评标准》	尺量:检查锚杆数的 10%
6	锚杆垫板	符合设计要求	符合《验评标准》	检查锚杆数的 10%

自检说明:	监理评语:
符合设计规范及《验评标准》的要求。	符合设计规范及《验评标准》的要求。
施工员:×××	监理员:×××
××年×月×日	××年×月×日

施工负责人:××× 质量检查员:××× 监理工程师:×××

(6)挂钢筋网施工检查记录。

表 5-14 挂钢筋网施工检查记录

承包单位:××集团有限公司××公路工程 A2 标段项目经理部　　合同号:A2

监理单位:××工程咨询有限公司××公路工程 A2 标段监理部　　编　号:

<table>
<tr><td>隧道名称</td><td>×××隧道进口</td><td>工序名称</td><td>初期支护</td><td>施工桩号</td><td>ZK7+000~ZK7+020 拱墙</td></tr>
<tr><td colspan="2">检查部位及项目</td><td>设计值</td><td colspan="2">检查情况</td><td>备注</td></tr>
<tr><td rowspan="5">拱部</td><td>检查日期</td><td colspan="3">××年×月×日</td><td rowspan="5">
</td></tr>
<tr><td>钢筋直径</td><td>φ8</td><td colspan="2">φ8</td></tr>
<tr><td>网格间距</td><td>200mm×200mm</td><td colspan="2">210mm×205mm</td></tr>
<tr><td>搭接长度</td><td>1~2 个网格</td><td colspan="2">2</td></tr>
<tr><td>保护层厚度</td><td>不小于 2cm</td><td colspan="2">4</td></tr>
<tr><td rowspan="5">中间左侧墙</td><td>检查日期</td><td colspan="3">××年×月×日</td><td rowspan="5">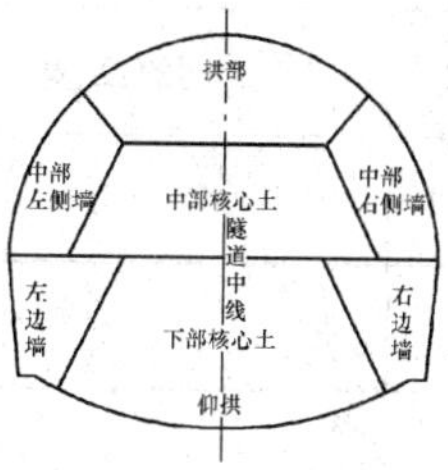
</td></tr>
<tr><td>钢筋直径</td><td>φ8</td><td colspan="2">φ8</td></tr>
<tr><td>网格间距</td><td>200mm×200mm</td><td colspan="2">205mm×210mm</td></tr>
<tr><td>搭接长度</td><td>1~2 个网格</td><td colspan="2">2</td></tr>
<tr><td>保护层厚度</td><td>不小于 2cm</td><td colspan="2">3.5</td></tr>
<tr><td rowspan="5">中部右侧墙</td><td>检查日期</td><td colspan="3">××年×月×日</td><td rowspan="5">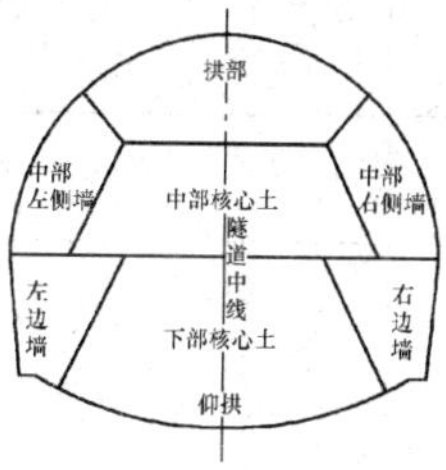
</td></tr>
<tr><td>钢筋直径</td><td>φ8</td><td colspan="2">φ8</td></tr>
<tr><td>网格间距</td><td>200mm×200mm</td><td colspan="2">180mm×200mm</td></tr>
<tr><td>搭接长度</td><td>1~2 个网格</td><td colspan="2">2</td></tr>
<tr><td>保护层厚度</td><td>不小于 2cm</td><td colspan="2">3.5</td></tr>
<tr><td rowspan="5">左边墙</td><td>检查日期</td><td colspan="3">××年×月×日</td><td rowspan="5">
</td></tr>
<tr><td>钢筋直径</td><td>φ8</td><td colspan="2">φ8</td></tr>
<tr><td>网格间距</td><td>200mm×200mm</td><td colspan="2">2000mm×200mm</td></tr>
<tr><td>搭接长度</td><td>1~2 个网格</td><td colspan="2">2</td></tr>
<tr><td>保护层厚度</td><td>不小于 2cm</td><td colspan="2">4</td></tr>
<tr><td rowspan="5">右边墙</td><td>检查日期</td><td colspan="3">××年×月×日</td><td rowspan="5">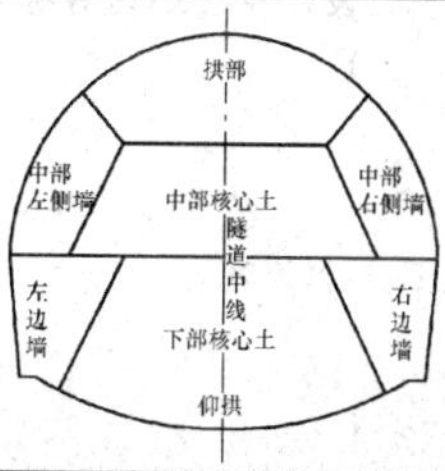
</td></tr>
<tr><td>钢筋直径</td><td>φ8</td><td colspan="2">φ8</td></tr>
<tr><td>网格间距</td><td>200mm×200mm</td><td colspan="2">190mm×200mm</td></tr>
<tr><td>搭接长度</td><td>1~2 个网格</td><td colspan="2">2</td></tr>
<tr><td>保护层厚度</td><td>不小于 2cm</td><td colspan="2">3.5</td></tr>
</table>

记录员:×××　　质检员:×××　　施工负责人:×××

监理工程师:×××

××年×月×日

(7)钢筋网支护质量检验报告单。

表 5-15 钢筋网支护质量检验报告单

承包单位:××集团有限公司××公路工程 A2 标段项目经理部　　合同号:A2

监理单位:××工程咨询有限公司××公路工程 A2 标段监理部　　编　号:

工程名称		×××隧道左线	施工时间	××年×月×日
桩号及部位		ZK7+000~ZK7+020 钢筋网支护	检验时间	××年×月×日
项次	检查项目	规定值或允许偏差/mm	检验结果	检验频率和方法
1△	网格尺寸	±10	符合《验评标准》	尺量:每 $50m^2$ 检查 2 个网眼
2	钢筋保护层厚度	≥10	符合《验评标准》	凿孔检查:每 20m 检查 5 点
3	与受喷岩面的间隙	≤30	符合《验评标准》	尺量:每 20m 检查 10 点
4	网的长、宽	±10	符合《验评标准》	尺量
自检说明: 符合设计规范及《验评标准》的要求。 施工员:××× ××年×月×日			监理评语: 符合设计规范及《验评标准》的要求。 监理员:××× ××年×月×日	

施工负责人:×××　　质量检查员:×××　　监理工程师:×××

(8)隧道钢架安装记录表。

表 5-17

隧道钢架安装记录表

承包单位:××集团有限公司××公路工程 A2 标段项目经理部

监理单位:××工程咨询有限公司××公路工程 A2 标段监理部

合同号:A2

编　号:

工程名称		×××隧道左线						施工日期	××年×月×日	
序号	里　程	部　位	施工时间	钢架横向偏差/mm	钢架纵向偏差/mm	钢架高程偏差/mm	钢架垂直度(°)	相邻钢架连接情况	保护层/cm	拉杆直径/mm
1	ZK7+ZK7+022	拱部	6 时 13 分	+5	+12	+10	+1	采用 Φ22 带肋钢筋焊接	+5.5	22
2	ZK7+020	中部左侧墙	9 时 15 分	+6	−10	+5	−1	采用 Φ22 带肋钢筋焊接	+5.3	22
3										
4										
5										
6										
7										
8										
钢架安装示意图		拱部 中部左侧墙 中部右侧墙 下部左边墙 下部右边墙 左侧仰拱 右侧仰拱								

记录员:×××　　质检员:×××　　施工负责人:×××　　技术负责人:×××　　××年×月×日

(9)钢支撑支护质量检验报告单。

表 5-17　　钢支撑支护质量检验报告单

承包单位：××集团有限公司××公路工程 A2 标段项目经理部　　合同号：A2

监理单位：××工程咨询有限公司××公路工程 A2 标段监理部　　编　号：

<table>
<tr><td colspan="2">工程名称</td><td colspan="2">×××隧道左线</td><td>施工时间</td><td>××年×月×日</td></tr>
<tr><td colspan="2">桩号及部位</td><td colspan="2">ZK7＋000～ZK7＋020 钢支撑支护</td><td>检验时间</td><td>××年×月×日</td></tr>
<tr><td>项次</td><td colspan="2">检查项目</td><td>规定值或允许偏差</td><td>检验结果</td><td>检验频率和方法</td></tr>
<tr><td>1△</td><td colspan="2">安装间距/mm</td><td>50</td><td>符合《验评标准》</td><td>尺量：每榀检查</td></tr>
<tr><td>2</td><td colspan="2">保护层厚度/mm</td><td>≥20</td><td>符合《验评标准》</td><td>凿孔检查：每榀自拱顶每 3m 检查一点</td></tr>
<tr><td>3</td><td colspan="2">倾斜度(°)</td><td>±2</td><td>符合《验评标准》</td><td>测量仪器检查每榀倾斜度</td></tr>
<tr><td rowspan="2">4</td><td rowspan="2">安装偏差/mm</td><td>横向</td><td>±50</td><td>符合《验评标准》</td><td rowspan="2">尺量：每榀检查</td></tr>
<tr><td>竖向</td><td>不低于设计标高</td><td>符合设计要求</td></tr>
<tr><td>5</td><td colspan="2">拼装偏差/mm</td><td>±3</td><td>符合《验评标准》</td><td>尺量：每榀检查</td></tr>
<tr><td></td><td colspan="2"></td><td></td><td></td><td></td></tr>
<tr><td></td><td colspan="2"></td><td></td><td></td><td></td></tr>
<tr><td></td><td colspan="2"></td><td></td><td></td><td></td></tr>
<tr><td></td><td colspan="2"></td><td></td><td></td><td></td></tr>
<tr><td></td><td colspan="2"></td><td></td><td></td><td></td></tr>
<tr><td></td><td colspan="2"></td><td></td><td></td><td></td></tr>
<tr><td colspan="4">自检说明：
符合设计规范及《验评标准》的要求。
施工员：×××
××年×月×日</td><td colspan="2">监理评语：
符合设计规范及《验评标准》的要求。
监理员：×××
××年×月×日</td></tr>
</table>

施工负责人：×××　　质量检查员：×××　　监理工程师：×××

三、钢纤维喷射混凝土支护工程质量检验评定表

表 5-18　　钢纤维喷射混凝土支护分项工程质量检验评定表

分项工程名称：**钢纤维喷射混凝土支护**　　所属分部工程名称：**洞身衬砌**

所属建设项目：　　工程部位：**右线隧道**

施工单位：**××集团有限公司**　　监理单位：**××工程咨询有限公司**

××公路工程项目经理部　　**××公路工程监理部**

基本要求	材料满足规范和设计要求；喷射前，岩面已经清洁，并做好排水措施；钢纤维抗拉强度不低于 380MPa。															
实测项目	项次	检查项目	规定值或允许偏差	实测值或实测偏差值										质量评定			
				1	2	3	4	5	6	7	8	9	10	平均值、代表值	合格率(%)	权值	得分
	1△	喷射混凝土强度/MPa	在合格标准内	√	√	√	√	√							**100**	**3**	**300**
	2△	喷层厚度/mm	平均厚度≥设计厚度；检查点的60%≥设计厚度；最小厚度≥0.5设计厚度，且≥50	√	√	√	√	√							**100**	**3**	**300**
	3△	空洞检测	无空洞，无杂物	√	√	√	√	√							**100**	**3**	**300**
	合　计															**9**	**900**

外观鉴定	**局部存在钢筋外漏现象**	减分	**2**	监理意见	**同意施工单位的评定** 签字：××× ××年×月×日
质量保证资料	**资料齐全、完整、真实**	减分	**0**		
工程质量等级评定	评分：**98**		质量等级：**合格**		

检验负责人：×××　　检测：×××　　记录：×××

复核：×××　　××年×月×日

第三节 衬砌工程

一、衬砌工程资料收集流程

衬砌工程资料收集流程见图5-3。

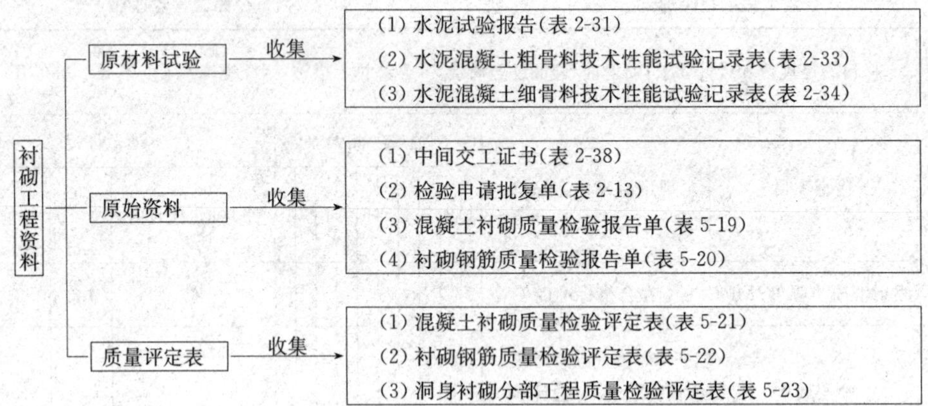

图5-3 衬砌工程资料收集流程

二、衬砌工程原始资料表格填写范例

(1)混凝土衬砌质量检验报告单。

表5-19 混凝土衬砌质量检验报告单

承包单位：××集团有限公司××公路工程A2标段项目经理部　　合同号：A2

监理单位：××工程咨询有限公司××公路工程A2标段监理部　　编　号：

工程名称		×××隧道左线	施工时间	××年×月×日
桩号及部位		ZK7+000～ZK7+020混凝土衬砌	检验时间	××年×月×日
项次	检查项目	规定值或允许偏差	检验结果	检验频率和方法
1△	混凝土强度/MPa	在合格标准内	符合《验评标准》	按JTG F80/1—2004附录D检查
2△	衬砌厚度/mm	不小于设计值	符合《验评标准》	激光断面仪或地质雷达：每40m检查1个断面
3	墙面平整度/mm	20	符合《验评标准》	2m直尺：每40m每侧检查5处
自检说明： 符合设计规范及《验评标准》的要求。 施工员：××× ××年×月×日			监理评语： 符合设计规范及《验评标准》的要求。 监理员：××× ××年×月×日	

施工负责人：×××　　质量检查员：×××　　监理工程师：×××

(2)衬砌钢筋质量检验报告单。

表 5-20 衬砌钢筋质量检验报告单

承包单位:××集团有限公司××公路工程 A2 标段项目经理部 合同号:A2

监理单位:××工程咨询有限公司××公路工程 A2 标段监理部 编 号:

<table>
<tr><td colspan="2">工程名称</td><td colspan="2">×××隧道左线</td><td>施工时间</td><td>××年×月×日</td></tr>
<tr><td colspan="2">桩号及部位</td><td colspan="2">ZK7+000～ZK7+020 衬砌钢筋</td><td>检验时间</td><td>××年×月×日</td></tr>
<tr><td>项次</td><td colspan="3">检查项目</td><td>规定值或允许偏差</td><td>检验结果</td><td>检验频率和方法</td></tr>
<tr><td>1△</td><td colspan="3">主筋间距/mm</td><td>±10</td><td>符合《验评标准》</td><td>尺量:每 20m 检查 5 点</td></tr>
<tr><td>2</td><td colspan="3">两层钢筋间距/mm</td><td>±5</td><td>符合《验评标准》</td><td>尺量:每 20m 检查 5 点</td></tr>
<tr><td>3</td><td colspan="3">箍筋间距/mm</td><td>±20</td><td>符合《验评标准》</td><td>尺量:每 20m 检查 5 点</td></tr>
<tr><td rowspan="4">4</td><td rowspan="4">绑扎搭接长度</td><td rowspan="2">受拉</td><td>HPB235 级钢筋</td><td>30d</td><td>符合《验评标准》</td><td rowspan="4">尺量:每 20m 检查 3 个接头</td></tr>
<tr><td>HRB335 级钢筋</td><td>35d</td><td>符合《验评标准》</td></tr>
<tr><td rowspan="2">受压</td><td>HPB235 级钢筋</td><td>20d</td><td>符合《验评标准》</td></tr>
<tr><td>HRB335 级钢筋</td><td>25d</td><td>符合《验评标准》</td></tr>
<tr><td>5</td><td>钢筋加工</td><td colspan="2">钢筋长度/mm</td><td>−10,+5</td><td>符合《验评标准》</td><td>尺量:每 20m 检查 2 根</td></tr>
<tr><td></td><td colspan="3"></td><td></td><td></td><td></td></tr>
<tr><td></td><td colspan="3"></td><td></td><td></td><td></td></tr>
<tr><td></td><td colspan="3"></td><td></td><td></td><td></td></tr>
<tr><td></td><td colspan="3"></td><td></td><td></td><td></td></tr>
<tr><td></td><td colspan="3"></td><td></td><td></td><td></td></tr>
<tr><td colspan="5">自检说明:
符合设计规范及《验评标准》的要求。
施工员:×××
××年×月×日</td><td colspan="2">监理评语:
符合设计规范及《验评标准》的要求。
监理员:×××
××年×月×日</td></tr>
</table>

施工负责人:××× 质量检查员:××× 监理工程师:×××

三、衬砌工程质量检验评定表

(1)混凝土衬砌分项工程质量检验评定表。

表 5-21　　混凝土衬砌分项工程质量检验评定表

分项工程名称:**混凝土衬砌**　　所属分部工程名称:**洞身衬砌**

所属建设项目:　　工程部位:**右线隧道**

施工单位:**××集团有限公司**　　监理单位:**××工程咨询有限公司**

××公路工程项目经理部　　**××公路工程监理部**

基本要求	所用材料的质量和规格满足规范和设计要求;拱墙背后的空隙已经回填密实。

	项次	检查项目	规定值或允许偏差	实测值或实测偏差值										质量评定			
				1	2	3	4	5	6	7	8	9	10	平均值、代表值	合格率(%)	权值	得分
实测项目	1△	混凝土强度/MPa	在合格标准内	√	√	√	√	√	√	√					**100**	**3**	**300**
	2△	衬砌厚度/mm	不小于设计值	√	√	√	√	√	√	√					**100**	**3**	**300**
	3	墙面平整度/mm	20	**20**	**20**	**20**	**20**	**20**	**20**	**20**					**100**	**1**	**100**
	合　计															**7**	**700**

外观鉴定	**局部存在蜂窝麻面现象**	减分	**2**	监理意见	**同意施工单位的评定** 签字:**×××** ××年×月×日
质量保证资料	**资料齐全、完整、真实**	减分	**0**		
工程质量等级评定	评分:**98**		质量等级:**合格**		

检验负责人:×××　　检测:×××　　记录:×××

复核:×××　　××年×月×日

(2)钢筋衬砌分项工程质量检验评定表。

表 5-22　　**钢筋衬砌分项工程质量检验评定表**

分项工程名称：**钢筋衬砌**　　所属分部工程名称：**洞身衬砌**

所属建设项目：　　工程部位：**右线隧道**

施工单位：**××集团有限公司**　　监理单位：**××工程咨询有限公司**

××公路工程项目经理部　　**××公路工程监理部**

基本要求	**钢筋的品种、规格、形状、尺寸、数量、接头位置符合设计要求和相关标准的规定。**																		
实测项目	项次	检查项目			规定值或允许偏差	实测值或实测偏差值										质量评定			
						1	2	3	4	5	6	7	8	9	10	平均值、代表值	合格率(%)	权值	得分
	1△	主筋间距			±10	**8**	**9**	**10**	**7**	**6**	**5**	**4**	**−2**				**100**	**3**	**300**
	2△	两层钢筋间距			±5	**5**	**5**	**5**	**5**	**5**	**3**	**2**	**−1**	**−3**			**100**	**3**	**300**
	3	绑扎搭接长度	受拉	HPB235级钢筋	30d	**30*d***	**30*d***	**30*d***	**30*d***	**30*d***							**100**	**1**	**100**
				HRB335级钢筋	35d	**35*d***	**35*d***	**35*d***	**35*d***	**35*d***									
			受压	HPB235级钢筋	20d	**20*d***	**20*d***	**20*d***	**20*d***	**20*d***									
				HRB335级钢筋	25d	**25*d***	**25*d***	**25*d***	**25*d***	**25*d***									
	4	钢筋加工	钢筋长度/mm		−10,+5	**5**	**5**	**5**	**5**	**5**	**4**	**−6**	**−7**				**100**	**1**	**100**
	合　计																	**8**	**800**

外观鉴定	**个别钢筋存在锈蚀现象**	减分	**2**	监理意见	**同意施工单位的评定** 签字：**×××** ××年×月×日
质量保证资料	**资料齐全、完整、真实**	减分	**0**		
工程质量等级评定	评分：**98**		质量等级：**合格**		

检验负责人：×××　　检测：×××　　记录：×××

复核：×××　　××年×月×日

(3)洞身衬砌分部工程质量检验评定表。

表 5-23　　洞身衬砌分部工程质量检验评定表

分部工程名称:**洞身衬砌**　　所属单位工程:**隧道工程**

所属建设项目:　　工程部位:**右线隧道**

施工单位:**××集团有限公司**　　监理单位:**××工程咨询有限公司**

××公路工程项目经理部　　**××公路工程监理部**

施工单位	分项工程					备注
	工程名称	质量评定				
		实得分	权值	加权得分	等级	
	混凝土衬砌	**98**	**2**	**196**	**合格**	
	钢筋衬砌	**98**	**1**	**98**	**合格**	
	合计		**3**	**294**		
质量等级	**合格**			加权平均分		**98**
评定意见	**所属各分项工程全部合格,该分部工程评为合格。**					

检验负责人:×××　　计算:×××　　复核:×××　　××年×月×日

第四节 隧道防水和排水工程

一、隧道防排水工程资料收集流程

隧道防排水工程资料收集流程见图5-4。

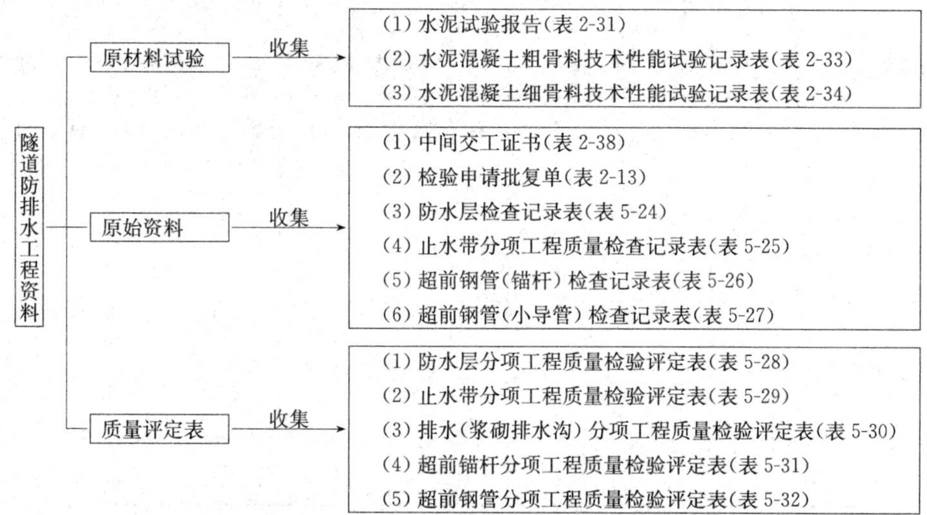

图5-4 隧道防排水工程资料收集流程

二、隧道防排水工程原始资料表格填写范例

(1)防水层检查记录表。

表5-24 防水层检查记录表

施工单位:××集团有限公司××公路工程A2标段项目经理部　　合同号:A2

监理单位:××工程咨询有限公司××公路工程A2标段监理部　　编　号:

施工桩号	K11+000~K12+000		规格/mm	50	
施工日期	搭接宽度/mm	缝宽/mm		固定点间距/m	
		焊接	粘接	拱部	侧墙
××年×月×日	100	25	50	符合设计要求	符合设计要求
××年×月×日	120	30	80	符合设计要求	符合设计要求

质检员:×××　　日期:××年×月×日

(2)止水带分项工程质量检查记录表。

表 5-25　　止水带分项工程质量检查记录表

施工单位:××集团有限公司××公路工程 A2 标段项目经理部　　合同号:A2

监理单位:××工程咨询有限公司××公路工程 A2 标段监理部　　编　号:

检查项目	允许偏差或规定值	设计值	实测值/mm									
			1	2	3	4	5	6	7	8	9	10
纵向偏离/mm	±50	80	79	78.8	78.6	78.5	78.4	78.3	78.2	78.1	78	77.9
偏离衬砌中心线/mm	≤30	20	23	22	21	24	26	25	24	23	22	21

施工质检员:×××　　日期:××年×月×日

(3)超前钢管(锚杆)检查记录表。

表 5-26　　超前钢管(锚杆)检查记录表

施工单位:××集团有限公司××公路工程 A2 标段项目经理部　　合同号:A2

监理单位:××工程咨询有限公司××公路工程 A2 标段监理部　　编　号:

施工桩号	K11+000~K12+000	规格/mm	50	设计仰角(°)	10	搭接长度/mm)	1036
施工日期	长度/mm	孔位/mm	钻孔深度/mm	根数/根		孔径/mm	
××年×月×日	等于设计值	405	5009	10		符合设计要求	
××年×月×日	大于设计值	407	5013	10		符合设计要求	

施工质检员:×××　　日期:××年×月×日

(4)超前钢管(小导管)检查记录表。

表 5-27 **超前钢管(小导管)检查记录表**

施工单位:××集团有限公司××公路工程 A2 标段项目经理部 合同号:A2

监理单位:××工程咨询有限公司××公路工程 A2 标段监理部 编 号:

施工桩号	K11+580	规格/mm	50	设计仰角(°)	10	搭接长度/mm	1036

施工日期	长度/mm	孔位/mm	钻孔深度/mm	根数/根	孔径/mm
2009. 10. 27	5004 5003	405 407	5009 5013	19	72 72
超前小导管孔位编号					

质检员:××× 日期:××年×月×日

三、隧道防排水工程质量检验评定表

(1)防水层分项工程质量检验评定表。

表 5-28 防水层分项工程质量检验评定表

分项工程名称：**防水层** 所属分部工程名称：

所属建设项目： 工程部位(桩号)：

施工单位：**××集团有限公司** 监理单位：**××工程咨询有限公司**

××公路工程项目经理部 **××公路工程监理部**

<table>
<tr><td>基本要求</td><td colspan="19">防水材料的质量、规格、性能等必须符合设计和规范要求</td></tr>
<tr><td rowspan="10">实测项目</td><td rowspan="2">项次</td><td rowspan="2" colspan="2">检查项目</td><td rowspan="2">规定值或允许偏差</td><td colspan="10">实测值或实测偏差值</td><td colspan="4">质量评定</td></tr>
<tr><td>1</td><td>2</td><td>3</td><td>4</td><td>5</td><td>6</td><td>7</td><td>8</td><td>9</td><td>10</td><td>平均值、代表值</td><td>合格率(%)</td><td>权值</td><td>得分</td></tr>
<tr><td>1</td><td colspan="2">搭接宽度/mm</td><td>≥100</td><td>100</td><td>102</td><td>108</td><td>106</td><td>105</td><td>105</td><td></td><td></td><td></td><td></td><td></td><td>100</td><td>2</td><td>200</td></tr>
<tr><td rowspan="2">2</td><td rowspan="2">缝宽/mm</td><td>焊接</td><td>两侧焊缝宽≥25</td><td>25</td><td>26</td><td>27</td><td>28</td><td>25</td><td>26</td><td></td><td></td><td></td><td></td><td></td><td>100</td><td rowspan="2">2</td><td rowspan="2">200</td></tr>
<tr><td>粘接</td><td>粘缝宽≥50</td><td>50</td><td>51</td><td>52</td><td>51</td><td>50</td><td>52</td><td>53</td><td></td><td></td><td></td><td></td><td>100</td></tr>
<tr><td rowspan="2">3</td><td rowspan="2">固定点间距/m</td><td>拱部</td><td rowspan="2">符合设计要求</td><td>√</td><td>√</td><td>√</td><td>√</td><td>√</td><td>√</td><td>√</td><td></td><td></td><td></td><td></td><td>100</td><td rowspan="2">1</td><td rowspan="2">100</td></tr>
<tr><td>侧墙</td><td>√</td><td>√</td><td>√</td><td>√</td><td>√</td><td>√</td><td>√</td><td></td><td></td><td></td><td></td><td>100</td></tr>
<tr><td></td><td colspan="2"></td><td></td><td></td><td></td><td></td><td></td><td></td><td></td><td></td><td></td><td></td><td></td><td></td><td></td><td></td><td></td></tr>
<tr><td></td><td colspan="2"></td><td></td><td></td><td></td><td></td><td></td><td></td><td></td><td></td><td></td><td></td><td></td><td></td><td></td><td></td><td></td></tr>
<tr><td colspan="4">合 计</td><td colspan="12"></td><td>5</td><td>500</td></tr>
</table>

<table>
<tr><td>外观鉴定</td><td>表面不平</td><td>减分</td><td>2</td><td rowspan="2">监理意见</td><td rowspan="2">同意施工单位的评定
签字：×××
××年×月×日</td></tr>
<tr><td>质量保证资料</td><td>资料齐全、完整、真实</td><td>减分</td><td>0</td></tr>
<tr><td>工程质量等级评定</td><td colspan="5">评分：98 质量等级：合格</td></tr>
</table>

检验负责人：××× 检测：××× 记录：×××

复核：××× ××年×月×日

(2)止水带分项工程质量检验评定表。

表 5-29 **止水带分项工程质量检验评定表**

分项工程名称：**止水带** 所属分部工程名称：

所属建设项目： 工程部位(桩号)：

施工单位：**××集团有限公司** 监理单位：**××工程咨询有限公司**

××公路工程项目经理部 **××公路工程监理部**

基本要求	(1)止水带的材质、规格等应满足设计和规范要求； (2)止水带与衬砌端头模板应正交

	项次	检查项目	规定值或允许偏差	实测值或实测偏差值										质量评定			
				1	2	3	4	5	6	7	8	9	10	平均值、代表值	合格率(%)	权值	得分
实测项目	1	纵向偏离/mm	±50	**50**	**50**	**50**	**50**	**50**	**30**	**20**	**10**	**0**			**100**	**1**	**100**
	2	偏离衬砌中心线/mm	≤30	**30**	**23**	**30**	**29**	**28**	**25**	**21**					**100**	**1**	**100**
	合计															**2**	**100**

外观鉴定	**止水带破裂未及时修补**	减分	**2**	监理意见	**同意施工单位的评定** 签字：××× ××年×月×日
质量保证资料	**资料齐全、完整、真实**	减分	**0**		
工程质量等级评定	评分：**98**		质量等级：**合格**		

检验负责人：××× 检测：××× 记录：×××

复核：××× ××年×月×日

(3)排水(浆砌排水沟)分项工程质量检验评定表。

表 5-30　　排水(浆砌排水沟)分项工程质量检验评定表

分项工程名称:**浆砌排水沟**　　所属分部工程名称:**排水工程**

所属建设项目:　　工程部位(桩号):

施工单位:**××集团有限公司**　　监理单位:**××工程咨询有限公司**

××公路工程项目经理部　　**××公路工程监理部**

基本要求	(1)砌体砂浆配合比准确,砌缝内砂浆均匀饱满,勾缝密实; (2)砂浆片(块)石、混凝土预制块的质量和规格应符合设计要求															
实测项目	项次	检查项目	规定值或允许偏差	实测值或实测偏差值										质量评定		
				1	2	3	4	5	6	7	8	9	10	平均值、代表值	合格率(%)	权值	得分
	1△	砂浆强度/MPa	在合格标准内	√	√	√	√	√	√	√	√				**100**	**3**	**300**
	2	轴线偏位/mm	50	**50**	**50**	**50**	**50**	**50**	**50**						**100**	**1**	**100**
	3	沟底高程/mm	±15	**12**	**11**	**15**	**14**	**13**	**12**	**10**	**5**				**100**	**2**	**200**
	4	墙面直顺度或坡度/mm	30或符合设计要求	√	√	√	√	√	√	√	√				**100**	**1**	**100**
	5	断面尺寸/mm	±30	**30**	**30**	**30**	**30**	**30**	**25**	**20**	**16**				**100**	**2**	**200**
	6	铺砌厚度/mm	不小于设计	√	√	√	√	√	√	√	√				**100**	**1**	**100**
	7	基础垫层宽、厚/mm	不小于设计	√	√	√	√	√	√	√	√				**100**	**1**	**100**
	合计															**11**	**1100**

外观鉴定	**检查井盖板翘曲**	减分	**2**	监理意见	**同意施工单位的评定** 签字:××× ××年×月×日
质量保证资料	**资料齐全、完整、真实**	减分	**0**		
工程质量等级评定	评分:**98**		质量等级:**合格**		

检验负责人:×××　　检测:×××　　记录:×××

复核:×××　　××年×月×日

(4)超前锚杆分项工程质量检验评定表。

表 5-31　　**超前锚杆分项工程质量检验评定表**

分项工程名称：**超前锚杆**　　所属分部工程名称：

所属建设项目：　　工程部位(桩号)：

施工单位：**××集团有限公司**
××公路工程项目经理部　　监理单位：**××工程咨询有限公司**
××公路工程监理部

基本要求	锚杆材质、规格等应符合设计和规范要求															
实测项目	项次	检查项目	规定值或允许偏差	实测值或实测偏差值										质量评定			
				1	2	3	4	5	6	7	8	9	10	平均值、代表值	合格率(%)	权值	得分
	1	长度/m	不小于设计	√	√	√	√	√	√	√	√				**100**	**2**	**200**
	2	孔位/mm	±50	**36**	**31**	**32**	**35**	**30**	**33**	**36**	**38**	**34**			**100**	**2**	**200**
	3	钻孔深度/mm	±50	**10**	**10**	**10**	**15**	**20**	**17**	**20**	**10**				**100**	**2**	**200**
	4	孔径/mm	符合设计要求	√	√	√	√	√	√	√	√				**100**	**2**	**200**
	合　计															**8**	**800**

外观鉴定	**锚杆入孔过长**	减分	**3**	监理意见	**同意施工单位的评定** 签字：××× ××年×月×日
质量保证资料	**资料齐全、完整、真实**	减分	**0**		
工程质量等级评定	评分：**97**		质量等级：**合格**		

检验负责人：×××　　检测：×××　　记录：×××

复核：×××　　××年×月×日

(5)超前钢管分项工程质量检验评定表。

表 5-32　　超前钢管分项工程质量检验评定表

分项工程名称：**超前钢管**　　所属分部工程名称：

所属建设项目：　　工程部位：

施工单位：**××集团有限公司**
××公路工程项目经理部　　监理单位：**××工程咨询有限公司**
××公路工程监理部

基本要求	钢管的型号、质量和规格等应符合设计和规范要求； 超前钢管与钢架支撑配合使用时，应从钢架腹部穿过，尾端与钢架焊接； 钢管插入孔内的长度不得短于设计长度的95%															
实测项目	项次	检查项目	规定值或允许偏差	实测值或实测偏差值										质量评定			
				1	2	3	4	5	6	7	8	9	10	平均值、代表值	合格率(%)	权值	得分
	1	长度/mm	不小于设计	√	√	√	√	√	√	√	√				**100**	**2**	**200**
	2	孔位/mm	±50	**50**	**50**	**50**	**50**	**50**	**40**	**42**	**40**				**100**	**2**	**200**
	3	钻孔深度/mm	±50	**50**	**50**	**50**	**50**	**50**	**40**	**20**	**10**				**100**	**2**	**200**
	4	孔径/mm	符合设计要求	√	√	√	√	√	√	√	√				**100**	**2**	**200**
	合计															**8**	**800**

外观鉴定	**钢管入孔长度过长**	减分	**2**	监理意见	**同意施工单位的评定** 签字：××× ××年×月×日
质量保证资料	**资料齐全、完整、真实**	减分	**0**		
工程质量等级评定	评分：**98**	质量等级：**合格**			

检验负责人：×××　　检测：×××　　记录：×××

复核：×××　　××年×月×日

第六章　公路交通安全设施资料

第一节　交通标志和路面标线

一、交通标志和路面标线资料收集流程

交通标志和路面标线资料收集流程见图 6-1。

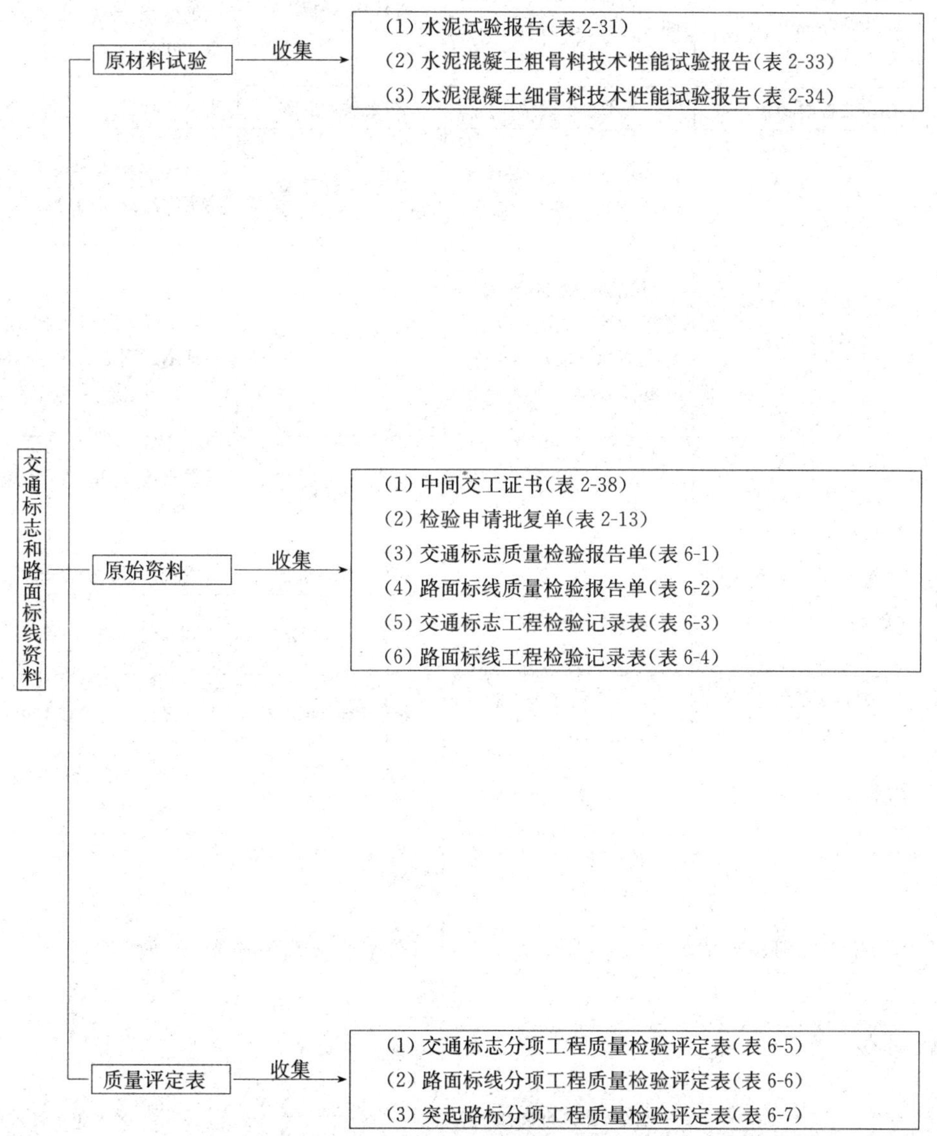

图 6-1　交通标志和路面标线资料收集流程

二、交通标志和路面标线资料表格填写范例

(1)交通标志质量检验报告单。

表 6-1 交通标志质量检验报告单

承包单位:××集团有限公司××公路工程 A2 标段项目经理部　　合同号:A2

监理单位:××工程咨询有限公司××公路工程 A2 标段监理部　　编　号:

工程名称		标　志	施工时间	××年×月×日
桩号及部位		K11+000～K12+000 左侧交通标志	检验时间	××年×月×日
项次	检查项目	规定值或允许偏差	检验结果	检验频率和方法
1	标志板外形尺寸/mm	±5。当边长尺寸大于 1.2m 时允许偏差为边长的±0.5%;三角形内角应为 60°±5°	符合《验评标准》	钢卷尺、万能角尺、卡尺:检查 100%
	标志底板厚度/mm	不小于设计	符合设计要求	
2	标志汉字、数字、拉丁字的字体及尺寸/mm	应符合规定字体,基本字高不小于设计	符合设计要求	字体与标准字体对照,字高用钢卷尺:检查 10%
3△	标志面反光膜等级及逆反射系数 ($cd\cdot lx^{-1}\cdot m^{-2}$)	反光膜等级符合设计。逆反射系数值不低于《道路交通标志板及支撑件》(GB/T 23827—2009)规定	符合规范要求	反光膜等级用目测初定。便携式测定仪:检查 100%
4	标志板下缘至路面净空高度及标志板内缘距路边缘距离/mm	+100,0	符合《验评标准》	用直尺、水平尺或经纬仪:检查 100%
5	立柱竖直度/(mm/m)	±3	符合《验评标准》	垂线、直尺:检查 100%
6△	标志金属构件镀层厚度/μm	标志柱、横梁≥78,紧固件≥50	符合《验评标准》	测厚仪:检查 100%
7	标志基础尺寸/mm	-50,+100	符合《验评标准》	钢尺、直尺:检查 100%
8	基础混凝土强度/MPa	在合格标准内	符合《验评标准》	基础施工同时做试件每处 1 组(3 件):检查 100%

自检说明:	监理评语:
符合设计规范及《验评标准》的要求。	符合设计规范及《验评标准》的要求。
施工员:×××	监理员:×××
××年×月×日	××年×月×日

施工负责人:×××　　质量检查员:×××　　监理工程师:×××

(2)路面标线质量检验报告单。

表 6-2 **路面标线质量检验报告单**

承包单位:××集团有限责任公司××公路工程 A2 标段项目经理部 合同号:A2

监理单位:××工程咨询有限公司××公路工程 A2 标段监理部 编 号:

<table>
<tr><td colspan="2">工程名称</td><td colspan="2">标 线</td><td>施工时间</td><td>××年×月×日</td></tr>
<tr><td colspan="2">桩号及部位</td><td colspan="2">K11+000~K12+000 左侧路面标线</td><td>检验时间</td><td>××年×月×日</td></tr>
<tr><td>项次</td><td colspan="2">检查项目</td><td>规定值或允许偏差</td><td>检验结果</td><td>检验频率和方法</td></tr>
<tr><td rowspan="4">1</td><td rowspan="4">标线线段长度/mm</td><td>6000</td><td>±50</td><td>符合《验评标准》</td><td rowspan="4">钢卷尺:抽检 10%</td></tr>
<tr><td>4000</td><td>±40</td><td>符合《验评标准》</td></tr>
<tr><td>3000</td><td>±30</td><td>符合《验评标准》</td></tr>
<tr><td>1000~2000</td><td>±20</td><td>符合《验评标准》</td></tr>
<tr><td rowspan="3">2</td><td rowspan="3">标线宽度/mm</td><td>400~450</td><td>+15,0</td><td>符合《验评标准》</td><td rowspan="3">钢尺:抽检 10%</td></tr>
<tr><td>150~200</td><td>+8,0</td><td>符合《验评标准》</td></tr>
<tr><td>100</td><td>+5,0</td><td>符合《验评标准》</td></tr>
<tr><td rowspan="3">3△</td><td rowspan="3">标线厚度/mm</td><td>常温型(0.12~0.2)</td><td>-0.03,+0.10</td><td>符合《验评标准》</td><td rowspan="3">湿膜厚度计:干膜用水平尺、塞尺或用卡尺,抽检 10%</td></tr>
<tr><td>加热型(0.20~0.4)</td><td>-0.05,+0.15</td><td>符合《验评标准》</td></tr>
<tr><td>热熔型(1.0~4.50)</td><td>-0.10,+0.50</td><td>符合《验评标准》</td></tr>
<tr><td>4</td><td colspan="2">标线横向偏差/mm</td><td>±30</td><td>符合《验评标准》</td><td>钢卷尺:抽检 10%</td></tr>
<tr><td rowspan="4">5</td><td rowspan="4">标线纵向间距/mm</td><td>9000</td><td>±45</td><td>符合《验评标准》</td><td rowspan="4">钢卷尺:抽检 10%</td></tr>
<tr><td>6000</td><td>±30</td><td>符合《验评标准》</td></tr>
<tr><td>4000</td><td>±20</td><td>符合《验评标准》</td></tr>
<tr><td>3000</td><td>±15</td><td>符合《验评标准》</td></tr>
<tr><td>6</td><td colspan="2">标线剥落面积</td><td>检查总面积的 0~3%</td><td>符合《验评标准》</td><td>4 倍放大镜:目测检查</td></tr>
<tr><td>7△</td><td colspan="2">反光标线逆反射系数
($cd \cdot lx^{-1} \cdot m^{-2}$)</td><td>白色标线≥150
黄色标线≥100</td><td>符合《验评标准》</td><td>反光标线逆反射系数测量仪:抽检 10%</td></tr>
<tr><td colspan="4">自检说明:

符合设计规范及《验评标准》的要求。

施工员:×××

××年×月×日</td><td colspan="2">监理评语:

符合设计规范及《验评标准》的要求。

监理员:×××

××年×月×日</td></tr>
</table>

施工负责人:××× 质量检查员:××× 监理工程师:×××

(3)交通标志工程检验记录表。

表 6-3　　交通标志工程检验记录表

承包单位：××集团有限公司××公路工程 A2 标段项目经理部　　合同号：A2

监理单位：××工程咨询有限公司××公路工程 A2 标段监理部　　编　号：

工程名称	交通标志	施工时间	××年×月×日			
桩号及部位	K11＋000～K12＋000 左侧交通标志	检验日期	××年×月×日			
检查项目	规定值或允许偏差	实测值或实测偏差值	检验点数	合格点数	合格率(%)	检验结果
标志板外形尺寸/mm	±5。当边长尺寸大于 1.2m 时允许偏差为边长的±0.5% 三角形内角应为 60°±5°	2、5、4、3、－2、－4	6	6	100	符合《验评标准》
标志底板厚度/mm	不小于设计	符合设计要求	7	7	100	符合设计要求
标志汉字、数字、拉丁字母的字体及尺寸/mm	应符合规定字体，基本字高不小于设计	符合规定及设计要求	5	5	100	符合《验评标准》
标志面反光膜等级及逆反射系数 $(cd \cdot lx^{-1} \cdot m^{-2})$	反光膜等级符合设计。逆反射系数值不低于《道路交通标志板及支撑件》(GB/T 23827—2009)规定	符合设计要求	8	8	100	与设计相符
标志板下缘至路面净空高度及标志板内缘距路边缘距离/mm	＋100，0	100、90、80、70、60、50	6	6	100	符合《验评标准》
立柱竖直度/(mm/m)	±3	4、3、2、1、－1、－2	6	5	83.33	符合《验评标准》
标志金属构件镀层厚度/μm	标志柱、横梁≥78，紧固件≥50	符合规定	7	7	100	符合《验评标准》
标志基础尺寸/mm	－50，＋100	100、90、80、70、30、－10	6	6	100	符合《验评标准》
基础混凝土强度/MPa	在合格标准内	合格	9	9	100	符合《验评标准》
自检说明： 符合设计规范及《验评标准》的要求。 施工员：××× ××年×月×日		监理评语： 符合设计规范及《验评标准》的要求。 监理员：××× ××年×月×日				

施工负责人：×××　　质量检查员：×××　　监理工程师：×××

(4)路面标线工程检验记录表。

表 6-4 **路面标线工程检验记录表**

承包单位:××集团有限公司××公路工程 A2 标段项目经理部 合同号:A2

监理单位:××工程咨询有限公司××公路工程 A2 标段监理部 编 号:

工程名称		交通标线	施工日期	××年×月×日			
桩号及部位		K11+000~K12+000 左侧交通标志	检验日期	××年×月×日			
检查项目		规定值或允许偏差	实测值或实测偏差值	检验点数	合格点数	合格率(%)	检验结果
标线线段长度/mm	6000	±50	50、40、30、20、-10、-30	6	6	100	符合《验评标准》
	4000	±40	40、30、20、10、-10、-20				
	3000	±30	30、20、10、-10、-20、-30				
	1000~2000	±20	20、10、5、-5、-10、-20				
标线宽度/mm	400~450	+15,0	15、14、13、12、11、10	6	6	100	符合《验评标准》
	150~200	+8,0	8、7、6、5、4、3				
	100	+5,0	5、4、3、2、1、0				
标线厚度/mm	常温型(0.12~0.2)	-0.03,+0.10	0.1、0.01、0.02、0.03、-0.01	5	5	100	符合《验评标准》
	加热型(0.20~0.4)	-0.05,+0.15	0.15、0.14、0.10、0.01、-0.02				
	热熔型(1.0~4.50)	-0.10,+0.50	0.50、0.40、0.30、0.20、0.10				
标线横向偏位/mm		±30	40、20、10、9、-10、-20、-30	7	6	85.71	符合《验评标准》
标线纵向间距/mm	9000	±45	45、40、30、20、10、-10、-11	8	8	100	符合《验评标准》
	6000	±30	30、20、10、-10、-20				
	4000	±20	20、10、-10、-8、-20				
	3000	±15	15、14、13、10、-10、-5				
标线剥落面积		检查总面积的 0~3%	符合规定值或允许偏差	9	9	100	符合《验评标准》
反光标线逆反射系数/(cd·lx^{-1}·m^{-2})		白色标线≥150 黄色标线≥100	符合规定值或允许偏差	8	8	100	符合《验评标准》
自检说明: 符合设计规范及《验评标准》的要求。 施工员:××× ××年×月×日			监理评语: 符合设计规范及《验评标准》的要求。 监理员:××× ××年×月×日				

施工负责人:××× 质量检查员:××× 监理工程师:×××

三、交通标志和路面标线工程质量检验评定表

(1)交通标志分项工程质量检验评定表。

表 6-5　　　　交通标志分项工程质量检验评定表

分项工程名称：**交通标志**　　　　所属分部工程名称：

所属建设项目：　　　　工程部位：

施工单位：**××集团有限公司**　　　　监理单位：**××国际工程咨询有限公司**

××公路工程项目经理部　　　　**××公路工程监理部**

基本要求	交通标志的制作应符合《道路交通标志和标线》(GB 5768—2009)和《道路交通标志板及支撑件》(GB/T 23827—2009)的规定							
实测项目	项次	检查项目	规定值或允许偏差	实测值或实测偏差值	质量评定			
					平均值、代表值	合格率(%)	权值	得分
	1	标志板外形尺寸/mm	±5。当边长尺寸大于 1.2m 时允许偏差为边长的±0.5%；三角形内角应为60°±5°	**2、5、4、3、−2、−4**		**100**	**1**	**100**
		标志底板厚度/mm	不小于设计	**符合设计要求**				
	2	标志汉字、数字、拉丁字的字体及尺寸/mm	应符合规定字体，基本字高不小于设计	**符合规定及设计要求**		**100**	**1**	**100**
	3△	标志面反光膜等级及逆反射系数($cd \cdot lx^{-1} \cdot m^{-2}$)	反光膜等级符合设计。逆反射系数值不低于《道路交通标志板及支撑件》(GB/T 23827—2009)规定	**符合设计要求**		**100**	**2**	**200**
	4	标志板下缘至路面净空高度及标志板内缘距路边缘距离/mm	+100,0	**100、90、80、70、60、50**		**100**	**1**	**100**
	5	立柱竖直度/(mm/m)	±3	**4、3、2、1、−1、−2**		**83.33**	**1**	**83.33**
	6△	标志金属构件镀层厚度/μm	标志柱、横梁≥78，紧固件≥50	**符合规定**		**100**	**2**	**200**
	7	标志基础尺寸/mm	−50,+100	**100、90、80、70、30、−10**		**100**	**1**	**100**
	8	基础混凝土强度/MPa	在合格标准内	**合格**		**100**	**1**	**100**
	合　计						**10**	**986**

外观鉴定	**标志板明暗不均**	减分	**2**	监理意见	**同意施工单位的评定** 签字：××× ××年×月×日
质量保证资料	**资料齐全、完整、真实**	减分	**0**		
工程质量等级评定	评分：**96.6**			质量等级：**合格**	

检验负责人：×××　　　　检测：×××　　　　记录：×××

复核：×××　　　　日期：××年×月×日

(2)路面标线分项工程质量检验评定表。

表 6-6　　路面标线分项工程质量检验评定表

分项工程名称：**路面标线**　　　　所属分部工程名称：

所属建设项目：　　　　工程部位：

施工单位：**××集团有限公司**　　　　监理单位：**××工程咨询有限公司**

××公路工程项目经理部　　　　**××公路工程监理部**

基本要求	路面标线涂料应符合《路面标线涂料》(JT/T 280—2004)的规定								
实测项目	项次	检查项目		规定值或允许偏差	实测值或实测偏差值	质量评定			
						平均值、代表值	合格率(%)	权值	得分
	1	标线线段长度/mm	6000	±50	**50、40、30、20、−10、−30**		**100**	**1**	**100**
			4000	±40	**40、30、20、10、−10、−20**				
			3000	±30	**30、20、10、−10、−20、−30**				
			1000～2000	±20	**20、10、5、−5、−10、−20**				
	2	标线宽度/mm	400～450	+15,0	**15、14、13、12、11、10**		**100**	**1**	**100**
			150～200	+8,0	**8、7、6、5、4、3**				
			100	+5,0	**5、4、3、2、1、0**				
	3△	标线厚度/mm	常温型(0.12～0.2)	−0.03,+0.10	**0.1、0.01、0.02、0.03、−0.01**		**100**	**2**	**200**
			加热型(0.20～0.4)	−0.05,+0.15	**0.15、0.14、0.10、−0.12、0.10、0.01**				
			热熔型(1.0～4.50)	−0.10,+0.50	**0.50、0.40、0.30、0.20、0.10**				
	4	标线横向偏位/mm		±30	**40、20、10、9、−10、−20、−30**		**85.71**	**1**	**85.71**
	5	标线纵向间距/mm	9000	±45	**45、40、30、20、10、−10、−11**		**100**	**1**	**100**
			6000	±30	**30、20、10、−10、−20**				
			4000	±20	**20、10、−10、−8、−20**				
			3000	±15	**15、14、13、10、−10、−5**				
	6	标线剥落面积		检查总面积的0～3%	**符合规定值或允许偏差**		**100**	**1**	**100**
	7△	反光标线逆反射系数(cd·lx^{-1}·m^{-2})		白色标线≥150 黄色标线≥100	**符合规定值或允许偏差**		**100**	**2**	**200**
	合计							**9**	**885.71**

外观鉴定	**标线线形出现折线**	减分	**2**	监理意见	**同意施工单位的评定** 签字：××× ××年×月×日
质量保证资料	**资料齐全、完整、真实**	减分	**0**		
工程质量等级评定	评分：**96.41**			质量等级：**合格**	

检验负责人：×××　　　　检测：×××　　　　记录：×××

复核：×××　　　　日期：××年×月×日

(3)突起路标分项工程质量检验评定表。

表 6-7　　突起路标分项工程质量检验评定表

分项工程名称：**突起路标**　　所属分部工程名称：

所属建设项目：　　工程部位(桩号)：

施工单位：**××集团有限公司**　　监理单位：**××工程咨询有限公司**

××公路工程 A2 标段项目经理部　　**××公路工程监理部**

基本要求	突起路标产品应符合《突起路标》(GB/T 24725—2009)的规定； 突起路标的布设及其颜色应符合《道路交通标志和标线》(GB 5768—2009)的规定或符合设计要求； 突起路标与路面的粘结应牢固、耐久，能经受汽车轮胎的冲击而不会脱落； 突起路标应在路面干燥、清洁，并经测量定位后施工

实测项目	项次	检查项目	规定值或允许偏差	实测值或实测偏差值										质量评定			
				1	2	3	4	5	6	7	8	9	10	平均值、代表值	合格率(%)	权值	得分
	1	安装角度(°)	±5	**2**	**2**	**3**	**2**	**1**	**0**						**100**	**1**	**100**
	2	纵向间距/mm	±50	**14**	**18**	**16**	**15**	**20**	**10**						**100**	**1**	**100**
	3△	损坏及脱落个数	＜0.5%	**0.4%**	**0.3%**	**0.2%**	**0.1%**	**0.4%**							**100**	**2**	**200**
	4△	横向偏位/mm	±50	**50**	**40**	**30**	**20**	**10**							**100**	**2**	**200**
	5	承受压力/kN	＞160	**165**	**170**	**180**	**190**	**160**							**100**	**1**	**100**
	6△	光度性能	在规定范围内	√	√	√	√	√	√						**100**	**2**	**200**
	合　计															**9**	**900**

外观鉴定	**表面有裂纹**	减分	**2**	监理意见	**同意施工单位的评定** 签字：××× ××年×月×日
质量保证资料	**资料齐全、完整、真实**	减分	**0**		
工程质量等级评定	评分：**98**		质量等级：**合格**		

检验负责人：×××　　检测：×××　　记录：×××

复核：×××　　××年×月×日

第二节 防撞护栏及附属设施

一、防撞护栏及附属设施资料收集流程

防撞护栏及附属设施资料收集流程见图 6-2。

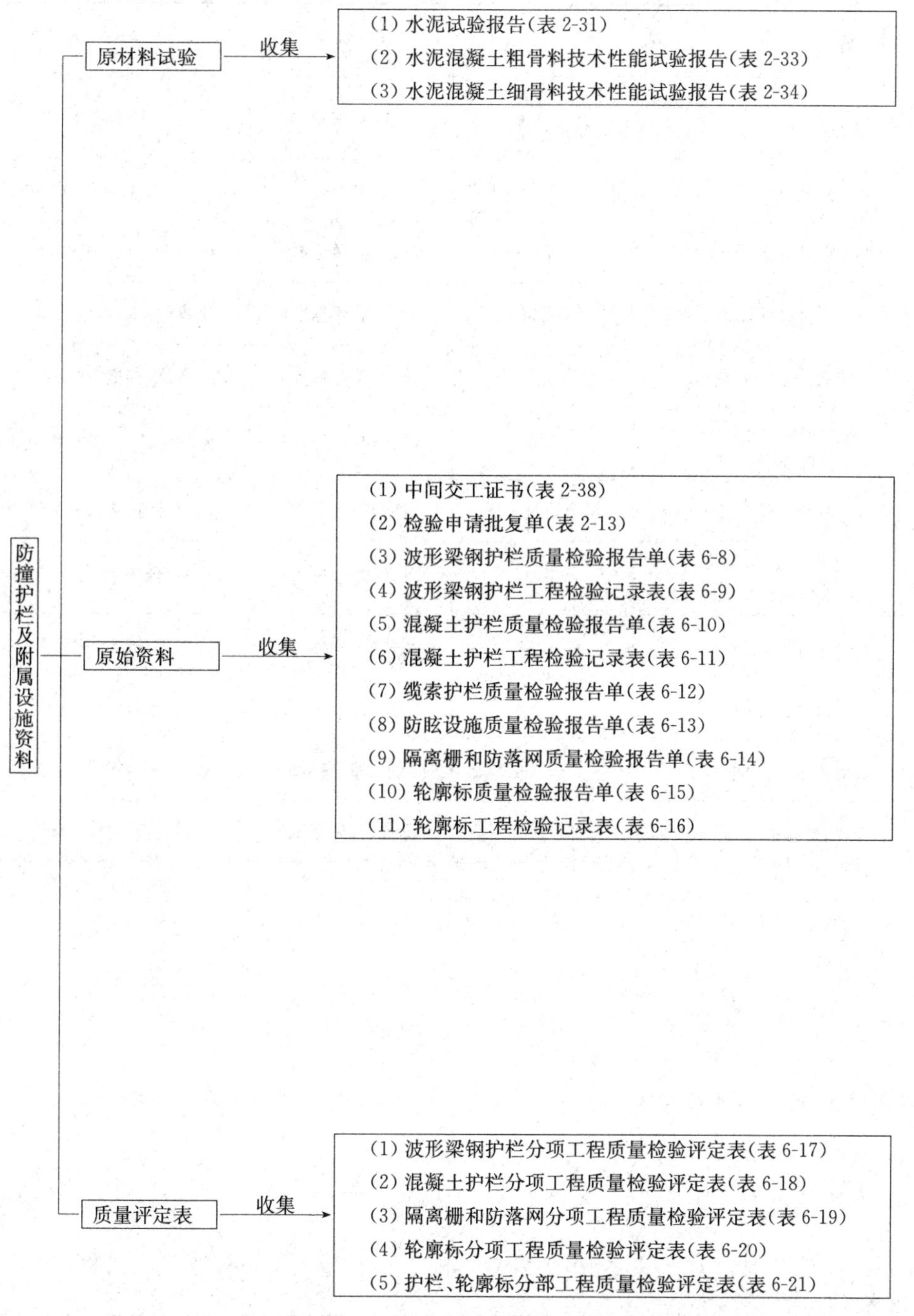

图 6-2 防撞护栏及附属设施资料收集流程

二、防撞护栏及附属设施资料表格填写范例

(1)波形梁钢护栏质量检验报告单。

表 6-8　　　　波形梁钢护栏质量检验报告单

承包单位:××集团有限公司××公路工程 A2 标段项目经理部　　　　合同号:A2

监理单位:××工程咨询有限公司××公路工程 A2 标段监理部　　　　编　号:

工程名称		护　栏	施工时间	××年×月×日
桩号及部位		K11+000～K12+000 左侧波形梁钢护栏	检验时间	××年×月×日
项次	检查项目	规定值或允许偏差	检验结果	检验频率和方法
1△	波形梁板基底金属厚度/mm	±0.16	符合《验评标准》	板厚千分尺:抽检 5%
2△	立柱壁厚/mm	4.5±0.25	符合《验评标准》	测厚仪、千分尺:抽检 5%
3△	镀(涂)层厚度/μm	符合设计	符合《验评标准》	测厚仪:抽检 10%
4	拼接螺栓(45 号钢) 抗拉强度/MPa	≥600	符合《验评标准》	抽样做拉力试验:每批 3 组
5	立柱埋入深度/mm	符合设计要求	符合设计要求	过程检查,直尺:抽检 10%
6	立柱外边缘距路 肩边线距离/mm	±20	符合《验评标准》	直尺:抽检 10%
7	立柱中距/mm	±50	符合《验评标准》	钢卷尺:抽检 10%
8△	立柱竖直度/mm	±10	符合《验评标准》	垂线、直尺:抽检 10%
9△	横梁中心高度/mm	±20	符合《验评标准》	直尺:抽检 10%
10△	护栏顺直度/(mm/m)	±5	符合《验评标准》	拉线、直尺:抽检 10%

自检说明:	监理评语:
符合设计规范及《验评标准》的要求。 施工员:××× ××年×月×日	符合设计规范及《验评标准》的要求。 监理员:××× ××年×月×日

施工负责人:×××　　　　质量检查员:×××　　　　监理工程师:×××

(2)波形梁钢护栏工程检验记录表。

表 6-9 波形梁钢护栏工程检验记录表

承包单位：××集团有限公司××公路工程 A2 标段项目经理部 合同号：A2

监理单位：××工程咨询有限公司××公路工程 A2 标段监理部 编 号：

工程名称	护栏	施工时间	××年×月×日			
桩号及部位	K11+000～K12+000	检验日期	××年×月×日			
检查项目	规定值或允许偏差	实测值或实测偏差值	检验点数	合格点数	合格率(%)	检验结果
波形梁板基底金属厚度/mm	±0.16	0.16、0.15、0.14、0.10、−0.10	6	6	100	合格
立柱壁厚/mm	4.5±0.25	4.70、4.75、4.25、4.35、4.60	5	5	100	合格
镀(涂)层厚度/μm	符合设计	符合设计	5	5	100	合格
拼接螺栓(45 号钢)抗拉强度/MPa	≥600	650、660、700、708、750	5	5	100	合格
立柱埋入深度/mm	符合设计规定	符合设计规定	8	8	100	合格
立柱外边缘距路肩边线距离/mm	±20	20、10、15、14、13、−10、−15	7	7	100	合格
立柱中距/mm	±50	50、40、30、20、−10	5	5	100	合格
立柱竖直度/mm	±10	10、6、5、9、8、7、0、−5	8	8	100	合格
横梁中心高度/mm	±20	20、15、16、9、8、7、−10、−15	8	8	100	合格
护栏顺直度/(mm/m)	±5	5、4、3、2、1、−1、−2、−5	8	8	100	合格
自检说明： 符合设计规范及《验评标准》。 施工员：××× ××年×月×日		监理评语： 符合设计规范及《验评标准》。 监理员：××× ××年×月×日				

施工负责人：××× 质量检查员：××× 监理工程师：×××

(3)混凝土护栏质量检验报告单。

表 6-10 **混凝土护栏质量检验报告单**

承包单位:××集团有限公司××公路工程 A2 标段项目经理部 合同号:A2

监理单位:××工程咨询有限公司××公路工程 A2 标段监理部 编 号:

<table>
<tr><td colspan="2">工程名称</td><td colspan="2">护 栏</td><td>施工时间</td><td>××年×月×日</td></tr>
<tr><td colspan="2">桩号及部位</td><td colspan="2">K11+000~K12+000
左侧混凝土护栏</td><td>检验时间</td><td>××年×月×日</td></tr>
<tr><td>项次</td><td colspan="2">检查项目</td><td>规定值或允许偏差</td><td>检验结果</td><td>检验频率和方法</td></tr>
<tr><td>1△</td><td colspan="2">护栏混凝土强度/MPa</td><td>在合格标准内</td><td>符合《验评标准》</td><td>按 JTG F80/1—2004 附录 D 检查</td></tr>
<tr><td>2</td><td colspan="2">地基压实度(%)</td><td>符合设计要求</td><td>符合设计要求</td><td>现场检查</td></tr>
<tr><td rowspan="3">3</td><td rowspan="3">护栏断面尺寸/mm</td><td>高度</td><td>±10</td><td>符合《验评标准》</td><td rowspan="3">直尺、钢卷尺:抽检 10%</td></tr>
<tr><td>顶宽</td><td>±5</td><td>符合《验评标准》</td></tr>
<tr><td>底宽</td><td>±5</td><td>符合《验评标准》</td></tr>
<tr><td>4</td><td colspan="2">基础平整度/mm</td><td>10</td><td>符合《验评标准》</td><td>水平尺:检查 100%</td></tr>
<tr><td>5△</td><td colspan="2">轴线横向偏位/mm</td><td>±20 或符合设计要求</td><td>符合设计要求</td><td>直尺、钢卷尺:抽检 10%</td></tr>
<tr><td>6</td><td colspan="2">基础厚度/mm</td><td>±10%H</td><td>符合《验评标准》</td><td>过程检查,直尺:检查 100%</td></tr>
<tr><td></td><td colspan="2"></td><td></td><td></td><td></td></tr>
<tr><td></td><td colspan="2"></td><td></td><td></td><td></td></tr>
<tr><td></td><td colspan="2"></td><td></td><td></td><td></td></tr>
<tr><td></td><td colspan="2"></td><td></td><td></td><td></td></tr>
<tr><td colspan="4">自检说明:
符合设计规范及《验评标准》的要求。
施工员:×××
××年×月×日</td><td colspan="2">监理评语:
符合设计规范及《验评标准》的要求。
监理员:×××
××年×月×日</td></tr>
</table>

施工负责人:××× 质量检查员:××× 监理工程师:×××

(4)混凝土护栏工程检验记录表。

表 6-11　　混凝土护栏工程检验记录表

承包单位：××集团有限公司××公路工程 A2 标段项目经理部　　合同号：A2

监理单位：××工程咨询有限公司××公路工程 A2 标段监理部　　编　号：

<table>
<tr><td colspan="2">工程名称</td><td>护栏</td><td colspan="10">施工时间</td><td colspan="4">××年×月×日</td></tr>
<tr><td colspan="2">桩号及部位</td><td>K11+000～K12+000</td><td colspan="10">检验日期</td><td colspan="4">××年×月×日</td></tr>
<tr><td colspan="2" rowspan="2">检查项目</td><td rowspan="2">规定值或允许偏差</td><td colspan="10">实测值或实测偏差值</td><td rowspan="2">检验点数</td><td rowspan="2">合格点数</td><td rowspan="2">合格率(%)</td><td rowspan="2">检验结果</td></tr>
<tr><td>1</td><td>2</td><td>3</td><td>4</td><td>5</td><td>6</td><td>7</td><td>8</td><td>9</td><td>10</td></tr>
<tr><td colspan="2">护栏混凝土强度/MPa</td><td>在合格标准内</td><td>√</td><td>√</td><td>√</td><td>√</td><td>√</td><td>√</td><td>√</td><td></td><td></td><td></td><td>7</td><td>7</td><td>100</td><td>合格</td></tr>
<tr><td colspan="2">地基压实度/(%)</td><td>符合设计要求</td><td>√</td><td>√</td><td>√</td><td>√</td><td>√</td><td>√</td><td>√</td><td></td><td></td><td></td><td>7</td><td>7</td><td>100</td><td>合格</td></tr>
<tr><td rowspan="3">护栏断面尺寸/mm</td><td>高度</td><td>±10</td><td>10</td><td>9</td><td>8</td><td>7</td><td>6</td><td>5</td><td>4</td><td>−5</td><td></td><td></td><td rowspan="3">8</td><td rowspan="3">8</td><td rowspan="3">100</td><td rowspan="3">合格</td></tr>
<tr><td>顶宽</td><td>±5</td><td>5</td><td>4</td><td>3</td><td>2</td><td>1</td><td>−1</td><td>−2</td><td>−5</td><td></td><td></td></tr>
<tr><td>底度</td><td>±5</td><td>5</td><td>3</td><td>4</td><td>1</td><td>2</td><td>−2</td><td>−3</td><td>−4</td><td></td><td></td></tr>
<tr><td colspan="2">基础平整度/mm</td><td>10</td><td>10</td><td>10</td><td>10</td><td>10</td><td>10</td><td>10</td><td>10</td><td>10</td><td>10</td><td></td><td>9</td><td>9</td><td>100</td><td>合格</td></tr>
<tr><td colspan="2">轴向横向偏位/mm</td><td>±20 或符合设计要求</td><td>√</td><td>√</td><td>√</td><td>√</td><td>√</td><td>√</td><td>√</td><td>√</td><td>√</td><td>√</td><td>10</td><td>10</td><td>100</td><td>合格</td></tr>
<tr><td colspan="2">基础厚度/mm</td><td>±10%H</td><td>√</td><td>√</td><td>√</td><td>√</td><td>√</td><td>√</td><td>√</td><td>√</td><td></td><td></td><td>8</td><td>8</td><td>100</td><td>合格</td></tr>
<tr><td colspan="2"></td><td></td><td></td><td></td><td></td><td></td><td></td><td></td><td></td><td></td><td></td><td></td><td></td><td></td><td></td><td></td></tr>
<tr><td colspan="2"></td><td></td><td></td><td></td><td></td><td></td><td></td><td></td><td></td><td></td><td></td><td></td><td></td><td></td><td></td><td></td></tr>
<tr><td colspan="2"></td><td></td><td></td><td></td><td></td><td></td><td></td><td></td><td></td><td></td><td></td><td></td><td></td><td></td><td></td><td></td></tr>
<tr><td colspan="2"></td><td></td><td></td><td></td><td></td><td></td><td></td><td></td><td></td><td></td><td></td><td></td><td></td><td></td><td></td><td></td></tr>
<tr><td colspan="8">自检说明：

符合设计规范及《验评标准》的要求。

施工员：×××

××年×月×日</td><td colspan="9">监理评语：

符合设计规范及《验评标准》的要求。

监理员：×××

××年×月×日</td></tr>
</table>

施工负责人：×××　　质量检查员：×××　　监理工程师：×××

(5)缆索护栏质量检验报告单。

表 6-12　缆索护栏质量检验报告单

承包单位:××集团有限公司××公路工程 A2 标段项目经理部　合同号:A2

监理单位:××工程咨询有限公司××公路工程 A2 标段监理部　编　号:

<table>
<tr><td colspan="3">工程名称</td><td>护　栏</td><td>施工时间</td><td>××年×月×日</td></tr>
<tr><td colspan="3">桩号及部位</td><td>K11+000~K12+000
左侧缆索护栏</td><td>检验时间</td><td>××年×月×日</td></tr>
<tr><td>项次</td><td colspan="2">检查项目</td><td>规定值或允许偏差</td><td>检验结果</td><td>检验频率和方法</td></tr>
<tr><td rowspan="2">1</td><td colspan="2">缆索直径/mm</td><td>18±0.5</td><td>符合《验评标准》</td><td rowspan="2">卡尺:抽检 10%</td></tr>
<tr><td colspan="2">单丝直径/mm</td><td>2.86(+0.10,−0.02)</td><td>符合《验评标准》</td></tr>
<tr><td>2△</td><td colspan="2">初张力/kN</td><td>±5%</td><td>符合《验评标准》</td><td>过程检查,张拉计:抽检 10%</td></tr>
<tr><td>3</td><td colspan="2">最下一根缆索的高度/mm</td><td>±20</td><td>符合《验评标准》</td><td>直尺:抽检 10%</td></tr>
<tr><td>4△</td><td colspan="2">立柱壁厚/mm</td><td>±0.10</td><td>符合《验评标准》</td><td>千分尺:抽检 10%</td></tr>
<tr><td>5</td><td colspan="2">立柱埋入深度/mm</td><td>符合设计要求</td><td>符合设计要求</td><td>过程检查:抽检 10%</td></tr>
<tr><td>6△</td><td colspan="2">立柱竖直度/(mm/m)</td><td>±10</td><td>符合《验评标准》</td><td>垂线、直尺:抽检 10%</td></tr>
<tr><td>7</td><td colspan="2">立柱中距/mm</td><td>±50</td><td>符合《验评标准》</td><td>直尺:抽检 10%</td></tr>
<tr><td rowspan="4">8△</td><td rowspan="4">镀锌层厚度
/μm</td><td>立　柱</td><td>≥85</td><td>符合《验评标准》</td><td rowspan="4">测厚仪:抽检 10%</td></tr>
<tr><td>索端锚具</td><td>≥50</td><td>符合《验评标准》</td></tr>
<tr><td>紧固件</td><td>≥50</td><td>符合《验评标准》</td></tr>
<tr><td>镀锌钢丝</td><td>≥33</td><td>符合《验评标准》</td></tr>
<tr><td>9</td><td colspan="2">混凝土基础尺寸/mm</td><td>符合设计规定</td><td>符合设计要求</td><td>过程检查,直尺:检查 100%</td></tr>
<tr><td>10△</td><td colspan="2">混凝土强度/MPa</td><td>在合格标准内</td><td>符合《验评标准》</td><td>基础施工同时做试件,每个工作班 1 组(3 件),检查试件的强度,抽检 100%</td></tr>
<tr><td colspan="4">自检说明:

符合设计规范及《验评标准》的要求。

施工员:×××

××年×月×日</td><td colspan="2">监理评语:

符合设计规范及《验评标准》的要求。

监理员:×××

××年×月×日</td></tr>
</table>

施工负责人:×××　质量检查员:×××　监理工程师:×××

(6)防眩设施质量检验报告单。

表 6-13

防眩设施质量检验报告单

承包单位:××集团有限公司××公路工程 A2 标段项目经理部 合同号:A2

监理单位:××工程咨询有限公司××公路工程 A2 标段监理部 编 号:

工程名称		防眩设施	施工时间	××年×月×日
桩号及部位		K11+000~K12+000 左侧防眩设施	检验时间	××年×月×日
项次	检查项目	规定值或允许偏差	检验结果	检验频率和方法
1△	安装高度/mm	±10	符合《验评标准》	钢卷尺:抽检 5%
2	镀(涂)层厚度/μm	符合设计	符合设计要求	涂层测厚仪:抽检 5%
3	防眩板宽度/mm	±5	符合《验评标准》	直尺:抽检 5%
4	防眩板设置间距/mm	±10	符合《验评标准》	钢卷尺:抽检 10%
5	竖直度/(mm/m)	±5	符合《验评标准》	垂线、直尺:抽检 10%
6△	顺直度/(mm/m)	±8	符合《验评标准》	拉线、直尺:抽检 10%
自检说明: 符合设计规范及《验评标准》的要求。 施工员:××× ××年×月×日			监理评语: 符合设计规范及《验评标准》的要求。 监理员:××× ××年×月×日	

施工负责人:××× 质量检查员:××× 监理工程师:×××

(7)隔离栅和防落网质量检验报告单。

表 6-14　　隔离栅和防落网质量检验报告单

承包单位:××集团有限公司××公路工程 A2 标段项目经理部　　合同号:A2

监理单位:××工程咨询有限公司××公路工程 A2 标段监理部　　编　号:

工程名称		隔离栅	施工时间	××年×月×日
桩号及部位		K11+000～K12+000 左侧隔离栅	检验时间	××年×月×日
项次	检查项目	规定值或允许偏差	检验结果	检验频率和方法
1	高度/mm	±15	符合《验评标准》	钢卷尺:每 100 根测 2 根
2△	镀(涂)层厚度/μm	符合设计	符合设计要求	测厚仪:抽检 5%
3△	网面平整度/(mm/m)	±2	符合《验评标准》	直尺、塞尺:抽检 5%
4△	立柱埋深/mm	符合设计	符合设计要求	直尺:过程检查,抽检 10%
5	立柱中距/mm	±30	符合《验评标准》	钢卷尺:每 100 根测 2 根
6△	混凝土强度/MPa	在合格标准内	符合《验评标准》	基础施工同时做试件,每个工作班 1 组(3 件),检查试件的强度,抽检 10%
7	立柱竖直度/(mm/m)	±8	符合《验评标准》	直尺、垂线:每 100 根测 2 根

自检说明:	监理评语:
符合设计规范及《验评标准》的要求。	符合设计规范及《验评标准》的要求。
施工员:×××	监理员:×××
××年×月×日	××年×月×日

施工负责人:×××　　质量检查员:×××　　监理工程师:×××

(8)轮廓标质量检验报告单。

表 6-15　　轮廓标质量检验报告单

承包单位：××集团有限公司××公路工程 A2 标段项目经理部　　合同号：**A2**

监理单位：××工程咨询有限公司××公路工程 A2 标段监理部　　编　号：

工程名称	**轮廓标**	工程部位		施工时间	××年×月×日
桩号		图纸号		检查日期	××年×月×日
检查项目	规定值或允许偏差	检查方法和频率	检查结果		
柱式轮廓标尺寸/mm	三角形断面：底边允许偏差为±5，三角形高允许偏差为±5；柱式轮廓标总长允许偏差为±10	钢尺：抽检 10%	**符合《验评标准》**		
安装角度(°)	0～5	花杆、十字架、卷尺、万能角尺：抽检 10%	**符合《验评标准》**		
反射器中心高度/mm	±20	直尺：抽检 10%	**符合《验评标准》**		
反射器外形尺寸/mm	±5	卡尺、直尺：抽检 10%	**符合《验评标准》**		
△光度性能	在合格标准内	检查检测报告	**符合《验评标准》**		
外观检查	**外观无缺陷**				
质量评定	**符合设计规范及《验评标准》的要求**				

施工负责人：×××　　质量检查员：×××　　监理工程师：×××

(9)轮廓标工程检验记录表。

表 6-16　　轮廓标工程检验记录表

承包单位：××集团有限公司××公路工程 A2 标段项目经理部　　合同号：**A2**

监理单位：××工程咨询有限公司××公路工程 A2 标段监理部　　编　号：

工程名称	**轮廓标**	桩号					**K11+000～K12+000**					施工时间	××年×月×日	检验日期	××年×月×日
检查项目	规定值或允许偏差	实测值或实测偏差值										检验点数	合格点数	合格率(%)	检验结果
		1	2	3	4	5	6	7	8	9	10				
柱式轮廓标尺寸/mm	三角形断面：底边允许偏差为±5，三角形高允许偏差为±5；柱式轮廓标总长允许偏差为±10	√	√	√	√	√	√	√	√	√		**9**	**9**	**100**	**合格**
安装角度/(°)	0～5	**1**	**2**	**3**	**4**	**2**	**4**	**5**	**3**	**6**		**9**	**8**	**89**	**合格**
反射器中心高度/mm	±20	**20**	**19**	**18**	**17**	**16**	**10**	**5**	**−9**	**0**		**9**	**9**	**100**	**合格**
反射器外形尺寸/mm	±5	**5**	**4**	**3**	**2**	**1**	**−4**	**−3**	**−2**	**−1**	**−5**	**10**	**10**	**100**	**合格**
△光度性能	在合格标准内	√	√	√	√	√	√	√				**7**	**7**	**100**	**合格**
自检说明： **符合设计规范及《验评标准》的要求。** 施工员：××× ××年×月×日												监理评语： **符合设计规范及《验评标准》的要求。** 监理员：××× ××年×月×日			

施工负责人：×××　　质量检查员：×××　　监理工程师：×××

三、防撞护栏及附属设施工程质量检验评定表

(1)波形梁钢护栏分项工程质量检验评定表。

表 6-17 　　**波形梁钢护栏分项工程质量检验评定表**

分项工程名称:**波形梁钢护栏** 　　所属分部工程名称:

所属建设项目: 　　工程部位:

施工单位:**××集团有限公司** 　　监理单位:**××工程咨询有限公司**

××公路工程项目经理部 　　**××公路工程监理部**

基本要求	波形梁钢护栏产品应符合《公路波形梁钢护栏》(JT/T 281—2007)及《公路三波形梁钢护栏》(JT/T 457—2007)的规定							
实测项目	项次	检查项目	规定值或允许偏差	实测值或实测偏差值	质量评定			
					平均值、代表值	合格率(%)	权值	得分
	1△	波形梁板基底金属厚度/mm	±0.16	**0.16、0.15、0.14、0.10、−0.10**		**100**	**2**	**200**
	2△	立柱壁厚/mm	4.5±0.25	**4.70、4.75、4.25、4.35、4.60**		**100**	**2**	**200**
	3△	镀(涂)层厚度/μm	符合设计	**符合设计要求**		**100**	**2**	**200**
	4	拼接螺栓(45号钢)抗拉强度/MPa	≥600	**650、660、700、708、750**		**100**	**1**	**100**
	5	立柱埋入深度	符合设计规定	**符合设计规定**		**100**	**1**	**100**
	6	立柱外边缘距路肩边线距离/mm	±20	**20、10、15、14、13、−10、−15**		**100**	**1**	**100**
	7	立柱中距/mm	±50	**50、40、30、20、−10**		**100**	**1**	**100**
	8△	立柱竖直度/(mm/m)	±10	**10、9、8、7、6、−1、−2**		**100**	**2**	**200**
	9△	横梁中心高度/mm	±20	**20、10、9、8、7、−6、−10**		**100**	**2**	**200**
	10△	护栏顺直度/(mm/m)	±5	**5、4、3、2、1、−3、−5**		**100**	**2**	**200**
	合　计						**16**	**1600**

外观鉴定	**构件涂料脱皮**	减分	**2**	监理意见	**同意施工单位的评定。** 签字:××× ××年×月×日
质量保证资料	**资料齐全、完整、真实**	减分	**0**		
工程质量等级评定	评分:**98**			质量等级:**合格**	

检验负责人:××× 　　检测:××× 　　记录:×××

复核:××× 　　××年×月×日

(2)混凝土护栏分项工程质量检验评定表。

表 6-18　　混凝土护栏分项工程质量检验评定表

分项工程名称:**混凝土护栏**　　所属分部工程名称:

所属建设项目:　　工程部位:

施工单位:**××集团有限公司**　　监理单位:**××工程咨询有限公司**

××公路工程项目经理部　　**××公路工程监理部**

<table>
<tr><td>基本要求</td><td colspan="10">混凝土所用的水泥、砂、石、水及外掺剂的质量和规格必须符合有关规范的要求,按规定的配合比施工</td></tr>
<tr><td rowspan="10">实测项目</td><td rowspan="2">项次</td><td rowspan="2" colspan="2">检查项目</td><td rowspan="2">规定值或允许偏差</td><td rowspan="2" colspan="2">实测值或实测偏差值</td><td colspan="4">质量评定</td></tr>
<tr><td>平均值、代表值</td><td>合格率(%)</td><td>权值</td><td>得分</td></tr>
<tr><td>1△</td><td colspan="2">护栏混凝土强度/MPa</td><td>在合格标准内</td><td colspan="2">在合格标准内</td><td></td><td>100</td><td>2</td><td>200</td></tr>
<tr><td>2</td><td colspan="2">地基压实度(%)</td><td>符合设计要求</td><td colspan="2">符合设计要求</td><td></td><td>100</td><td>1</td><td>100</td></tr>
<tr><td rowspan="3">3</td><td rowspan="3">护栏断面尺寸/mm</td><td>高度</td><td>±10</td><td rowspan="3" colspan="2">符合规定值或允许偏差</td><td rowspan="3"></td><td rowspan="3">100</td><td rowspan="3">1</td><td rowspan="3">100</td></tr>
<tr><td>顶宽</td><td>±5</td></tr>
<tr><td>底宽</td><td>±5</td></tr>
<tr><td>4</td><td colspan="2">基础平整度/mm</td><td>10</td><td colspan="2">10、10、10、10、10</td><td></td><td>100</td><td>1</td><td>100</td></tr>
<tr><td>5△</td><td colspan="2">轴向横向偏位/mm</td><td>±20 或符合设计要求</td><td colspan="2">20、10、6、12、15、5、7、21、−10</td><td></td><td>88.9</td><td>2</td><td>177.8</td></tr>
<tr><td>6</td><td colspan="2">基础厚度/mm</td><td>±10%H</td><td colspan="2">符合规定值</td><td></td><td>100</td><td>1</td><td>100</td></tr>
<tr><td></td><td colspan="4">合　计</td><td colspan="4"></td><td>8</td><td>777.8</td></tr>
<tr><td colspan="2">外观鉴定</td><td colspan="2">护栏直线段凹凸</td><td>减分</td><td>2</td><td rowspan="2">监理意见</td><td rowspan="2" colspan="4">同意施工单位的评定
签字:×××
××年×月×日</td></tr>
<tr><td colspan="2">质量保证资料</td><td colspan="2">资料齐全、完整、真实</td><td>减分</td><td>0</td></tr>
<tr><td colspan="2">工程质量等级评定</td><td colspan="9">评分:95.22　　质量等级:合格</td></tr>
</table>

检验负责人:×××　　检测:×××　　记录:×××

复核:×××　　××年×月×日

(3)隔离栅和防落网分项工程质量检验评定表。

表 6-19　隔离栅和防落网分项工程质量检验评定表

分项工程名称：**隔离栅和防落网**　　所属分部工程名称：

所属建设项目：　　工程部位：

施工单位：**××集团有限公司 ××公路工程项目经理部**　　监理单位：**××工程咨询有限公司 ××公路工程监理部**

<table>
<tr><td>基本要求</td><td colspan="18">隔离栅和防落网用的材料规格及防腐处理应符合《隔离栅技术条件》(JT/T 374—1998)及设计和施工规范的规定</td></tr>
<tr><td rowspan="12">实测项目</td><td rowspan="2">项次</td><td rowspan="2">检查项目</td><td rowspan="2">规定值或允许偏差</td><td colspan="10">实测值或实测偏差值</td><td colspan="4">质量评定</td></tr>
<tr><td>1</td><td>2</td><td>3</td><td>4</td><td>5</td><td>6</td><td>7</td><td>8</td><td>9</td><td>10</td><td>平均值、代表值</td><td>合格率(%)</td><td>权值</td><td>得分</td></tr>
<tr><td>1</td><td>高度/mm</td><td>±15</td><td>15</td><td>14</td><td>13</td><td>12</td><td>10</td><td>9</td><td>−5</td><td>−4</td><td>17</td><td></td><td></td><td>88.9</td><td>1</td><td>88.9</td></tr>
<tr><td>2△</td><td>镀(涂)层厚度/μm</td><td>符合设计</td><td>√</td><td>√</td><td>√</td><td>√</td><td>√</td><td>√</td><td>√</td><td>√</td><td>√</td><td>√</td><td></td><td>100</td><td>2</td><td>200</td></tr>
<tr><td>3△</td><td>网面平整度/(mm/m)</td><td>±2</td><td>2</td><td>2</td><td>2</td><td>2</td><td>2</td><td>1</td><td>−2</td><td>−1</td><td></td><td></td><td></td><td>100</td><td>2</td><td>200</td></tr>
<tr><td>4△</td><td>立柱埋深</td><td>符合设计</td><td>√</td><td>√</td><td>√</td><td>√</td><td>√</td><td>√</td><td>√</td><td>√</td><td>√</td><td>√</td><td></td><td>100</td><td>2</td><td>200</td></tr>
<tr><td>5</td><td>立柱中距/mm</td><td>±30</td><td>30</td><td>30</td><td>30</td><td>30</td><td>30</td><td>20</td><td>10</td><td></td><td></td><td></td><td></td><td>100</td><td>1</td><td>100</td></tr>
<tr><td>6△</td><td>混凝土强度/MPa</td><td>在合格标准内</td><td>√</td><td>√</td><td>√</td><td>√</td><td>√</td><td>√</td><td>√</td><td>√</td><td>√</td><td>√</td><td></td><td>100</td><td>2</td><td>200</td></tr>
<tr><td>7</td><td>立柱竖直度/(mm/m)</td><td>±8</td><td>8</td><td>7</td><td>8</td><td>8</td><td>8</td><td>6</td><td>5</td><td>4</td><td>−1</td><td></td><td></td><td>100</td><td>1</td><td>100</td></tr>
<tr><td></td><td></td><td></td><td></td><td></td><td></td><td></td><td></td><td></td><td></td><td></td><td></td><td></td><td></td><td></td><td></td><td></td></tr>
<tr><td></td><td></td><td></td><td></td><td></td><td></td><td></td><td></td><td></td><td></td><td></td><td></td><td></td><td></td><td></td><td></td><td></td></tr>
<tr><td colspan="3">合　计</td><td colspan="12"></td><td>11</td><td>1088.9</td></tr>
<tr><td colspan="2">外观鉴定</td><td colspan="5">立柱麻面</td><td>减分</td><td>2</td><td rowspan="2" colspan="2">监理意见</td><td rowspan="2" colspan="8">同意施工单位的评定。
签字：×××
××年×月×日</td></tr>
<tr><td colspan="2">质量保证资料</td><td colspan="5">资料齐全、完整、真实</td><td>减分</td><td>0</td></tr>
<tr><td colspan="2">工程质量等级评定</td><td colspan="9">评分：96.99</td><td colspan="8">质量等级：合格</td></tr>
</table>

检验负责人：×××　　检测：×××　　记录：×××

复核：×××　　××年×月×日

(4)轮廓标分项工程质量检验评定表。

表 6-20　　轮廓标分项工程质量检验评定表

分项工程名称:**轮廓标**　　所属分部工程名称:

所属建设项目:　　工程部位:

施工单位:**××工程有限公司**　　监理单位:**××工程咨询有限公司**

××公路工程 A2 标段项目经理部　　**××公路工程监理部**

基本要求	轮廓标的布设应符合设计及施工规范的要求							
实测项目	项次	检查项目	规定值或允许偏差	实测值或实测偏差值	质量评定			
					平均值、代表值	合格率(%)	权值	得分
	1	柱式轮廓标尺寸/mm	三角形断面:底边允许偏差为±5,三角形高允许偏差为±5;柱式轮廓标总长允许偏差为±10	**符合规定值或允许偏差**		**100**	**1**	**100**
	2	安装角度(°)	0~5	**5、4、3、2、1**		**100**	**1**	**100**
	3	反射器中心高度/mm	±20	**20、10、9、8、15、−10、−15**		**100**	**1**	**100**
	4△	反射器外形尺寸/mm	±5	**5、4、3、2、1、−4**		**100**	**2**	**200**
	5△	光度性能	在合格标准内	**在合格标准内**		**100**	**2**	**200**
	合　计						**7**	**700**

外观鉴定	**轮廓标有划伤**	减分	**2**	监理意见	**同意施工单位的评定。** 签字:××× ××年×月×日
质量保证资料	**资料齐全、完整、真实**	减分	**0**		
工程质量等级评定	评分:**98**　　质量等级:**合格**				

检验负责人:×××　　检测:×××　　记录:×××

复核:×××　　××年×月×日

(5)护栏、轮廓标分部工程质量检验评定表。

表 6-21　　**护栏、轮廓标分部工程质量检验评定表**

分部工程名称：**护栏、轮廓标**　　所属单位工程：**交通安全设施**

所属建设项目：　　工程部位：**K11＋000～K12＋000**

施工单位：**××集团有限公司**　　监理单位：**××工程咨询有限公司**

××公路工程项目经理部　　**××公路工程监理部**

施工单位	分项工程					备注
	工程名称	质量评定				
		实得分	权值	加权得分	等级	
	波形梁护栏	98	2	196	合格	
	混凝土护栏	95.22	2	190.44	合格	
	隔离栅和防落网	96.99	2	193.98	合格	
	轮廓标	98	1	98	合格	
	合计		7	678.42		
质量等级	合格			加权平均分		96.92
评定意见	所属各分项工程全部合格，该分部工程评为合格。					

检验负责人：×××　　计算：×××　　复核：×××　　××年×月×日

第七章　公路工程监理资料

第一节　施工阶段监理资料

一、公路施工阶段监理资料收集流程

公路施工阶段监理资料收集流程见图 7-1。

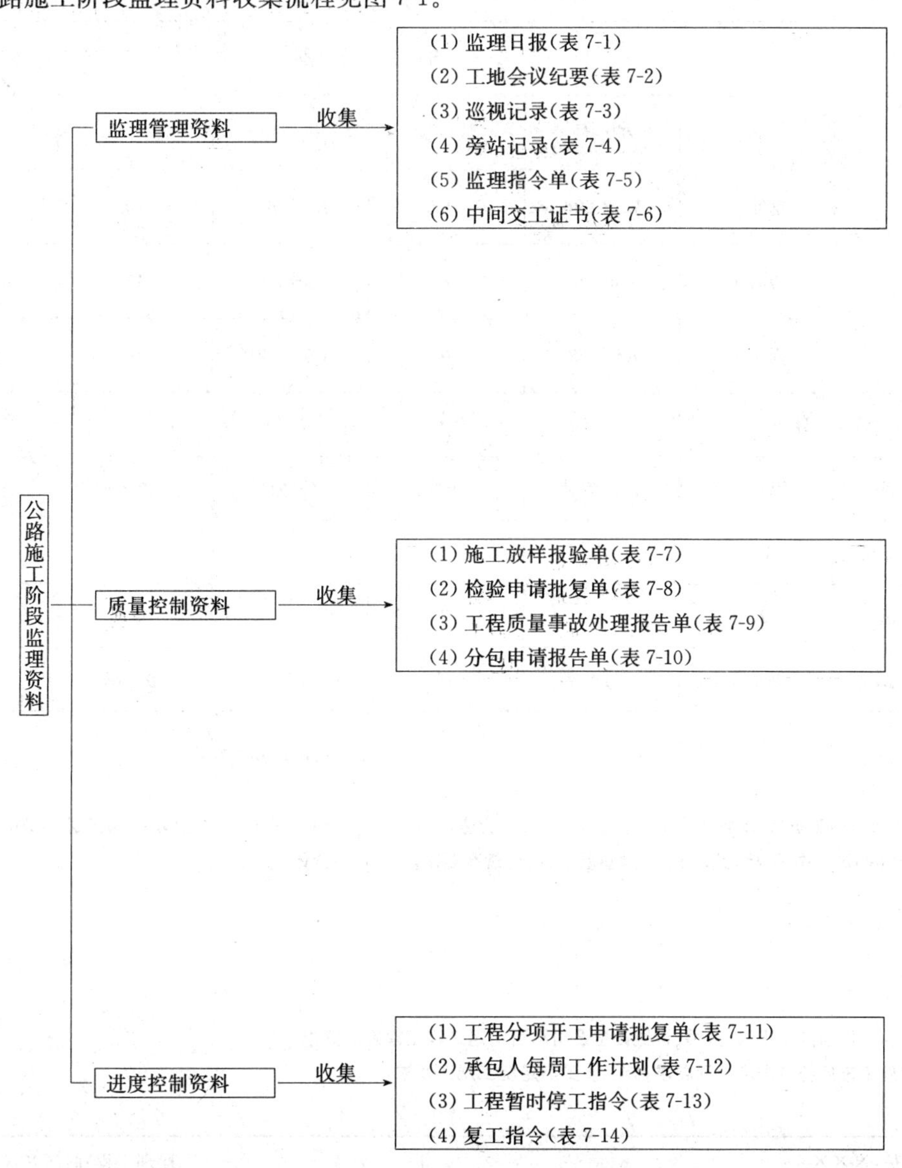

图 7-1　公路施工阶段监理资料收集流程

二、监理管理资料表格填写范例

(1)监理日报。

表 7-1 **监理日报**

承包单位：××集团有限公司××公路工程 A2 标段项目经理部 合同号：A2

监理单位：××工程咨询有限公司××公路工程 A2 标段监理部 编 号：

<table>
<tr><td>工程名称</td><td colspan="3">××公路工程 A2 标段</td><td>气温：</td><td colspan="2">最高：28℃ 最低：16℃</td></tr>
<tr><td>工程地点</td><td colspan="3">K3＋000～K7＋000</td><td>气象：晴</td><td colspan="2">降雨量：20％</td></tr>
<tr><td>完成工程数量</td><td colspan="6">路基土石方填筑 $5000m^3$，桥梁基础钢筋绑扎 6t。</td></tr>
<tr><td rowspan="5">人员</td><td rowspan="2">工 种</td><td colspan="4">工 地 分 段</td><td rowspan="2">总 数</td></tr>
<tr><td>桩 号</td><td>数 量</td><td>桩 号</td><td>数 量</td></tr>
<tr><td>钢筋工</td><td>K3＋200</td><td>8</td><td>K6＋000</td><td>20</td><td>28</td></tr>
<tr><td>混凝土</td><td>K3＋200</td><td>6</td><td>K6＋000</td><td>12</td><td>18</td></tr>
<tr><td>模板工</td><td>K3＋200</td><td>6</td><td>K6＋000</td><td>16</td><td>22</td></tr>
<tr><td colspan="2">总 计</td><td colspan="5"></td></tr>
<tr><td>设备名称</td><td>型 号</td><td>在场数量</td><td>工作数量</td><td>停置数量</td><td>设备停置原因</td><td>备 注</td></tr>
<tr><td>反铲挖掘机</td><td>PE300</td><td>3</td><td>3</td><td>0</td><td>……</td><td></td></tr>
<tr><td>装载机</td><td>ZL50</td><td>2</td><td>2</td><td>0</td><td>……</td><td></td></tr>
<tr><td>自卸汽车</td><td>斯太尔</td><td>14</td><td>12</td><td>2</td><td>检 修</td><td></td></tr>
<tr><td colspan="4">检查和试验：
路基填筑施工正常，现场压实度抽查试验 6 次，均合格。
K6＋000××中桥 $0^{\#}$ 台基础模板检查验收，符合规范要求。</td><td colspan="3">材料进场和储存：
K6＋000××中桥基础钢筋进场 26t，见进场检查记录。</td></tr>
<tr><td colspan="7">监理评述：
(1)各工作面施工正常，人员、机械设备及材料可满足工程正常施工要求。
(2)施工进度符合进度计划要求，施工质量满足施工规范要求。</td></tr>
</table>

监理员：××× 监理工程师：×××

日 期：××年×月×日 日 期：××年×月×日

(2)工地会议纪要。

表 7-2

工地会议纪要

承包单位:××集团有限公司××公路工程 A2 标段项目经理部　　合同号:A2

监理单位:××工程咨询有限公司××公路工程 A2 标段监理部　　编　号:

时间:××年×月×日下午 2:00 地点:××公路工程第三驻地监理工程师办公室 主持人:监理工程师(一般由总监理工程师主持)		
参　加　者		
监理人员	承包人	其他人员
记录整理人:×××　　本次会议纪要共 3 页		
抄送: ××高速发展有限公司××高速公路管理处(业主单位) ××工程咨询有限公司(监理工程师上级单位) ××集团有限公司××公路工程项目部(施工单位)		
监理工程师:×××　　日　期:××年×月×日		
承包人:×××　　日　期:××年×月×日		

(3)巡视记录。

______工程项目

巡 视 记 录

表 7-3　　编　号:______

施工单位		合同号	
巡视监理		日期	
初始时间		终止时间	
巡视范围、主要部位、工序			
施工单位主要设施项目、人员到位、工艺合规性简述			
巡视人主要巡检数据记录			
巡视人发现的问题及处理情况简述			

(4)旁站记录。

______工程项目

旁站记录

表 7-4　　　　编　号：______

施工单位		合同号	
旁站监理		日期	
到场时间		离场时间	
质检人员		部位或桩号	
天气			
旁站工序或主要工作内容			
施工过程简述			
监理工程简述			
主要数据记录			
发现问题及处理结果			

(5)监理指令单。

______工程项目

监理指令单

表 7-5　　　　编　号：______

施工单位		合同号	
监理单位		监理机构	
签发人		日期	
致______ （阐述指令依据、施工单位不符合规定的事实及整改要求等） 请于______年______月______日前回复 抄报(送)：			
签收人：		日期	

三、质量控制资料表格填写范例

(1)施工放样报验单。

表 7-7 施工放样报验单

承包单位:××集团有限公司××公路工程 A2 标段项目经理部 合同号:A2

监理单位:××工程咨询有限公司××公路工程 A2 标段监理部 编 号:

致(监理工程师):

根据合同要求,业已完成 K6+000~K12+000 段线路中线及该段范围内桥梁、涵洞等结构物施工放样工作,清单如下,请予查验。

承包人:××× 日 期:××年×月×日

桩号或位置	工程或部位名称	放样内容	备 注
K3+000~K12+000	**路基工程**	**线路中线**	
K5+200	**盖板涵**	**中线及高程控制桩**	
K11+000	**×××大桥**	**桩基础中心坐标**	

附件:测量及放样资料:

(1)放样依据。

(2)放样成果。

监理员意见:**符合设计及规范要求。**

监理工程师结论:

符合设计及规范要求。

监理工程师:××× 日 期:××年×月×日

(2)检验申请批复单。

表 7-8　　**检验申请批复单**

承包单位:××集团有限公司××公路工程 A2 标段项目经理部　　合同号:A2

监理单位:××工程咨询有限公司××公路工程 A2 标段监理部　　编　号:

<table>
<tr><td>工程项目</td><td colspan="2">××公路工程 A2 标段</td></tr>
<tr><td>工程地点及桩号</td><td colspan="2">K11＋000</td></tr>
<tr><td>具体部位</td><td colspan="2">××大桥 0# 台基础</td></tr>
<tr><td>检验内容</td><td colspan="2">基础钢筋绑扎</td></tr>
<tr><td colspan="3">要求到现场检验时间:××年×月×日上午 8:00</td></tr>
<tr><td colspan="3">承包人递交日期、时间和签字:××年×月×日上午 8:00</td></tr>
<tr><td colspan="3">监理员收件日期、时间和签字:××年×月×日上午 8:00</td></tr>
<tr><td colspan="2">监理员评论和签字:
符合设计及规范要求。
本项目可以继续进行。</td><td>质量证明附件:
1.《隐蔽工程检查记录》
2.《工序(分项)质量评定表》</td></tr>
<tr><td colspan="2">监理工程师签字:×××
同意进行下道工序施工。
××年×月×日</td><td>承包人收到日期、时间签字:×××
××年×月×日</td></tr>
</table>

(3)工程质量事故处理报告单。

表 7-9　　**工程质量事故处理报告单**

承包单位:××集团有限公司××公路工程 A2 标段项目经理部　　合同号:A2

监理单位:××工程咨询有限公司××公路工程 A2 标段监理部　　编　号:

<table>
<tr><td>工程名称:路基防护工程(承重式挡土墙)
时　　间:××年×月×日
桩　　号:K5＋150～K5＋200
原　　因:因不规范施工,导致该段挡土墙坍塌。</td></tr>
<tr><td>性　　质:严重。</td></tr>
<tr><td>造成损失:
造成直接经济损失 20 万人民币元,同时导致工期滞后 20 天。</td></tr>
<tr><td>应急措施:
立即停止施工,排查隐患,并迅速封闭施工现场,确保人员安全。同时上报监理工程师、建设单位及上级主管单位。</td></tr>
<tr><td>处理意见:
(1)立即停止该段挡土墙施工。
(2)封闭施工现场,组织人员撤离,排查事故隐患,确保人员安全。
(3)尽快提出质量事故报告,并报告业主。
(4)尽快上报处理方案。排除隐患后,尽快组织重新施工。</td></tr>
<tr><td>承包人:×××　　××年×月×日
监理工程师:×××　　××年×月×日</td></tr>
</table>

(4)分包申请报告单。

表 7-10　　分包申请报告单

承包单位:××集团有限公司××公路工程 A2 标段项目经理部　　合同号:A2

监理单位:××工程咨询有限公司××公路工程 A2 标段监理部　　编　号:

<table>
<tr><td colspan="7">分包理由:

为加快工程进度,根据合同相关条款规定,由××工程有限公司施工 K3+000～K5+000 路基防护工程。

附件:

分包人资质、经验、能力、质量、信誉、财务、设备、主要人员经历等资料纳入填表说明。

承包人:×××　　日　期:××年×月×日</td></tr>
<tr><td colspan="5">分包单位名称:北京××工程有限公司</td><td colspan="2">分包单位负责人:</td></tr>
<tr><td>项目号</td><td>分包工程名称</td><td>单　位</td><td>数　量</td><td>单　价</td><td>分包金额</td><td>占合同总金额的比例(%)</td></tr>
<tr><td>1</td><td>K3+000～K5+000
路基防护工程</td><td>m^2</td><td>500</td><td>80</td><td>40000 元</td><td>2%</td></tr>
<tr><td></td><td></td><td></td><td></td><td></td><td></td><td></td></tr>
<tr><td></td><td></td><td></td><td></td><td></td><td></td><td></td></tr>
<tr><td></td><td></td><td></td><td></td><td></td><td></td><td></td></tr>
<tr><td>合计</td><td colspan="3"></td><td></td><td>40000 元</td><td>2%</td></tr>
<tr><td colspan="7">分包工程开工日期:××年×月×日</td></tr>
<tr><td colspan="7">分包工程竣工日期:××年×月×日</td></tr>
<tr><td colspan="7">监理工程师审批意见:

经审查,该分包工程符合合同要求,该分包人具备施工能力,同意进场施工。

日　期:××年×月×日</td></tr>
</table>

四、进度控制资料表格填写范例

(1)工程分项开工申请批复单。

表 7-11 工程分项开工申请批复单

承包单位:××集团有限公司××公路工程 A2 标段项目经理部 合同号:A2

监理单位:××工程咨询有限公司××公路工程 A2 标段监理部 编 号:

开工项目:K3+000~K7+000 段路基工程
桩号:K3+000~K7+000
建议开工日期:××年×月×日
计划完工日期:××年×月×日
此项工程负责人:×××
附件: (1)建设单位办理的工程开工证(复印件)。 (2)施工组织设计。 (3)施工测量放样资料。 (4)主要人员资质、材料、设备进场审查资料。 (5)施工现场道路、水电、通讯等已达到开工条件证明文件。 承包人:××× 日 期:××年×月×日
监理员意见:……
本工程可以进行: 经审查,具备开工条件,同意 K3+000~K7+000 段路基工程于××年×月×日开工。 监理工程师:××× 日 期:××年×月×日

(2)承包人每周工作计划。

表 7-12 承包人每周工作计划

承包单位:××集团有限公司××公路工程 A2 标段项目经理部 合同号:A2

监理单位:××工程咨询有限公司××公路工程 A2 标段监理部 编 号:

工作计划日期: ××年×月×日~×月×日			承包人递交日期:××年×月×日 签字:×××	监理收到日期:××年×月×日 签字:×××		
计划施工项目			施工项目说明	申请监理安排		
桩 号	部 位	日 期		检 查	试 验	测 量
K11+000	××大桥	×月×日	0# 台基础钢筋绑扎	√		
K11+000	××大桥	×月×日	0# 台基础模板检查	√		√
K11+000	××大桥	×月×日	0# 台基础混凝土浇筑		√	
K11+000	××大桥	×月×日	2# 台基础钢筋绑扎	√		
K11+000	××大桥	×月×日	2# 台基础模板检查	√		√
K11+000	××大桥	×月×日	2# 台基础混凝土浇筑		√	
监理工程师意见: 同意按计划施工。 监理工程师:××× 日期:××年×月×日						

(3)工程暂时停工指令。

表 7-13 **工程暂时停工指令**

承包单位:××集团有限公司××公路工程 A2 标段项目经理部　　合同号:A2

监理单位:××工程咨询有限公司××公路工程 A2 标段监理部　　编　号:

停工依据: 《公路路基施工技术规范》(JGJ F10—2006)、《施工合同》。
停工范围: 路基土方工程。
停工原因: 目前已进入冬季施工阶段,不具备路基土方填筑施工条件。
停工日期:××年×月×日×时
停工后应做如下处理: 工程停工后,承包人应做好成品保护工作,为下一步施工创造条件。
驻地监理工程师:××× 日　期:××年×月×日
承包人:××× 日　期:××年×月×日

(4)复工指令。

表 7-14 **复工指令**

承包单位:××集团有限公司××公路工程 A2 标段项目经理部　　合同号:A2

监理单位:××工程咨询有限公司××公路工程 A2 标段监理部　　编　号:

复工依据: 《公路路基施工技术规范》(JTG F10—2006)、《施工合同》。
复工范围: 路基土方工程。
复工原因: 目前天气已具备路基土方工程施工条件。
复工日期:××年×月×日×时
复工后应做如下工作: (1)抓紧组织施工机械、人员进场。 (2)尽快清除表层浮土。 (3)对停工前路基表面碾压密实经自检合格后,重新申请报验。
驻地监理工程师:××× 同意路基土方工程于××年×月×日×时复工。 日　期:××年×月×日
承包人:××× 日　期:××年×月×日

第二节　交工验收及缺陷责任期监理资料

一、交工验收及缺陷责任期监理资料收集流程

交工验收及缺陷责任期监理资料收集流程见图 7-2。

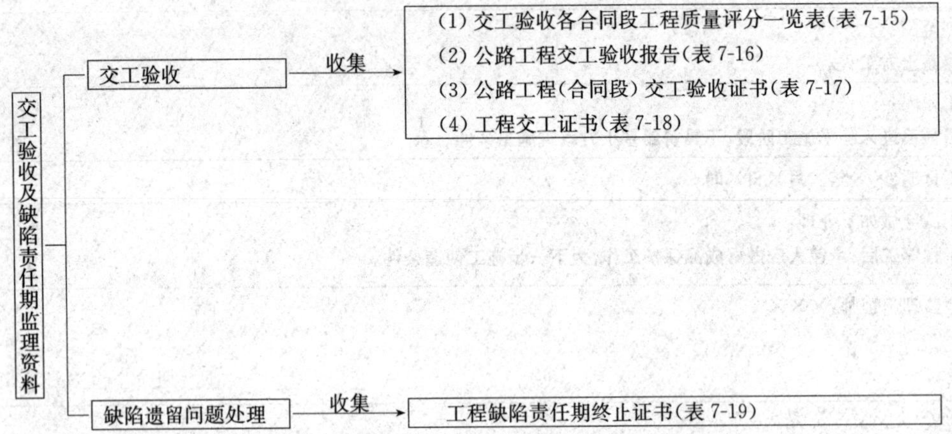

图 7-2　交工验收及缺陷责任期监理资料收集流程

二、交工验收及缺陷责任期监理资料表格填写范例

(1)交工验收各合同段工程质量评分一览表。

表 7-15　　**交工验收各合同段工程质量评分一览表**

项目名称：

合　同　段	实　得　分	备　　注
合同段 1	**90**	
合同段 2	**92**	
…		
合同段 n		

(2)公路工程交工验收报告。

表 7-16 公路工程交工验收报告

一	工程名称	
二	工程地点及主要控制点	
三	建设依据	
四	技术标准与主要指标	
五	建设规模及性质	
六	开工日期	年 月 日
	交工日期	年 月 日
七	批准概算	
八	工程建设主要内容	
九	实际征用土地数(亩)	
十	建设项目工程质量交工验收结论	
十一	存在问题处理措施	
十二	附　件	(1)各合同段工程质量评分一览表; (2)各合同段交工验收证书(略)。

(3)公路工程(合同段)交工验收证书。

表 7-17 公路工程(合同段)交工验收证书

交工验收时间: 合同段交工验收证书第　　号

工程名称:		合同段名称及编号:	
项目法人:		设计单位:	
施工单位:		监理单位:	
本合同段主要工程量:			
本合同段价款	原合同	实　际	
本合同段工期	原合同	实　际	
对工程质量、合同执行情况的评价、遗留问题、缺陷的处理意见及有关决定(内容较多时,可用附件)			
(施工单位的意见) 施工单位法人代表或授权人　　(签字)单位盖章 年　月　日			
(合同段监理单位对有关问题的意见) 合同段监理单位法人代表或授权人　　(签字)单位盖章 年　月　日			
(设计单位的意见) 设计单位法人代表或授权人　　(签字)单位盖章 年　月　日			
(项目法人的意见) 项目法人代表或授权人　　(签字)单位盖章 年　月　日			

注:表中内容较多时,可用附件。

(4)工程交工证书。

表 7-18 工程交工证书

承包单位:××集团有限公司××公路工程 A2 标段项目经理部 合同号:A2

监理单位:××工程咨询有限公司××公路工程 A2 标段监理部 编 号:

<table>
<tr><td colspan="4">本证书包括的工程:
本合同段 K6+000～K12+000 段 6km 路基工程</td></tr>
<tr><td colspan="4">本证书未包括的工程:
K6+000～K12+000 段构造物及防护工程</td></tr>
<tr><td colspan="4">检查人(单位):

建设单位:××××高速公路发展有限公司:×××

设计单位:交通部××勘察设计研究院:×××

施工单位:××集团有限公司:×××

监理单位:××工程咨询有限公司:×××</td></tr>
<tr><td>合同交接日期</td><td>××年×月×日</td><td>实际交接日期</td><td>××年×月×日</td></tr>
<tr><td colspan="4">我们保证在缺陷责任期内按经批准的计划,完成本证书附件所列全部工作。
承包人:××× ××年×月×日</td></tr>
<tr><td colspan="4">驻地监理工程师:××× ××年×月×日</td></tr>
<tr><td colspan="4">监理工程师:××× ××年×月×日</td></tr>
<tr><td colspan="4">设计单位代表:××× ××年×月×日</td></tr>
<tr><td colspan="4">业 主:××× ××年×月×日</td></tr>
</table>

(5)工程缺陷责任期终止证书。

表 7-19 工程缺陷责任期终止证书

承包单位:××集团有限公司××公路工程 A2 标段项目经理部 合同号:A2

监理单位:××工程咨询有限公司××公路工程 A2 标段监理部 编 号:

<table>
<tr><td colspan="4">本证书包括的工程:
绿化工程</td></tr>
<tr><td colspan="4">检查人(单位):

建设单位:××××高速公路发展有限公司:×××

设计单位:交通部××勘察设计研究院:×××

施工单位:××集团有限公司:×××

监理单位:××工程咨询有限公司:×××</td></tr>
<tr><td>合同缺陷责任
证明签发日期</td><td>××年×月×日</td><td>实际缺陷责任
证明签发日期</td><td>××年×月×日</td></tr>
<tr><td colspan="4">承包人:××× ××年×月×日</td></tr>
<tr><td colspan="4">监理工程师:××× ××年×月×日</td></tr>
<tr><td colspan="4">业 主:××× ××年×月×日</td></tr>
</table>

第三节 公路工程计量支付资料

一、公路工程计量支付资料收集流程

公路工程计量支付资料收集流程见图 7-3。

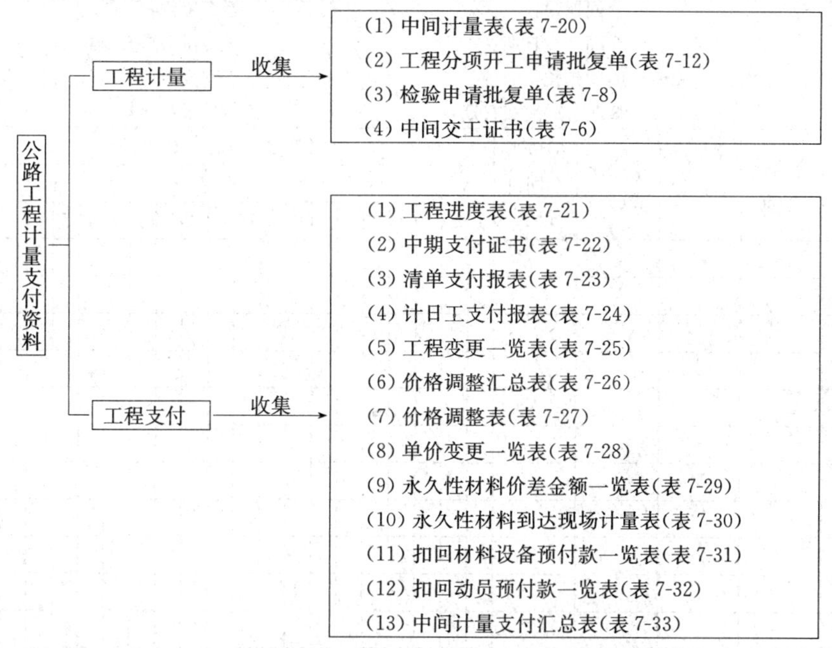

图 7-3 公路工程计量支付资料收集流程

二、公路工程计量支付资料表格形式

(1)中间计量表。

表 7-20 **中间计量表**

施工单位：××集团有限公司××公路工程 A2 标段项目经理部 合同号：

监理单位：××工程咨询有限公司××公路工程 A2 标段监理部 编 号：

第 页共 页

支付项目编号		项目名称	
起始桩号		部 位	
图 号		中间交工证书号	
计量草图几何尺寸：			
计算式：			
计量单位：		工程数量	

(2)工程进度表。

表 7-21 **工程进度表**

项目名称： 截止日期：

施工单位：××集团有限公司××公路工程 A2 标段项目经理部 合同号：

监理单位：××工程咨询有限公司××公路工程 A2 标段监理部 编 号：

业主： 开工令日期： 合同总价：

合同期限： 暂定金额：

合同完成日期： 工程量清单金额：

由 至 全长 km 时间延长： 工程变更：

修改合同完成日期： 估计最终金额：

清单号	名称	合同金额/元	单价占合同价(%)	单项完成(%)	完成占合同价(%)	按月计划与实际完成(%)																				
						年												年								
						1	2	3	4	5	6	7	8	9	10	11	12	1	2	3	4	5	6	7	8	
																										100%
																										80%
																										60%
																										40%
																										20%
总计																										
监理工程师收到日期	实际进度	累计			%																					0%
		月计			%																					
	计划进度	累计			%																					
		月计			%																					

承包人： 监理工程师：

(3)中期支付证书。

表 7-22 **中期支付证书**

项目名称： 截止日期：

施工单位：××集团有限公司××公路工程 A2 标段项目经理部 合同号：

监理单位：××工程咨询有限公司××公路工程 A2 标段监理部 编 号：

由 至 全长 km													
清单号	项目内容	合同价及变更金额			到本期末完成			到上期末完成			本期完成		
		原有总金额	变更总金额	变更后总金额	金额（人民币）	人民币部分	外汇（人民币计）	金额（人民币）	人民币部分	外汇（人民币计）	金额（人民币）	人民币部分	外汇（人民币计）
暂定金额													
小 计													
价格调整													
索赔金额													
违约罚金													
尺付款利息													
合 计													
动员预付款													
扣回动员预付款													
材料设备预付款													
扣回材料设备预付款													
保留金													
支 付													

承包人： 监理工程师： 业主：

(4)清单支付报表。

表 7-23　　清单支付报表

项目名称：　　　　　　　　　　　　　　　　　　　　　　　　截止日期：

施工单位：××集团有限公司××公路工程 A2 标段项目经理部　　　　合同号：

监理单位：××工程咨询有限公司××公路工程 A2 标段监理部　　　　编　号：

项目编号	项目内容	单　位	合同数量			到本期末完成		到上期末完成		本期完成	
			原合同数量	单　价	变更后数量	数　量	金额/元	数　量	金额/元	数　量	金额/元
小　计											

承包人：　　　　　　　　　　　　　　　　监理工程师：

(5)计日工支付报表。

表 7-24　　计日工支付报表

项目名称：　　　　　　　　　　　　　　　　　　　　　　　　截止日期：

施工单位：××集团有限公司××公路工程 A2 标段项目经理部　　　　合同号：

监理单位：××工程咨询有限公司××公路工程 A2 标段监理部　　　　编　号：

清单号	位置	工程项目	计日工类别和名称	单位	单价/元	计日工数量		计日工金额						批准文号
								到本期末完成		到上期末完成		本期完成		
						到本期末完成	其中本期	数量	金额/元	数量	金额/元	数量	金额/元	
小　计														

承包人：　　　　　　　　　　　　　　　　监理工程师：

(6)工程变更一览表。

表 7-25　　工程变更一览表

项目名称：　　截止日期：

施工单位：××集团有限公司××公路工程 A2 标段项目经理部　　合同号：

监理单位：××工程咨询有限公司××公路工程 A2 标段监理部　　编　号：

清单号	变更内容	单位	合同数量/元	单价/元	工程量增减金额/元(+-)								批准文号
					工程量增减(+-)		到本期末完成(+-)		到上期末完成(+-)		本期完成		
					到本期末完成	其中本期	数量	金额	数量	金额	数量	金额	
小计													

承包人：　　监理工程师：

(7)价格调整汇总表。

表 7-26　　价格调整汇总表

项目名称：　　截止日期：

施工单位：××集团有限公司××公路工程 A2 标段项目经理部　　合同号：

监理单位：××工程咨询有限公司××公路工程 A2 标段监理部　　编　号：

时间	应调价基数/元	到本期末调价金额			到上期末调价金额			本期调价金额		
		增减金额(+-)/元	人民币部分/元	外币部分(人民币计)	增减金额(+-)/元	人民币部分/元	外币部分(人民币计)	增减金额(+-)/元	人民币部分/元	外币部分(人民币计)
		A	*B*=*A*×%	*C*=*A*×%	*D*	*E*=*D*×%	*F*=*D*×%	*G*	*H*=*G*×%	*I*=*G*×%
合计										

承包人：　　监理工程师：

(8)价格调整表。

表 7-27

价格调整表

项目名称：　　　　　　　　　　　　　　　　　　　　　　　　　截止日期：
施工单位：××集团有限公司××公路工程 A2 标段项目经理部　　合同号：
监理单位：××工程咨询有限公司××公路工程 A2 标段监理部　　编　号：

价格调整公式：

式中："0"基本价格指数
"1"现行价格指数　　　　　　外汇比例：

符　号	符号说明	编　号	加权系数	现行价格指数	基本价格指数	计算值
			A	B	C	A×B/C
X	非调整因子	X			100	
LL	当地劳务	a			100	
PL	设备使用和维修	b			100	
ST	钢　材	c			100	
TI	木　材	d			100	
CE	水　泥	e			100	
LM	地方材料	f			100	
OM	其他材料	g			100	
BI	沥　青	h			100	
	固定价					1
	总　计		1			$D_i=$
计算式：						

承包人：×××　　　　　　　　监理工程师：×××

年度价格指数：LCP；

人民币部分应调整金额：$ADJ_2=LCP\times[(1+D_1)(1+D_2)\cdots(1+D_n)-1]$，$D_i$ 为当年度综合调价系数。

(9)单价变更一览表。

表 7-28 **单价变更一览表**

项目名称： 截止日期：

施工单位：××集团有限公司××公路工程 A2 标段项目经理部 合同号：

监理单位：××工程咨询有限公司××公路工程 A2 标段监理部 编 号：

清单号	名称	单位	调整前单价（人民币元）	调整后单价（人民币元）	单价变更增减金额									批准文号
					单价增减（人民币元）	到期末完成				本期完成				
						数量	金额（人民币元）	人民币部分	外汇（人民币元）	数量	金额（人民币元）	人民币部分	外汇（人民币元）	
		A	B	C	$D=C-B$	E	$F=E\times D$	$G=\ \%\times F$	$H=\ \%\times F$	I	$J=I\times D$	$K=\ \%\times J$	$L=\ \%\times J$	M
合 计														
说 明														

承包人：××× 监理工程师：×××

(10)永久性材料价差金额一览表。

表 7-29 永久性材料价差金额一览表

项目名称： 截止日期：

施工单位：××集团有限公司××公路工程 A2 标段项目经理部 合同号：

监理单位：××工程咨询有限公司××公路工程 A2 标段监理部 编 号：

序号	材料名称	单位	数量	基本价格		现行价格		价差金额/元	材料来源	单据号	存放地点
				合计价/元	其中：综合费/元	合计价/元	其中：综合费/元				
		A	B	C	D	E	F	$G=B(E-C)$	H	I	J
合计											

承包人：××× 监理工程师：×××

(11)永久性材料到达现场计量表。

表 7-30 永久性材料到达现场计量表

项目名称： 截止日期：

施工单位：××集团有限公司××公路工程 A2 标段项目经理部 合同号：

监理单位：××工程咨询有限公司××公路工程 A2 标段监理部 编 号：

序号	材料名称	单位	数量	单价	合计价	合计价的%			材料来源	单据号	备 注
						金 额（人民币）	人民币部分	外 汇（人民币计）			
			A	B	$C=A\cdot B$	$D=\quad\%C$	$E=\quad\%D$	$F=\quad\%D$			
合 计											

承包人：××× 监理工程师：×××

(12)扣回材料设备预付款一览表。

表 7-31　　扣回材料设备预付款一览表

项目名称：　　截止日期：

施工单位：××集团有限公司××公路工程 A2 标段项目经理部　　合同号：

监理单位：××工程咨询有限公司××公路工程 A2 标段监理部　　编　号：

月份	累计垫付金额			本期垫付金额			本期末回扣金额			上期末回扣金额			本期回扣金额		
	金额(人民币元)	人民币部分	外汇(人民币计)	金额(人民币元)	人民币部分	外汇(人民币计)	金额(人民币元)	人民币部分	外汇(人民币计)	金额(人民币元)	人民币部分	外汇(人民币计)	金额(人民币元)	人民币部分	外汇(人民币计)
	A			*B*			*C*			*D*			*E*		
合计															
备　注															

承包人：×××　　监理工程师：×××

(13)扣回动员预付款一览表。

表 7-32　　扣回动员预付款一览表

项目名称：　　截止日期：

施工单位：××集团有限公司××公路工程 A2 标段项目经理部　　合同号：

监理单位：××工程咨询有限公司××公路工程 A2 标段监理部　　编　号：

A：合同总价(人民币元)：			
B：合同总价(人民币元)：			
C：到本月末表 2“合计”栏累计完成金额(人民币元)：			
D：*C*>*B* 时的时间：		第　　月	
E：合同期限/月：			
F：已付动员预付款(人民币元)：			
G：月扣除动员付款：			
扣除动员预付款	总计金额(人民币元)	人民币　　%(人民币元)	外汇　　%(人民币计)
到上月末完成			
本月完成			
到本月末完成			

承包人：×××　　监理工程师：×××

(14)中间计量支付汇总表。

表 7-33 **中间计量支付汇总表**

项目名称： 截止日期：

施工单位：××集团有限公司××公路工程 A2 标段项目经理部 合同号：

监理单位：××工程咨询有限公司××公路工程 A2 标段监理部 编 号：

项目编号	项目名称	凭证号	单 位	数 量	单 价	金 额
本页小计						
合 计						

承包人：××× 监理工程师：×××

第八章　公路工程竣工资料

第一节　公路工程竣工验收文件

一、公路工程竣工验收文件收集流程

公路工程竣工验收文件收集流程见图 8-1。

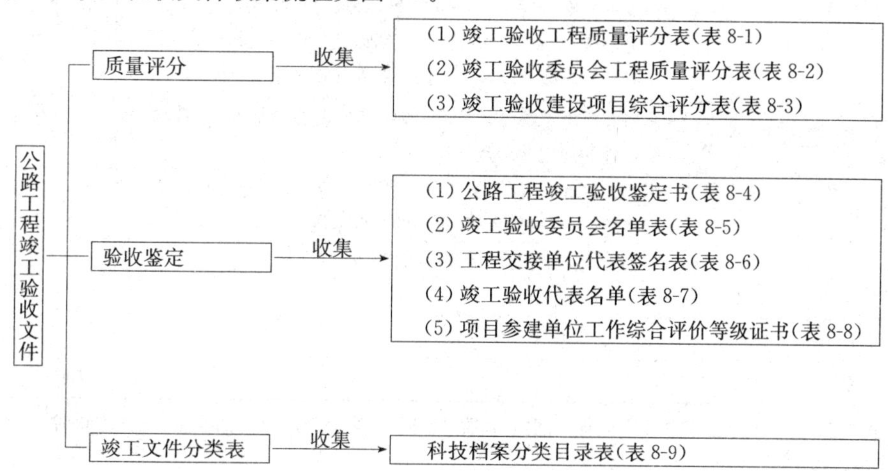

图 8-1　公路工程竣工验收文件收集流程

二、公路工程竣工验收文件表格填写范例

(1)竣工验收工程质量评分表。

表 8-1　　**竣工验收工程质量评分表**

××省道＿＿＿＿公路建设项目

项目法人　×××

承包单位　××公路工程 A2 标段项目经理部　　合 同 号　×××－×

监理单位　××市交通建设工程监理有限公司　　编　　号

名　　称	实得分数	权　　值	加权得分	备　　注
交工验收工程质量				
质量监督机构工程质量鉴定				
竣工验收委员会工程质量				
合　　计				
加权平均分			质量等级	

计算：×××　　复核：×××　　××年×月×日

(2)竣工验收委员会工程质量评分表。

表 8-2

竣工验收委员会工程质量评分表

××省道＿＿＿＿公路建设项目

项目法人 ×××

承包单位 ××公路工程 A2 标段项目经理部　　合 同 号 ××－×

监理单位 ××市交通建设工程监理有限公司　　编　　号

序号	项目	评定内容	分值	实得分
一	主体工程质量	路基边线直顺度、路基沉陷、亏坡、松石、涵洞及排水系统完善状况，支挡工程外观和稳定情况。 路面平整度、裂缝、脱皮、石子外露、沉陷、车辙、桥头（台背）跳车现象，泛油、碾压痕迹等。 桥面平整度、栏杆扶手、伸缩缝、混凝土外观状况。 隧道渗漏、松石、排水、通风、照明以及衬砌外观状况。 交通安全设施及交叉工程的外观及使用效果等	70	
二	沿线服务设施	房屋及机电系统等功能和外观；其他设施如加油站、食宿服务等设施的使用效果及外观	10	
三	环境保护工程	绿化工程、隔声消声屏等是否符合设计要求；施工现场清理及还耕情况；与自然环境、景观的协调情况	10	
四	竣工图表	内容齐全，书写打印清晰、装订整齐，符合相关要求	10	
	合计		100	

注：1. 缺二、三项时，应得分仍按 100 分计。例如：缺项目二时，实得分应除以 0.9；项目二、三均缺时，实得分应降以 0.8，依此类推。

2. 主体工程评定内容缺项时，其应得分仍按 70 分计。

(3)竣工验收建设项目综合评分表。

表 8-3

竣工验收建设项目综合评分表

××省道＿＿＿＿公路建设项目

项目法人 ×××

承包单位 ××公路工程 A2 标段项目经理部　　合 同 号 ×××－×

监理单位 ××市交通建设工程监理有限公司　　编　　号

名称	实得分数	权值	加权得分	备注
竣工验收工程质量				
项目建设管理综合评价				
项目设计工作综合评价				
项目监理工作综合评价				
项目施工管理综合评价				
合计				
加权平均分			建设项目综合评价等级	

计算：　　复核：　　年　月　日

(4)公路工程竣工验收鉴定书。

表 8-4 公路工程竣工验收鉴定书

××省××市××镇公路建设项目

项目法人 ×××

承包单位 ××公路工程 A2 标段项目经理部 合同号 ×××-×

监理单位 ××市交通建设工程监理有限公司 编号

一	工程名称	××省道××至××段改建工程
二	工程地点及主要控制点	工程起点为××K6+000 处,终点为××公路 K12+000 处。路线全长约 6km
三	建设依据	
四	技术标准与主要指标	工程按二级公路技术标准设计,计算行车速度 80km/h,路基宽度为 23.5m,路幅布置为:中央分隔带 2m,行车道 2×8m,防撞护栏 2×0.25m,非机动车道 2×3m。路面采用沥青混凝土。桥梁与路基同宽。桥涵设计荷载标准汽-20,挂-100
五	建设规模及性质	工程全长约 6km 公里,建设性质为新建工程
六	开工日期	××年×月×日
	交工日期	××年×月×日
七	批准概算	18500 万元
	竣工决算	17960.86 万元
八	工程建设主要内容	路基土石方 110.276 万 m^3,防护工程 0.929 万 m^3,沥青混凝土路面 2.939 万 m^2,大桥 1 座,中桥 1 座,涵洞 2 座
九	主要材料实际消耗	水泥××吨、钢材××吨、沥青××吨,木材×× m^3
十	实际征用土地数(亩)	1580.4 亩
十一	建设项目工程质量结论	该项目于 20××年×月×日通过交工验收,综合得分为 92.35 分,工程质量等级被评为优良。本次竣工验收分路基路面、结构和综合三个核查小组,对该项目工程质量进行了核查。从核查情况看,经过近 2 年多时间的试运营,该工程路基稳定,路基边线直顺,路面基本平顺,桥梁运行基本正常,但局部路段路基沉降明显,沥青混凝土路面有错台、露骨等病害,桥面铺装、伸缩缝出现开裂和破损现象。全线交通安全设施基本齐全。工程使用状况总体良好

（续）

十二	对建设、设计、施工建设单位的综合评价	该项目由××市政府组建××省道××至××段公路建设指挥部负责实施。实施期间，建设单位能够严格按照基本建设程序办理，各项审批手续齐全。建设单位坚持以工程质量为中心，通过加强领导和施工管理和“三度一排”工作，政策处理得力，保证了工程如期完工。 经综合评议得92.05分。 该项目由××市交通设计院设计。设计方案基本经济合理，设计文件符合有关规定，设计服务态度较好。 经综合评议得91.25分。 该项目实行议标，由××交通建设有限公司、××市政工程有限公司、××市交通工程处、××市公路桥梁建筑安装公司、××市路桥工程公司、××市交通实业公司等单位承担工程施工。中标单位均能按施工组织设计组织施工，均按合同规定完成了施工任务，工程质量符合设计和规范要求，但个别施工原始资料欠规范。 经综合评议得92.00分。 该项目由××市交通建设工程监理有限公司、××市公正公路工程监理公司负责工程施工监理。能按有关规定组建监理机构，检测手段合理，抽检及时，监理程序基本符合规范要求，在工程质量、进度、计量支付以及合同管理等方面工作较认真、负责。 经综合评议得92.5分
十三	建设项目管理综合评价及等级	该项目在建设、设计、施工、监理等单位的共同努力下，完成了全部工程，使××省道××至××段的通行条件得到了较好的改观，促进了沿线的经济发展，发挥了较好的社会效益和经济效益。 建设项目经综合评议得93.95分，评为优良工程
十四	有关问题的决定与建议	1. 部分沥青混凝土路面板出现错台、缺边、露骨等病害，要求加强路面养护，适时修补。 2. 伸缩缝及桥台背墙顶面开裂、破损严重，要求作翻修处理。 3. 桥面的龟裂及纵向裂缝较多，表面欠粗糙，要求尽快作处理，以确保行车安全。 4. 请进一步完善全线的交通安全设施，并尽可能归并开口，以利安全。 5. 请进一步完善有关竣工资料后报送有关单位存档备查

附件：1. 竣工验收委员会名单（表8-5）。

2. 工程交接单位代表签名表（表8-6）。

(5)竣工验收委员会名单。

表 8-5　　竣工验收委员会名单

________________公路建设项目

项目法人________________

承包单位________________　合 同 号________________

监理单位________________　编　　号________________

	姓　　名	所　在　单　位	职务或职称	签　　名
主任委员				
副主任委员				
委员				

(6)工程交接单位代表签名表。

表 8-6　　工程交接单位代表签名表

________________公路建设项目

项目法人________________

承包单位________________　合 同 号________________

监理单位________________　编　　号________________

	姓　　名	所　在　单　位	职务或职称	签　　名
主管部门				
监督单位				
项目法人				
设计单位				
监理单位				
施工单位				
接养单位				

(7)竣工验收代表名单。

表 8-7　　竣工验收代表名单

______________________________公路建设项目

项目法人______________________________

承包单位______________________　合 同 号______________________

监理单位______________________　编　　号______________________

序　号	姓　名	所 在 单 位	职务或职称	签　名

(8)项目参建单位工作综合评价等级证书。

表 8-8　　项目参建单位工作综合评价等级证书

××省××市××镇公路建设项目

项目法人　×××

承包单位　××公路工程 A2 标段项目经理部　合 同 号　×××一×

监理单位　××市交通建设工程监理有限公司　编　　号______________________

工程名称:××省道××至××段新建工程
单位名称:
承担工程的内容: **路基土石方 110.276 万 m^3,防护工程 0.929 万 m^3,沥青混凝土路面 2.939 万 m^2,大桥 1 座,中桥 1 座,涵洞 2 座。**
竣工验收结论: **该项目由××年×月×日通过交工验收,综合得分为 92.35 分,工程质量等级被评为优良。** 项目质量监督机构或授权人(签字):×××　　盖章(项目质量监督机构) ××年×月×日

注:1. 项目参建单位包括项目法人、设计单位、监理单位、施工单位。

2. 竣工验收完成时,项目质量监督机构分别对项目各参建单位填写工作综合评价等级证书。

3. 竣工验收结论根据对各参建单位工作综合评价结果填写综合评价评语(包括评分和评价等级)。

(9)科技档案分类目录表。

表 8-9　　××二级公路科技档案分类目录

工程项目名称:××二级公路 A2 合同段　　文件材料编制单位:××局集团有限公司

序号	档号	柜号	卷号	册号	分册号	案卷题名	编制时间	卷内份数	卷内页数	保管期限	密级	备注
1	GL5·1·2·301××·5·A2·0·0—1					××一级公路 A2 合同段 K6+000～K12+000 竣工文件科技档案分类目录	××年×月～××年×月	1	172	永久		
2	GL5·1·2·301××·5·A2·4·1—1		四	一	一	××一级公路 A2 合同段 K6+000～K12+000 施工竣工表	××年×月～××年×月	1	24	长期		
3	GL5·1·2·301××·5·A2·4·2—1		四	二	一	××一级公路 A2 合同段 K6+000～K12+000 路基土石方压实度、挡土墙、护面墙混凝土及砂浆强度汇总表	××年×月～××年×月	1	254	长期		
4	GL5·1·2·301××·5·A2·4·2—2				二	××一级公路 A2 合同段 K6+000～K12+000 大中桥、涵洞工程混凝土及砂浆抗压强度汇总表,弯沉、预制梁张拉、建筑安装成本汇总表	××年×月～××年×月	1	250	长期		
5			五			施工竣工图						
6	GL5·1·2·301××·5·A2·5·1			一		××一级公路 A2 合同段竣工总体说明	××年×月～××年×月	1	6	永久		
7	GL5·1·2·301××·5·A2·5·2			二		××一级公路 A2 合同段路线竣工图	××年×月～××年×月	1	11	永久		
8	GL5·1·2·301××·5·A2·5·3			三		××一级公路 A2 合同段路基、路面及排水工程竣工图	××年×月～××年×月	1	109	永久		
9	GL5·1·2·301××·5·A2·5·4			四		××一级公路 A2 合同段桥梁、涵洞工程竣工图	××年×月～××年×月	1	148	永久		
10	GL5·1·2·301××·5·A2·5·5			五		××一级公路 A2 合同段路基防护工程竣工图	××年×月～××年×月	1	32	永久		
11			六	一		施工综合文件						
12	GL5·1·2·301××·5·A2·6·1—1				一	××一级公路管理处发有关工程质量文件、A2 驻地办发有关工程质量文件	××年×月～××年×月	1	239	长期		
13	GL5·1·2·301××·5·A2·6·1—2				二	××一级公路 A2 合同段上级发文发函、工程质量责任卡、施工总结、交工验收报告、测试仪器检定报告	××年×月～××年×月	1	209	长期		
14			六	二		质量自检评定资料						

（续一）

序号	档　号	柜号	卷号	册号	分册号	案卷题名	编制时间	卷内份数	卷内页数	保管期限	密级	备注
15	GL5·1·2·301××·5·A2·6·2—1				一	××一级公路A2合同段建设项目或标段质量自检、桥梁单位工程质量汇总、K11＋000桥分项工程质量评定资料	××年×月～××年×月	1	217	永久		
…	……					略						
21	GL5·1·2·301××·5·A2·6·2—7				七	××一级公路A2合同段K11＋800桥分项工程质量评定资料	××年×月～××年×月	1	253	永久		
22	GL5·1·2·301××·5·A2·6·2—8				八	××一级公路A2合同段路基单位工程、路基土石方、涵洞、大型挡土墙、护面墙分部及分项工程	××年×月～××年×月	1	167	永久		
23			六	三		进度控制文件						
24	GL5·1·2·301××·5·A2·6·3—1				一	××一级公路A2合同段开工令、总开工报告及批文	××年×月～××年×月	1	79	永久		
25	GL5·1·2·301××·5·A2·6·3—2				二	××一级公路A2合同段大桥基础工程开工报告及批文	××年×月～××年×月	1	248	永久		
…	……					略						
34	GL5·1·2·301××·5·A2·6·3—11				十一	××一级公路A2合同段K3＋000～K3＋200路基试验段、路基、涵洞、工程开工报告及批文	××年×月～××年×月	1	220	永久		
35	GL5·1·2·301××·5·A2·6·3—12				十二	××一级公路A2合同段K3＋000～K3＋200挡墙试验段、挡土墙工程开工报告及批文	××年×月～××年×月	1	232	永久		
36	GL5·1·2·301××·5·A2·6·3—13				十三	××一级公路A2合同段K3＋200～K3＋400护面墙试验段、护面墙工程开工报告及批文	××年×月～××年×月	1	239	永久		
37			六	四		投资控制文件						
38	GL5·1·2·301××·5·A2·6·4—1				一	××一级公路A2合同段计量支付报表第1～4期	××年×月～××年×月	1	302	长期		
…	……					略						
42	GL5·1·2·301××·5·A2·6·4—5				五	××一级公路A2合同段工程数量审批表	××年×月～××年×月	1	213	永久		

（续二）

序号	档　号	柜号	卷号	册号	分册号	案卷题名	编制时间	卷内份数	卷内页数	保管期限	密级	备注
43	GL5・1・2・301××・5・A2・6・4—6				六	××一级公路 A2 合同段变更设计批复第016～044号	××年×月～××年×月	1	241	永久		
44			六	五		施工记录						
45	GL5・1・2・301××・5・A2・6・5—1				一	××一级公路 A2 合同段施工日志、有关原始记录	××年×月～××年×月	1		长期		
46	GL5・1・2・301××・5・A2・6・5—2				二	××一级公路 A2 合同段施工照片档案	××年×月～××年×月	1		长期		
47			七			施工原始资料						
48				一		路基土石方工程						
49	GL5・1・2・301××・5・A2・7・1—1				一	××一级公路 A2 合同段 K3＋000～K3＋600 路基土方及涵墙背回填质量自检资料	××年×月～××年×月	1	224	长期		
…	……					略						
72	GL5・1・2・301××・5・A2・7・1—24				二十四	××一级公路 A2 合同段 K3＋000～K3＋600 路基填挖土石方及涵墙背回填、路基封层质量自检资料	××年×月～××年×月	1	212	长期		
73	GL5・1・2・301××・5・A2・7・1—25				二十五	××一级公路 A2 合同段路基土石方标准击实试验及批复	××年×月～××年×月	1	126	长期		
74			七	四		涵洞工程						
75	GL5・1・2・301××・5・A2・7・4—1				一	××一级公路 A2 合同段钢筋混凝土盖板涵工程质量自检资料	××年×月～××年×月	1	272	长期		
…	……					略						
79	GL5・1・2・301××・5・A2・7・4—5				五	××一级公路 A2 合同段 C15、C20 混凝土、C15、C20 冬期施工混凝土配合比，细集料、地基承载力试验报告	××年×月～××年×月	1	207	长期		
80	GL5・1・2・301××・5・A2・7・4—6				六	××一级公路 A2 合同段钢筋混凝土盖板涵抗压强度试验记录	××年×月～××年×月	1	197	长期		
81			七	五		路基砌石防护工程						

（续三）

序号	档　号	柜号	卷号	册号	分册号	案卷题名	编制时间	卷内份数	卷内页数	保管期限	密级	备注
82	GL5・1・2・301××・5・A2・7・5—1				一	××一级公路 A2 合同段 K11＋000～K12＋000 右侧护面墙、左侧路堤墙工程质量自检资料	××年×月～××年×月	1	234	长期		
…	……					略						
96	GL5・1・2・301××・5・A2・7・5—15				十五	××一级公路 A2 合同段 K8＋000～K8＋200 挡土墙镶面 C20 混凝土预制块工程质量自检资料	××年×月～××年×月	1	284	长期		
97	GL5・1・2・301××・5・A2・7・5—16				十六	××一级公路 A2 合同段砂浆配合比试验报告	××年×月～××年×月	1	220	长期		
98	GL5・1・2・301××・5・A2・7・5—17				十七	××一级公路 A2 合同段 M10 配合比、细集料、水泥试验报告	××年×月～××年×月	1	227	长期		
99	GL5・1・2・301××・5・A2・7・5—18				十八	××一级公路 A2 合同段原材料、挡墙预制块混凝土抗压强度试验记录	××年×月～××年×月	1	240	长期		
100	GL5・1・2・301××・5・A2・7・5—19				十九	××一级公路 A2 合同段 K8＋200～K8＋400 挡墙砂浆抗压强度统计及记录	××年×月～××年×月	1	313	长期		
101	GL5・1・2・301××・5・A2・7・5—20				二十	××一级公路 A2 合同段 K9＋300～K9＋400 挡墙砂浆抗压强度统计及记录	××年×月～××年×月	1	296	长期		
102	GL5・1・2・301××・5・A2・7・5—21				二十一	××一级公路 A2 合同段 K9＋600～K9＋700 护面墙及挡土墙混凝土、砂浆抗压强度统计、记录	××年×月～××年×月	1	292	长期		
103			七	十三		大(中)桥上部工程						
104	GL5・1・2・301××・5・A2・7・13—1				一	××一级公路 A2 合同段 K11＋000 桥 1—1 至 4—3 箱梁预制质量自检资料	××年×月～××年×月	1	219	长期		
…	……					略						
124			七	十四		大(中)桥基础、下部及防护工程						

(续四)

序号	档号	柜号	卷号	册号	分册号	案卷题名	编制时间	卷内份数	卷内页数	保管期限	密级	备注
125	GL5·1·2·301××·5·A2·7·14—1				一	××一级公路 A2 合同段 K11+800 桥 0 号台、1 号墩质量自检资料	××年×月～××年×月	1	108	长期		
…	……					略						
144			七	十五		大(中)桥工程试验资料						
145	GL5·1·2·301××·5·A2·7·15—1				一	××一级公路 A2 合同段水泥、钢筋、铣削钢纤维出厂及试验报告	××年×月～××年×月	1	275	长期		
146	GL5·1·2·301××·5·A2·7·15—2				二	××一级公路 A2 合同段钢筋出厂及试验报告	××年×月～××年×月	1	169	长期		
…	……					略						
158	GL5·1·2·301××·5·A2·7·15—14				十四	××一级公路 A2 合同段大、中桥孔道压浆及大、中桥张拉强度试验记录	××年×月～××年×月	1	211	长期		

第二节 公路工程竣工决算文件

一、公路工程竣工决算文件收集流程

公路工程竣工决算文件收集流程见图 8-2。

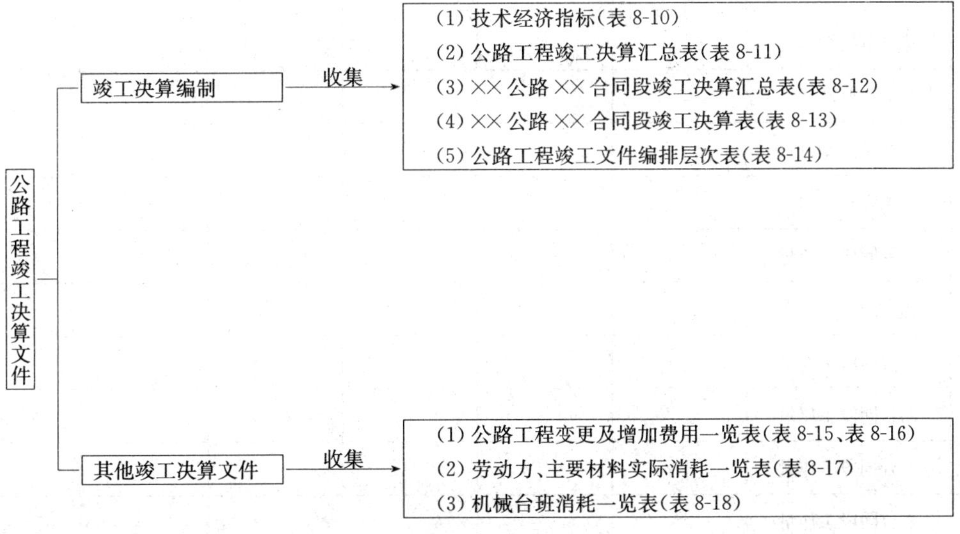

图 8-2 公路工程竣工决算文件收集流程

二、公路工程竣工决算文件表格填写范例

(1)技术经济指标。

表 8-10 技术经济指标

项　　目	概　　算	实际造价
路基工程		
路面工程		
桥梁工程		
隧道工程		
房　　建		
交通安全设施		
监控、通信、收费系统		

(2)公路工程竣工决算汇总表。

表 8-11 ××公路工程竣工决算汇总表

货币单位：人民币元　　　　第　页　共　页

编号	费用名称	签约合同价	计量支付（不含变更）	工程变更（+/-）	工程索赔	实际支付合　　计	备　　注
	总合计						
1	勘测设计费						
2	征地拆迁费						
3	建设单位管理费						
4	工程监理费						
5	工程质量监督费						
6	工程科研费						
7	一合同段工作量						
8	二合同段工作量						
9	三合同段工作量						
10	四合同段工作量						
11	五合同段工作量						
12	六合同段工作量						

编制：×××　　校核：×××　　业主(代表)：×××　　总监：×××

(3)××公路××合同段竣工决算汇总表。

表 8-12 ××公路××合同段竣工决算汇总表

货币单位:人民币元 第 页 共 页

编号	费用名称	签约合同价	计量支付(不含变更)	工程变更(+/-)	工程索赔	实际支付合计	备注
	总合计						
1	100章 总则						
2	200章 路基工程						
3	300章 路面工程						
4	400章 桥梁工程						
5	500章 隧道工程						
6	600章 排水与涵洞工程						
7	700章 防护工程						
8	800章 沿线设施和其他工程						
9	工程索赔						

编制:××× 校核:××× 项目经理:××× 驻地监理工程师:×××

(4)××公路××合同段竣工决算表。

表 8-13 ××公路××合同段竣工决算表

第100章 货币单位:人民币元 第 页 共 页

项	目	次	细目名称	单位	签约合同价			计量支付(不含变更)			工程变更(+/-)			实际支付合计		备注
					工程量	单价/元	金额/元	工程量	单价/元	金额/元	工程量	单价/元	金额/元	工程量	金额/元	
			总合计	元												
一			竣工文件整理	全套												
二			临时占地	亩·年												
三			临时便道													
	1		沿路基便道	km												
	2		进场便道	km												
	3		便桥	座												
四			监理工程师的设施	每合同段												
五			工程保险	每合同段												

项目经理:××× 编制:××× 校核:××× 驻地监理工程师:×××

××公路××合同段竣工决算表

第200章　　货币单位：人民币元　　第　页共　页

项	目	次	细目名称	单位	签约合同价			计量支付(不含变更)			工程变更(＋/－)			实际支付合计		备注
					工程量	单价/元	金额/元	工程量	单价/元	金额/元	工程量	单价/元	金额/元	工程量	金额/元	
			总合计	元												
一			清除与掘除	m												
二			拆除旧路面													
	1		碎(砾)石路面	m												
	2		沥青路面	m												
	3		水泥路面	m												
三			拆除结构物													
	1		钢筋混凝土结构	m												
	2		混凝土结构	m												
	3		砖、石及其他砌体结构	m												
四			路基挖方													
	1		土　方	m^3												
	2		石　方	m^3												
	3		弃方运距增(减)	km												
	4		弃方运距增(减)临时便道	km												
	5		土方(线外工程)	m^3												
	6		石方(线外工程)	m^3												
	7		挖淤泥	m^3												
五			路基填方													
	1		填　土	m^3												
	2		填　石	m^3												
	3		填粉煤灰	m^3												
	4		填风化岩粒料	m^3												
	5		借土填方运距增(减)临时便道	km												
	6		借土填方运距增(减)	km												
	7		填土(线外工程)	m^3												
	8		填石(线外工程)	m^3												
六			不良地基处理													
	1		砂砾垫层	m^3												
	2		抛石处理	m^3												
	3		土工织物	m^2												
	4		袋装砂井	m												
	5		塑料排水板	m												
	6		粉喷桩	m												

项目经理：×××　　编制：×××　　校核：×××　　驻地监理工程师：×××

××公路××合同段竣工决算表

第300章　　货币单位:人民币元　　第 页 共 页

项	目	次	细目名称	单位	签约合同价			计量支付(不含变更)			工程变更(+/-)			实际支付合计		备注
					工程量	单价/元	金额/元	工程量	单价/元	金额/元	工程量	单价/元	金额/元	工程量	金额/元	
			总合计	元												
一			水泥稳定碎石上基层													
	1		厚度16cm	m^2												
	2		厚度16cm(线外工程)	m^2												
	3		厚度18cm	m^2												
	4		厚度18cm(线外工程)	m^2												
二			水泥稳定砂(砾)掺碎石下基层													
	1		厚度16cm	m^2												
	2		厚度16cm(线外工程)	m^2												
	3		厚度18cm	m^2												
	4		厚度18cm(线外工程)	m^2												
三			水泥稳定砂(砾)掺碎石底基层													
	1		厚度16cm	m^2												
	2		厚度16cm(线外工程)	m^2												
	3		厚度18cm	m^2												
	4		厚度18cm(线外工程)	m^2												
四			水泥稳定砂砾(底基层)													
	1		厚度16cm	m^2												
	2		厚度16cm(线外工程)	m^2												
	3		厚度18cm	m^2												
	4		厚度18cm(线外工程)	m^2												
五			级配碎石垫层													
	1		厚度8cm	m^2												
	2		厚度15cm	m^2												
六			碎石底基层													
	1		厚度8cm	m^2												
	2		厚度10cm	m^2												
	3		厚度15cm	m^2												

（续）

项	目	次	细目名称	单位	签约合同价			计量支付（不含变更）			工程变更（+/−）			实际支付合计		备注
					工程量	单价/元	金额/元	工程量	单价/元	金额/元	工程量	单价/元	金额/元	工程量	金额/元	
七			M7.5砂浆片石基层													
	1		厚度20cm（线外工程）	m^2												
	2		厚度30cm（线外工程）	m^2												
八			水泥混凝土面层													
	1		厚度___cm	m^2												
	2		C30小石子混凝土面层厚度___cm（线外工程）	m^2												
九			沥青混凝土面层													
	1		沥青混凝土面层													
		1	厚度___cm（上面层）	m^2												
		2	厚度___cm（中面层）	m^2												
		3	厚度___cm（下面层）	m^2												
	2		透　层	m^2												
	3		粘　层	m^2												
	4		下封层	m^2												
十			路　肩													
	1		土路肩	m												
	2		水泥混凝土硬化路肩	m												
十一			路缘石													
	1		（混凝土）立缘石	m												
	2		（石）立缘石	m												
	3		（混凝土）平缘石	m												
	4		（石）平缘石	m												
十二			路面排水设施													
	1		中央分隔带处理	m												
		1	分隔带换土	m												
		2	分隔带预制块铺砌	m												
		3	潜碟式流水槽	m												
	2		泄水槽	道												

项目经理：×××　　编制：×××　　校核：×××　　驻地监理工程师：×××

××××公路××××合同段竣工决算表

第400章　　货币单位：人民币元　　第　页　共　页

项	目	次	细目名称	单位	签约合同价			计量支付(不含变更)			工程变更(+/-)			实际支付合计		备注
					工程量	单价/元	金额/元	工程量	单价/元	金额/元	工程量	单价/元	金额/元	工程量	金额/元	
			总合计	元												
一			桥梁载荷试验	座次												
二			台背填料	m^3												
三			拱上填料	m^3												
四			桥头搭板	m												
五			基础挖方													
	1		土　方	m^3												
	2		石　方	m^3												
六			钻孔灌注桩(土质)													
	1		ϕ100cm	m												
	2		ϕ120cm	m												
	3		ϕ150cm	m												
	4		ϕ160cm	m												
	5		ϕ180cm	m												
七			钻孔灌注桩(石质)													
	1		ϕ100cm	m												
	2		ϕ120cm	m												
	3		ϕ150cm	m												
	4		ϕ160cm	m												
	5		ϕ180cm	m												
八			混凝土基础及承台													
	1		C15片石混凝土	m^3												
	2		C20片石混凝土	m^3												
	3		C15混凝土	m^3												
	4		C20混凝土	m^3												
	5		C25混凝土	m^3												
	6		C30混凝土	m^3												
九			混凝土下部结构													
	1		C20混凝土	m^3												
	2		C25混凝土	m^3												
	3		C30混凝土	m^3												
	4		C35混凝土	m^3												
十			混凝土上部结构													
	1		C25混凝土	m^3												

（续一）

项	目	次	细目名称	单位	签约合同价			计量支付(不含变更)			工程变更(+/-)			实际支付合计		备注
					工程量	单价/元	金额/元	工程量	单价/元	金额/元	工程量	单价/元	金额/元	工程量	金额/元	
	2		C30 混凝土	m³												
	3		C40 混凝土	m³												
	4		C50 混凝土	m³												
十一			钢　筋	t												
十二			预应力钢材													
	1		钢　丝	t												
	2		钢绞线	t												
十三			砌体基础													
	1		M5 浆砌片石	m³												
	2		M7.5 浆砌片石	m³												
十四			砌体墩台、翼墙等													
	1		M5 浆砌片石	m³												
	2		M5 浆砌块石	m³												
	3		M7.5 浆砌片石	m³												
	4		M7.5 浆砌块石	m³												
	5		M10 浆砌片石	m³												
	6		M10 浆砌块石	m³												
十五			砌体拱圈													
十六			砌体拱上结构													
	1		M7.5 浆砌片石	m³												
	2		M7.5 浆砌块石	m³												
十七			其他附属工程(锥坡、河床铺砌等)砌体													
	1		厚____cm M5 浆砌片石	m³												
	2		厚____cm M7.5 浆砌片石	m³												
	3		浆砌片石裙墙或导流工程	m³												
十八			普通橡胶支座													
	1		150mm×200mm×21mm	个												
	2		150mm×200mm×42mm	个												
	3		150mm×200mm×63mm	个												
	4		150mm×250mm×63mm	个												

（续二）

项	目	次	细目名称	单位	签约合同价			计量支付(不含变更)			工程变更(+/-)			实际支付合计		备注
					工程量	单价/元	金额/元	工程量	单价/元	金额/元	工程量	单价/元	金额/元	工程量	金额/元	
	5		150mm×550mm×135mm	个												
	6		450mm×550mm×78mm	个												
	7		450mm×800mm×78mm	个												
	8		GYZϕ150mm×28mm	个												
	9		GYZϕ200mm×35mm	个												
	10		GYZϕ200mm×42mm	个												
	11		GYZϕ450mm×75mm	个												
	12		GYZϕ450mm×87mm	个												
	13		GYZϕ650mm×100mm	个												
	14		GYZϕ700mm×100mm	个												
	15		GYZϕ800mm×115mm	个												
十九			四氟滑板橡胶支座													
	1		150mm×200mm×31mm	个												
	2		150mm×250mm×51mm	个												
	3		150mm×250mm×63mm	个												
	4		150mm×550mm×110mm	个												
	5		150mm×550mm×147mm	个												
	6		150mm×400mm×80mm	个												
	7		150mm×450mm×50mm	个												
	8		GYZϕ200mm×37mm	个												
	9		GYZϕ200mm×44mm	个												
	10		GYZϕ350mm×65mm	个												
	11		GYZϕ375mm×77mm	个												
	12		GYZϕ400mm×66mm	个												
	13		GYZϕ400mm×88mm	个												
	14		GYZϕ525mm×102mm	个												
二十			盆式橡胶支座													
	1		GPZ2000SX	个												
	2		GPZ2500DX	个												
	3		GPZ2500SX	个												
	4		GPZ2500GD	个												
	5		GPZ4000GD	个												
	6		GPZ4000DX	个												
	7		GPZ5000GD	个												

（续三）

项	目	次	细目名称	单位	签约合同价			计量支付（不含变更）			工程变更（＋/－）			实际支付合计		备注
					工程量	单价/元	金额/元	工程量	单价/元	金额/元	工程量	单价/元	金额/元	工程量	金额/元	
	8		GPZ5000SX	个												
	9		GJZ1000	个												
	10		GYZF4D450×87	个												
二十一			球冠橡胶支座													
	1		150×35 球冠支座	个												
	2		200×49 球冠支座	个												
	3		250×56 球冠支座	个												
二十二			伸缩缝													
	1		板式橡胶伸缩缝	m												
	2		毛勒伸缩缝													
		1	XF－80 型伸缩缝	m												
		2	XF－160 型伸缩缝	m												
	3		预切缝（微量伸缩缝）	m												
二十三			沥青混凝土桥面铺装													
	1		厚____cm 沥青混凝土	m^2												
二十四			水泥混凝土桥面铺装													
	1		C25 混凝土	m^2												
	2		C30 混凝土	m^2												
	3		C40 混凝土	m^2												
	4		C50 混凝土	m^2												
二十五			护　栏													
	1		钢筋混凝土护栏	m												
	2		波形护栏	m												
	3		天桥防落网	m												
二十六			通　道													
	1		1～4m	m												
	2		1～6m	m												
	3		1～8m	m												
	4		1～10m	m												
二十七			小　桥													
	1		1～6m	m												
	2		1～8m	m												
	3		1～10m	m												

项目经理：×××　　　编制：×××　　　校核：×××　　　驻地监理工程师：×××

××公路××合同段竣工决算表

第500章　　货币单位：人民币元　　第　页 共　页

项	目	次	细目名称	单位	签约合同价			计量支付(不含变更)			工程变更(+/-)			实际支付合计		备注
					工程量	单价/元	金额/元	工程量	单价/元	金额/元	工程量	单价/元	金额/元	工程量	金额/元	
			总合计	元												
一			洞口与明洞工程													
	1		洞口、明洞开挖													
		1	土　方	m^3												
		2	石　方	m^3												
		3	弃方超运	$m^3\cdot km$												
	2		防水与排水													
		1	M____浆砌片石截水沟	m^3												
		2	无纺布	m^2												
	3		洞口坡面防护													
		1	M____浆砌片石	m^3												
		2	C____喷射混凝土	m^3												
		3	种植草皮	m^2												
	4		洞门建筑													
		1	C____混凝土	m^3												
		2	M____浆砌粗料石(块石)	m^3												
	5		明洞衬砌													
		1	C____混凝土	m^3												
		2	HPB235级钢筋	t												
		3	HRB335级钢筋	t												
	6		遮光棚(板)													
		1	C____混凝土	m^3												
		2	HPB235级钢筋	t												
		3	HRB335级钢筋	t												
	7		洞顶回填													
		1	回填土石方	m^3												
二			洞身开挖													
	1		洞身开挖													
		1	土　方	m^3												
		2	石　方	m^3												
		3	弃方超运	$m^3\cdot km$												
	2		超前支护													
		1	锚杆(规格)	m												

（续）

项	目	次	细目名称	单位	签约合同价			计量支付（不含变更）			工程变更（+/-）			实际支付合计		备注
					工程量	单价/元	金额元	工程量	单价/元	金额/元	工程量	单价/元	金额/元	工程量	金额/元	
		2	管棚（规格）	m												
		3	注浆小导管（规格）	m												
		4	型钢（规格型号）	t												
		5	木　材	m^3												
	3		锚喷支护													
		1	C____喷射混凝土	m^3												
		2	注浆锚杆（规格）	m												
		3	锚杆（规格）	m												
		4	钢筋网	t												
		5	钢格栅	t												
三			洞身衬砌													
	1		洞身衬砌													
		1	C____混凝土	m^3												
		2	C____防水混凝土	m^3												
		3	M____浆砌粗料石（块石）	m^3												
		4	HPB235 级钢筋	t												
		5	HRB335 级钢筋	t												
	2		仰拱、铺底混凝土	m^3												
	3		边沟电缆沟混凝土	m^3												
	4		洞　门	个												
	5		洞内装饰	m^2												
	6		洞内路面													
		1	基　层	m^2												
		2	面　层	m^2												
四			防水与排水													
	1		防水层	m^2												
	2		止水带	m												
	3		压注水泥浆液	t												
	4		压注水泥—水玻璃液	t												
	5		压浆钻孔 ϕ____mm	m												
	6		排水管 ϕ____mm	m												
五			监控量测													

项目经理：×××　　　　编制：×××　　　　校核：×××　　　　驻地监理工程师：×××

××公路××合同段竣工决算表

第600章　　货币单位:人民币元　　第　页　共　页

项	目	次	细目名称	单位	签约合同价			计量支付(不含变更)			工程变更(+/-)			实际支付合计		备注
					工程量	单价/元	金额/元	工程量	单价/元	金额/元	工程量	单价/元	金额/元	工程量	金额/元	
			总合计	元												
一			涵　洞													
	1		盖板涵													
		1	1—2m	m												
		2	1—3m	m												
		3	1—4m	m												
	2		圆管涵													
		1	1—ϕ500mm	m												
		2	1—ϕ750mm	m												
		3	1—ϕ1000mm	m												
		4	1—ϕ1500mm	m												
		5	1—ϕ2000mm	m												
		6	1—ϕ3000mm	m												
	3		倒虹吸													
		1	1—ϕ500mm	m												
		2	1—ϕ750mm	m												
二			边　沟													
	1		浆砌片石(无盖板)	m												
	2		浆砌片石(无盖板,线外工程)	m												
	3		浆砌片石(有盖板)	m												
	4		浆砌片石(有盖板,线外工程)	m												
三			排水沟													
	1		浆砌片石	m												
四			截水沟													
	1		浆砌片石	m												
五			渗水管													
	1		ϕ80mm PVC管	m												
	2		ϕ150mm PVC管	m												
六			排水管													
	1		1—ϕ500mm	m												
	2		1—ϕ1000mm	m												
七			集水井													
	1		集水井	个												
八			跌水与急流槽													
	1		浆砌片石	m^3												
九			泄水槽	道												

项目经理:×××　　编制:×××　　校核:×××　　驻地监理工程师:×××

××公路××合同段竣工决算表

第700章 货币单位：人民币元 第 页 共 页

项	目	次	细目名称	单位	签约合同价			计量支付(不含变更)			工程变更(+/-)			实际支付合计		备注
					工程量	单价/元	金额/元	工程量	单价/元	金额/元	工程量	单价/元	金额/元	工程量	金额/元	
			总合计	元												
一			砌体挡墙													
	1		墙 身													
		1	浆砌片石	m^3												
		2	浆砌粗料石(块石)	m^3												
	2		基 础													
		1	浆砌片石	m^3												
	3		帽 石													
		1	浆砌料石	m^3												
		2	浆砌块石	m^3												
二			浆砌护坡													
	1		浆砌片石基础	m^3												
	2		浆砌坡面													
		1	浆砌片石	m^3												
		2	浆砌块石	m^3												
三			坡面防护													
	1		浆砌片石骨架护坡	m^2												
	2		浆砌护面墙	m^3												
	3		锚杆+钢筋网片+喷混凝土护坡													
		1	钻 孔	m												
		2	锚 杆	m												
		3	钢筋网片	t												
		4	喷射混凝土	m^3												
	4		锚杆网格骨架喷混凝土护坡	m^2												

项目经理：××× 编制：××× 校核：××× 驻地监理工程师：×××

××公路××合同段竣工决算表

第800章　　货币单位:人民币元　　第　页　共　页

项	目	次	细目名称	单位	签约合同价			计量支付(不含变更)			工程变更(+/-)			实际支付合计		备注
					工程量	单价/元	金额/元	工程量	单价/元	金额/元	工程量	单价/元	金额/元	工程量	金额/元	
			总合计	元												
一			收费岛、收费棚基础													
	1		混凝土													
		1	C15混凝土	m^3												
		2	C20混凝土	m^3												
		3	C25混凝土	m^3												
		4	C30混凝土	m^3												
	2		钢　筋	t												
二			地下通道													
	1		通　道													
		1	通　道	m												
	2		钢护柱	根												
三			电缆预埋管道													
	1		硅　管													
		1	24孔硅管	m												
		2	15孔硅管	m												
		3	12孔硅管	m												
		4	6孔硅管	m												
	2		钢　管													
		1	8孔ϕ100钢管	m												
		2	5孔ϕ100钢管	m												
		3	4孔ϕ100钢管	m												
		4	2孔ϕ100钢管	m												
		5	1孔ϕ100钢管	m												
		6	1孔ϕ50钢管	m												
	3		电缆过桥附属设施													
		1	过桥托架	套												
四			通信人孔													
	1		直能人孔	个												
	2		分歧人孔	个												
	3		手　孔	个												
五			紧急电话平台													
		1	紧急电话平台	个												

项目经理:×××　　编制:×××　　校核:×××　　驻地监理工程师:×××

(5)公路工程竣工文件编排层次表。

表 8-14　　公路工程竣工文件编排层次表

分　册	文件先后层次	备　注
	1. 卷盒	每册一个盒
一般装订1册	2. 封面(A4 纸)	
	3. 封一	
	4. 前言	
	5. 索引	
	6. 附件一:施工单位一览表	
	7. 附件二:监理单位一览表	
	8. 附件三:	
	9. 档案卷册编号方法	
	10. 附件四:其他说明	
若干分册	11. 第一卷	一般 200 页 装订一册
若干分册	12. 第二卷	
若干分册	13. 第三卷	
若干分册	14. 第四卷	
1 册	15. 按合同段检索档案卷册表(各卷册分册编号排序表)	

(6)公路工程变更及增加费用一览表。

表 8-15　　××××公路工程变更及增加费用一览表

第________合同段　　　　截止日期:____年____月____日

变更令	变更内容之简要说明	批准机关	批准文号	估计增加费用(人民币元)				变更工程实际增加费用(人民币元)			备　注
				单 位	单 价	数 量	费 用	上期累计	本期完成	本期累计	
合　计											

驻地监理工程师:×××　　制表:×××　　校核:×××　　项目经理:×××

附:索赔来往文件及记录资料表(表 8-16)。

表 8-16　　索赔来往文件及记录资料表

第＿＿＿＿合同段　　截止日期：＿＿年＿＿月＿＿日

编　　号	申请日期及文号	索赔延期内容概述	处理结果（人民币元）	答复文号	备　　注
合　　计					

驻地监理工程师：×××　　制表：×××　　校核：×××　　项目经理：×××

(7)劳动力主要材料实际消耗一览表。

表 8-17　　劳动力、主要材料实际消耗一览表

第　页共　页

序号	名　称	单　位	数　量						
			路基工程	路面工程	桥梁工程	隧道工程	互通立交	其他工程	小　计
1	土建工	日							
2	机械工	工　日							
3	原　木	m^3							
4	锯　材	m^3							
5	钢绞线	t							
6	高强钢丝	t							
7	圆钢筋	t							
8	螺纹钢筋	t							
9	型　钢	t							
10	水　泥								
	32.5	t							
	32.5R	t							
	42.5	t							
	42.5R	t							
	52.5	t							
	52.5R	t							
11	沥　青								
	进口沥青	t							
	国产沥青	t							

填表人：×××　　项目经理：×××　　驻地监理工程师：×××

(8)机械台班消耗一览表。

表 8-18 机械台班消耗一览表

第 页 共 页

序 号	项目名称	规格型号	单 位	数 量	备 注
1	推土机		台班		
2	平地机		台班		
3	挖掘机		台班		
4	装载机		台班		
5	自卸汽车		台班		
6	压路机		台班		
7	水泥混凝土搅拌机		台班		
8	吊 车		台班		
9	沥青拌合站		台班		
10	稳定土拌合站		台班		
11	路面摊铺机		台班		

填表人:××× 项目经理:××× 驻地监理工程师:×××

备注:根据实际施工采用的各种规格型号的机械分别填报。

参 考 文 献

[1] 中华人民共和国行业标准．JTG F80/1—2004 公路工程质量检验评定标准[S]. 北京：人民交通出版社，2004.

[2]中华人民共和国行业标准．JTG E40—2007 公路土工试验规程[S]. 北京：人民交通出版社，2007.

[3]中华人民共和国行业标准．JTG E60—2008 公路路基路面现场测试规程[S]. 北京：人民交通出版社，2008.

[4]中华人民共和国行业标准．JTG F10—2006 公路路基施工技术规范[S]. 北京：人民交通出版社，2006.

[5]中华人民共和国行业标准．JTJ 034—2000 公路路面基层施工技术规范[S]. 北京：人民交通出版社，2000.

[6]中华人民共和国行业标准．JTG B01—2003 公路工程技术标准[S]. 北京：人民交通出版社，2003.

[7]中华人民共和国行业标准．JTG/T F50—2011 公路桥涵施工技术规范[S]. 北京：人民交通出版社，2011.

[8]中华人民共和国行业标准．JTG F30—2003 公路水泥混凝土路面施工技术规范[S]. 北京：人民交通出版社，2003.

[9]中华人民共和国行业标准．JTG E42—2005 公路工程集料试验规程[S]. 北京：人民交通出版社，2005.

[10]邓学钧．路基路面工程[M]. 北京：人民交通出版社，2000.